Martin Hilb und Marcel Oertig

HR Governance

Martin Hilb und Marcel Oertig

HR Governance

Wirksame Führung und Aufsicht des Board- und Personalmanagements

Frankfurter
Allgemeine
Buch

Bibliografische Information der Deutschen Nationalbibliothek
Die Deutsche Nationalbibliothek verzeichnet diese Publikation in der Deutschen Nationalbibliografie; detaillierte bibliografische Daten sind im Internet über http://dnb.d-nb.de abrufbar.

Frankfurter
Allgemeine
Buch

Frankfurter Allgemeine Buch
Pariser Straße 1
60486 Frankfurt am Main

Umschlag: Konzeption & Design, Köln
Satz: RG-Datenservice, Darmstadt
Titelbild: Ute Helmbold, Essen
Druck: CPI Druckdienstleistungen GmbH,
Ferdinand-Jühlke-Straße 7, 99095 Erfurt
Printed in Germany

Frankfurt am Main 2023
ISBN 978-3-96251-174-6

Frankfurter Allgemeine Buch hat sich zu einer nachhaltigen Buchproduktion verpflichtet und erwirbt gemeinsam mit den Lieferanten Emissionsminderungszertifikate zur Kompensation des CO_2-Ausstoßes.

Vorwort

Verschiedene aktuelle Beispiele aus der globalen Finanz- und Wirtschaftskrise haben deutliche Mängel in der Corporate Governance aufgezeigt. Nicht zuletzt muss dabei auch die HR Governance im Sinne der Führung und Steuerung der Human Resources auf oberster Ebene kritisch hinterfragt werden. Das Zusammenspiel zwischen dem Aufsichtsgremium (Board) und der Geschäftsleitung (Vorstand) ist für eine wirksame HR Governance erfolgskritisch. Dies veranlasste uns, den aktuellen Stand der HR Governance auf Board- und Geschäftsleitungsebene genauer zu untersuchen und Maßnahmen zu deren nachhaltigen Verbesserung aufzuzeigen.

Oft können zentrale Fragestellung zur wirksamen Steuerung und Führung des Personalmanagements nur ungenügend beantwortet werden:

- Haben wir für die wichtigsten Schlüsselstellen im Unternehmen potenzielle Nachfolger?
- Ziehen wir die richtigen Talente an und können sie auch halten?
- Entwickeln wir die richtigen Kompetenzen, um die Strategie erfolgreich umzusetzen?
- Stimmt die Höhe der Entlohnung und setzen wir mit unseren Incentive-Systemen die richtigen Anreize?
- Sind wir für den demografischen Wandel gerüstet?
- Wie bewältigen wir die Herausforderungen der Globalisierung auf der HR-Ebene?
- Welchen Stellenwert hat in unserem Unternehmen das Human Kapital?
- Kennen wir die wichtigsten HR-Risiken?

Das HR-spezifische Know-how ist auf der Board-Ebene im Vergleich zum Finanz-Know-how noch wenig verankert. Dies steht unseres Erachtens in einem klaren Missverhältnis zu den sehr wichtigen und umfangreichen HR-Aufgaben in Bezug auf Besetzung, Beurteilung, Honorierung und Entwicklung auf Board- und Geschäftsleitungsebene des Unternehmens.

Wir folgen dabei einem W-Konzept in fünf Phasen:
1) Das Board gibt die strategischen Leitplanken für das HR Management vor.
2) Die Geschäftleitung erarbeitet die HR-Strategie und Roadmap.
3) Das Board diskutiert und verabschiedet diese.
4) Die Geschäftsleitung setzt die HR-Strategie um.
5) Das Board überwacht die Umsetzung und greift gegebenenfalls steuernd ein.

Für die Entstehung dieses Buches sind wir zu vielerlei Dank verpflichtet. Zunächst bedanken wir uns bei den an den Umfragen, Seminaren und Beratungen beteiligten Präsidenten und Mitgliedern zahlreicher Aufsichtsgremien und Geschäftsleitungen für deren Anregungen und engagierte Diskussionsbeiträge. Ein besonderer Dank gilt den Autoren der Praxisbeispiele von ABB, Audi, Diethelm Keller Brands, Endress+Hauser, Kuoni, Lufthansa, Nestlé und SBB. Sie ermöglichen einen vertieften Einblick in die Good Practice des strategischen HR Managements von namhaften Unternehmen. Ein herzliches Dankschön geht schließlich an Lisa Hopfmüller vom IFPM der Universität St. Gallen, Martin Jakobovic von Avenir Consulting und an Richard Kastl vom Luchterhand Verlag für die professionelle Gestaltung des Buches und für das sorgfältige Lektorat.

Wir hoffen, mit diesem Buch einen Beitrag zu leisten, um die Bedeutung der HR Governance auf Board- und GL-Ebene im Unternehmen zu stärken und Anregungen zur wirksamen Führung und Steuerung der HR-Funktion in Unternehmen zu geben.

St. Gallen und Zürich, im Januar 2010 *Martin Hilb und Marcel Oertig*

Inhalt

Vorwort 5

1 **Einleitung** 9
von Martin Hilb und Marcel Oertig
1.1 Ausgangslage: Zum aktuellen Stand der HR Governance 11
1.1.1 Ergebnisse einer aktuellen Corporate-Governance-Umfrage unter Board-Präsidenten 11
1.1.2 Ergebnisse einer aktueller HR-Governance-Umfrage bei Personalverantwortlichen. 15
1.1.3 Handlungsbedarf für HR Governance 18
1.2 Ziel 18
1.3 Begriffsklärung 19
1.4 Vorgehen 19

2 **Wirksame HR-Führung und -Aufsicht auf Board-Ebene** 21
von Martin Hilb
2.1 HR-Leitplanken und Strategie-Vorgaben 24
2.1.1 Strategisch gezielt vielfältig zusammengesetztes Board-Team 26
2.1.2 Konstruktiv-kritische Board-Vertrauenskultur 33
2.1.3 Vernetzte Board-Struktur. 36
2.1.4 Anspruchsgruppenorientierte Board-Erfolgsmaßstäbe . 38
2.2 HR-Kreislaufkonzept auf Board-Ebene. 45
2.2.1 Gezielte Gewinnung von Board-Mitgliedern und CEO . 46
2.2.2 Gezieltes Feedback für Board-Mitglieder und CEO 53
2.2.3 Gezielte Honorierung von Board-Mitgliedern und CEO 58
2.2.4 Gezielte Förderung von Board-Mitgliedern und CEO . . 66
2.3 HR-Erfolgsevaluation auf Board-Ebene 72

3 **Wirksames HR Management auf Geschäftsleitungsebene**. 85
von Marcel Oertig
3.1 Überblick zum Strategischen HR Management. 87
3.2 HR-Strategie und HR Roadmap 90
3.2.1 Umfeld und Unternehmensanalyse und Konsequenzen für HR 90
3.2.2 Ableitung von Stärken/Schwächen und Chancen/Gefahren bezogen auf HR (SWOT-Analyse) 93
3.2.3 Priorisierung im HR-Strategie-Portfolio und Planung in der HR Roadmap 94
3.3 HR-Geschäftsmodell und Führung der HR-Funktion. 98

3.3.1 Verändertes HR-Rollenverständnis 99
3.3.2 Integriertes HR-Geschäftsmodell zur Umsetzung der HR-Strategie 103
3.3.3 Steuerung der HR-Funktion innerhalb des Konzerns .. 105
3.3.4 HR-Sourcing-Strategie 113
3.3.5 HR-Transformation 116
3.4 Gestaltung und Steuerung der HR-Kernprozesse 118
3.4.1 Positionierung im Arbeitsmarkt durch Employer Branding und Personalmarketing 118
3.4.2 Demografischer Wandel als Herausforderung für eine nachhaltige Personalplanung 123
3.4.3 Globalisierung und gesellschaftliche Verantwortung als Herausforderungen für das Human Resources Management 128
3.4.4 Strategisches Kompetenz- und Talent Management ... 135
3.4.5 Performance Management und Incentivierung 145
3.4.6 Restrukturierungsmanagement und Trennungskultur . 150
3.5 HR Scorecard und HR Risk Management 152
3.5.1 Von der Balanced Scorecard zur HR Scorecard........ 154
3.5.2 HR Risk Management 158

4 Schlussfolgerungen 161
von Martin Hilb und Marcel Oertig
4.1 Folgerungen für die HR Governance auf Board-Ebene 163
4.2 Folgerungen für das HR Management auf GL-Ebene 164

Anhang: Tool-Box zur HR Governance
Teil 1: Instrumente zur HR-Führung und -Aufsicht auf Board-Ebene (Kap. 2) 169
von Martin Hilb
Teil 2: Instrumente zum HR Management auf Geschäftsleitungsebene (Kap. 3) 186
von Marcel Oertig

Literaturverzeichnis 200

Stichwortverzeichnis 207

1 Einleitung

In diesem Einführungsteil werden die Ausgangslage, Zielsetzung, Begriffe und Vorgehensweise vorgestellt.

1.1 Ausgangslage: Zum aktuellen Stand der HR Governance

Aktuelle weltweite Problemfälle in der Corporate Governance von vielen großen und komplexen (vornehmlich Finanzdienstleistungs-)Unternehmen zeigen großen Entwicklungsbedarf vor allem in der wirksamen HR-Führung und -Aufsicht auf Board-Ebene und dem Management der HR-Funktionen auf Vorstands-/GL-Ebene.

Im Folgenden werden zur Veranschaulichung die Ergebnisse zweier neuer Studien des IFPM Center for Corporate Governance an der Universität St. Gallen vorgestellt:

- Die Ergebnisse einer Corporate-Governance-Umfrage bei Präsidenten des Aufsichtsgremiums von börsenkotierten Unternehmen und
- die Ergebnisse einer HR-Governance-Umfrage bei Personalverantwortlichen.

1.1.1 Ergebnisse einer aktuellen Corporate-Governance-Umfrage bei Board-Präsidenten

Das IFPM Center for Corporate Governance führt alle drei Jahre eine Umfrage zur Führung und Aufsicht von börsenkotierten Unternehmen und KMUs durch. Im Rahmen dieser periodischen internationalen Studie beteiligten sich bei der 2008 durchgeführten Umfrage neben VR-Präsidenten börsenkotierter Schweizer Unternehmen auch Mitglieder von Aufsichtsgremien börsenkotierter Unternehmen in mehreren anderen europäischen Ländern an der Umfrage. Es konnte eine Rücklaufquote von 22% erzielt werden. Im Folgenden werden Ergebnisse der Umfrage kurz im Überblick vorgestellt.

Insgesamt zeigt sich, wie auch schon im Jahr 2006, dass die Schweiz im internationalen Vergleich einen relativ hohen Entwicklungsstand der Corporate-Governance-Praxis aufweist (vgl. hierzu *Heidrick & Struggles*: Corporate Governance Report 2009).

Die Ergebnisse der Umfrage des Jahres 2006 bestätigend, sehen die Board-Vorsitzenden auch 2008 die größte Bedeutung in der Wahrung von strikter Integrität bezogen auf die Erfüllung ihrer Pflichten, gefolgt von der offenen Kommunikation zwischen den Board-Mitgliedern und dem Top Management (Abbildung 1).

Vor dem Hintergrund der weltweiten Finanzkrise steht (im Gegensatz zu 2006) die Wahrung der Interessen verschiedener Stakeholder-Gruppen sowie die Schaffung vertrauensfördernder Maßnahmen im Vordergrund.

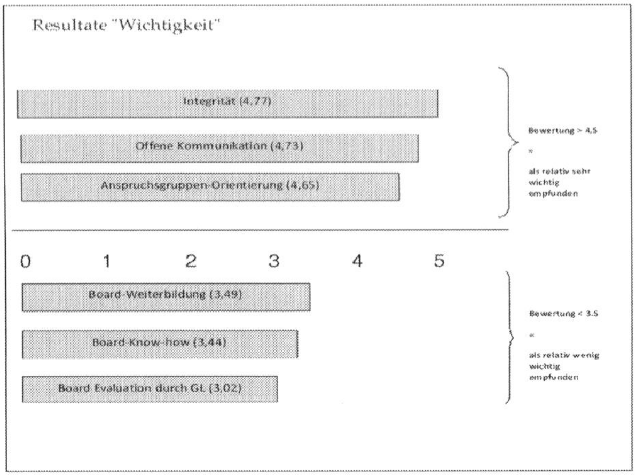

Abb. 1: Corporate-Governance-Survey-Resultate »Wichtigkeit«

Schweizer Board-Mitglieder weisen eine insgesamt hohe Zufriedenheit mit den als wichtig identifizierten Aspekten auf. So wird die Integrität in Schweizer Boards ebenso wie die Kommunikation und die Zusammensetzung des Board insgesamt als positiv beurteilt.

Als zentral erwies sich nach weiterer Analyse die tendenziell eher geringe Zufriedenheit mit der Nachfolgeplanung auf Board- und GL-Ebene (Abbildung 2).

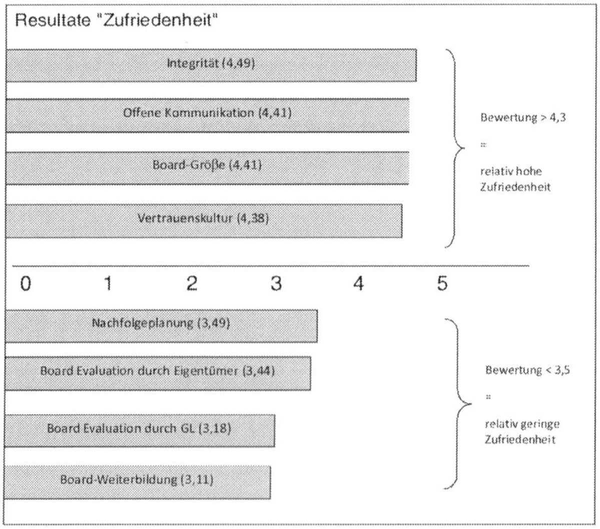

Abb. 2: Corporate-Governance-Survey-Resultate »Zufriedenheit«

Interessante Entwicklungen zeichnen sich bezüglich der Differenzwerte i.S. wahrgenommener, »entwicklungsfähiger« Bereiche ab. Einerseits ist wie bereits in den vorausgehenden Jahren auch 2008 die Nachfolgeplanung auf Board- und

Managementebene der zentrale entwicklungsfähige Bereich geblieben. Jedoch wird eine Tendenz deutlich, die für eine kontinuierliche Weiterentwicklung der Schweizer Corporate-Governance-Praxis spricht. Während 2006 noch mehrere Differenzwerte über der 0,5-Marge lagen, wird 2008 nur die Nachfolgeplanung als deutlich entwicklungsbedürftig angesehen. Bezüglich den 2006 wie 2008 als am wichtigsten empfundenen Bereichen (Integrität und offene Kommunikation) fanden offensichtlich Entwicklungsprozesse statt und einstige Defizite scheinen aus Sicht der Verwaltungsräte weitgehend ausgemerzt.

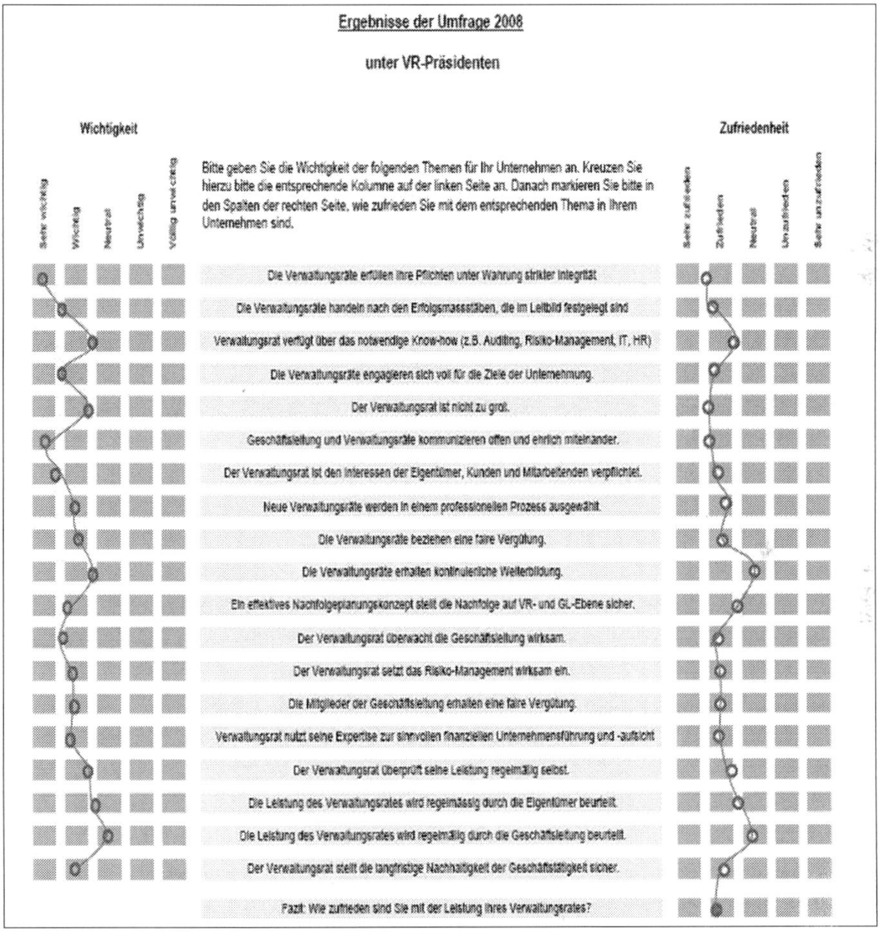

Abb. 3: Corporate-Governance-Survey-Profilvergleich

Werden die beiden Profile miteinander in Bezug gebracht, ergeben sich aus der Studie die in Abbildung 4 dargestellten Ergebnisse.

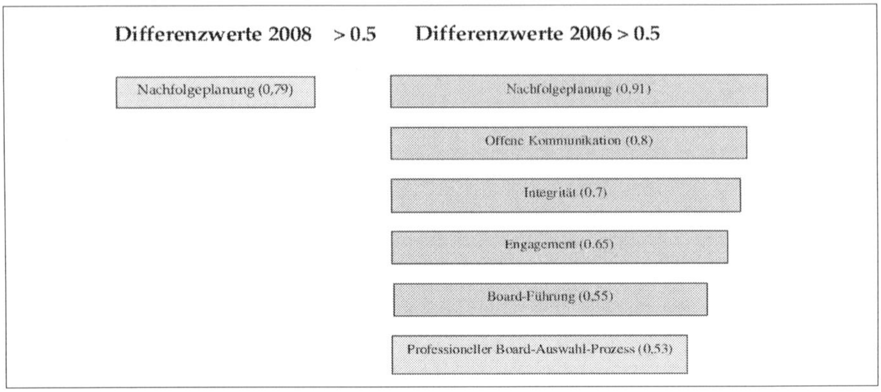

Abb. 4: Corporate-Governance-Survey-Ergebnisse »Profilwerte«

Die signifikante Verbesserung der Corporate-Governance-Praxis in der Schweiz seit 2006 wird durch die seit zehn Jahren periodisch durchgeführten Studien von *Heidrick & Struggles* bestätigt.

Fazit: Es gibt kein europäisches Land, in dem sich die Corporat-Governance-Praxis derart nachhaltig verbessert hat wie in der Schweiz.

Die Corporate-Governance-Praxis in Westeuropa kann aufgrund des Corporate-Governance-Reports 2009 von *Heidrick & Struggles* in eine positive und eine negative Entwicklungskategorie eingeteilt werden, wie die folgende Landkarte (Abbildung 5) aufzeigt:

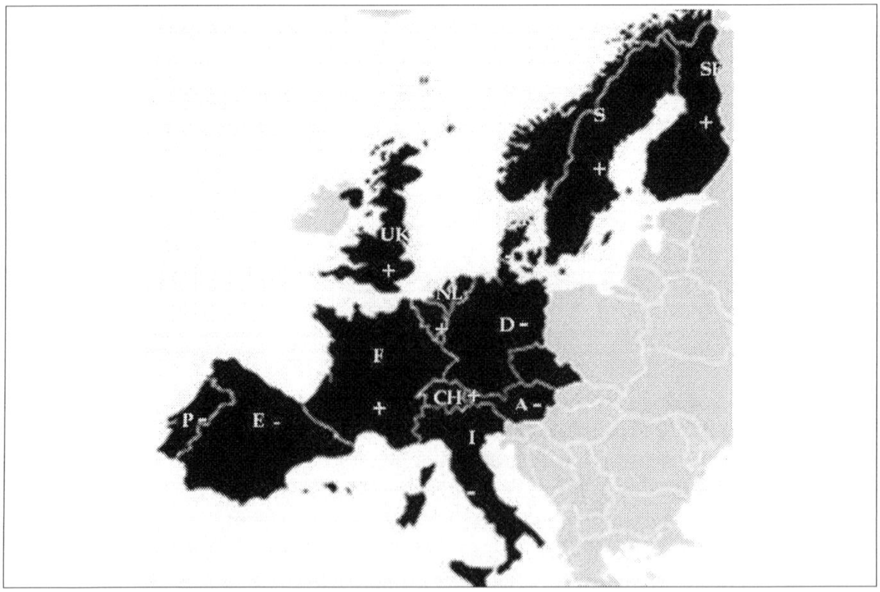

Abb. 5: Corporate-Governance-Landkarte 2009 (aufgrund des C.G. Reports 2009 von *Heidrick & Struggles*)

Dabei weisen außerhalb Westeuropas folgende Länder einen überdurchschnittlichen Entwicklungsstand im Bereich der Corporate Governance auf:

- Nordamerika: Kanada
- Südamerika: Chile
- Asien: Singapur
- Pazifik: Neuseeland
- Afrika: Südafrika

Werden die Zufriedenheitswerte unsere Corporate-Governance-Untersuchung mit der Untersuchung von *Heindrick & Struggles* verglichen, fällt auf, dass der größte Entwicklungsbedarf auf Board-Ebene in der HR Governance liegt, insbesondere in folgenden Bereichen:

- Nachfolgeplanung auf Board-Ebene,
- Board-Evaluation durch GL und Eigentümer,
- Board-Weiterbildung,
- Faire Board- und CEO-Kompensation.

1.1.2 Ergebnisse einer aktuellen HR-Governance-Umfrage bei Personalverantwortlichen

Auch wenn in der Corporate-Governance-Diskussion der letzten Monate vermehrt Fragen zur Besetzung und vor allem zur Incentivierung von Mitgliedern auf Board- und oberster Managementebene gestellt wurden, ist das Thema der HR Governance im Vergleich zu Audit oder Risk Management noch wenig stark ausgeprägt. Eine Befragung zur HR Governance auf Board-Ebene des IFPM Center for Corporate Governance der Universität St. Gallen erlaubt erste Trendaussagen zum Stand der HR Governance.

Die Studie nimmt insbesondere zu folgenden Aspekten Stellung:

- Welche Bedeutung kommt dem Thema HR Governance auf Board-Ebene insgesamt zu?
- In welchem Ausmaß werden strategische HR-Themen im Board behandelt?
- Welches explizite HR-Fachwissen ist im Board und insbesondere bei Leitern von HR-Ausschüssen vorhanden?

Zur Vereinfachung der landesspezifischen Bezeichnungen wird für Aufsichtsräte (D) und Verwaltungsräte (CH) einheitlich die englische Bezeichnung Board verwendet.

Die Umfrage wurde zusätzlich zur internationalen Cranet-Studie 2009 für die Schweiz erhoben. An der Umfrage haben insgesamt 88 Unternehmen teilgenommen, wobei 3% sehr große Unternehmen (>10.000 MA), 33% große Unternehmen (1.001-10.000 MA), 42% mittlere Unternehmen (200 - 1.000 MA) und 22 % kleine Unternehmen (< 200 MA) sind. 85% der Unternehmen sind privatwirtschaftlich, 15% öffentlich-rechtlich geführt.

Die Bedeutung des Themas HR Governance wird von den befragten Unternehmen zunehmend (44%) oder mindestens gleich bleibend (56%) eingeschätzt. Bei der Frage nach der Relevanz von HR-Themen auf Board-Ebene zeigt sich, dass viele strategische HR-Themen noch wenig Berücksichtigung in den Diskussionen finden (vgl. Abbildung 6).

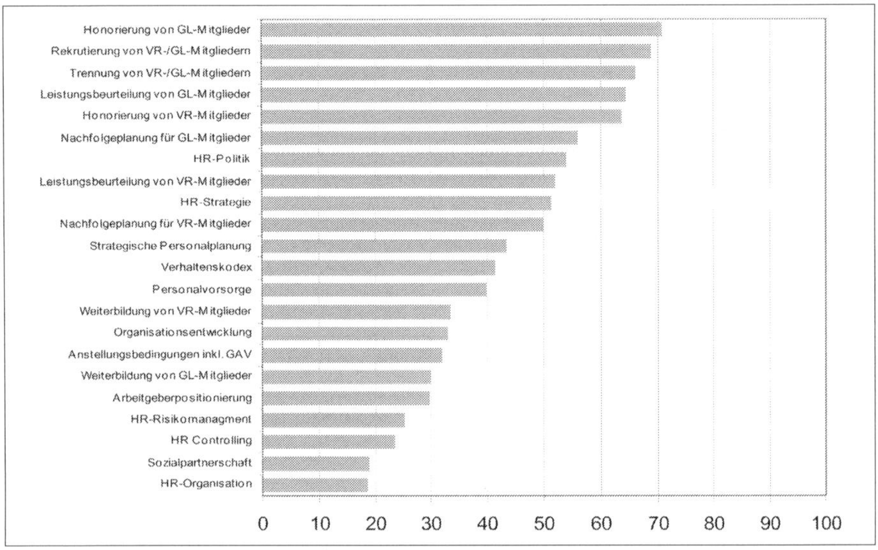

Abb. 6: Relevanz der HR-Themen auf Board-Ebene

Am häufigsten werden Themen zur Honorierung, Rekrutierung, Trennung sowie Leistungsbeurteilung von Mitgliedern der Geschäftsleitung (GL) im Board besprochen. Wobei die Werte für die Beurteilung und Honorierung der Board-Mitglieder etwas tiefer liegen. Die relativ häufige Behandlung von Honorierungs- und Besetzungsthemen überrascht kaum, da Spitzengehälter auf oberster Führungsebenen in den letzten Jahren zunehmend kontrovers diskutiert wurden und die Thematik mit der Finanzkrise noch an Bedeutung gewonnen hat. Wenn Nachhaltigkeit und Angemessenheit der Vergütung nicht über die HR Governance im Board sichergestellt werden, ruft dies unweigerlich nach mehr Regulierung, wie beispielsweise dem geplanten Gesetz zur Angemessenheit der Vorstandsvergütung (VorstAG) in Deutschland oder den verschärften Regeln zu Vergütungssystemen der Eidgenössischen Finanzmarktaufsicht in der Schweiz. Im Mittelfeld liegen Themen wie Nachfolgeplanung von GL- und etwas tiefer der Board-Mitglieder sowie die HR-Politik und HR-Strategie. Insbesondere wenn es um die längerfristige Ausrichtung des HR Management geht, sollten diese Themen auf der Agenda des Board noch eine stärkere Berücksichtigung erfahren. Noch deutlicher zeigt sich dies bei den für die Aufsicht sehr wichtigen Themen des HR-Risikomanagements und HR Controlling. Nur bei einem Viertel der Unternehmen finden diese Themen in hohem oder sehr hohem Ausmaß Eingang in die Board-Diskussionen.

Spezifisches HR-Fachwissen ist meist kaum auf der Board-Ebene vorhanden. Mehr als die Hälfte der befragten Unternehmen geben an, dass bezüglich HR-Planung und -Controlling kaum Fachwissen im Board vorhanden ist. Ebenso fehlen Fachkenntnisse bei Arbeitsrecht und Tarifverträgen. Auch in anderen relevanten HR-Themen wie Change Management, Strategisches HRM, Lohn- und Incentivierungs-Systeme, Selektion, Vorsorge und Nachfolgeplanung verfügt der Board kaum über spezifisches HR-Wissen (Abbildung 7).

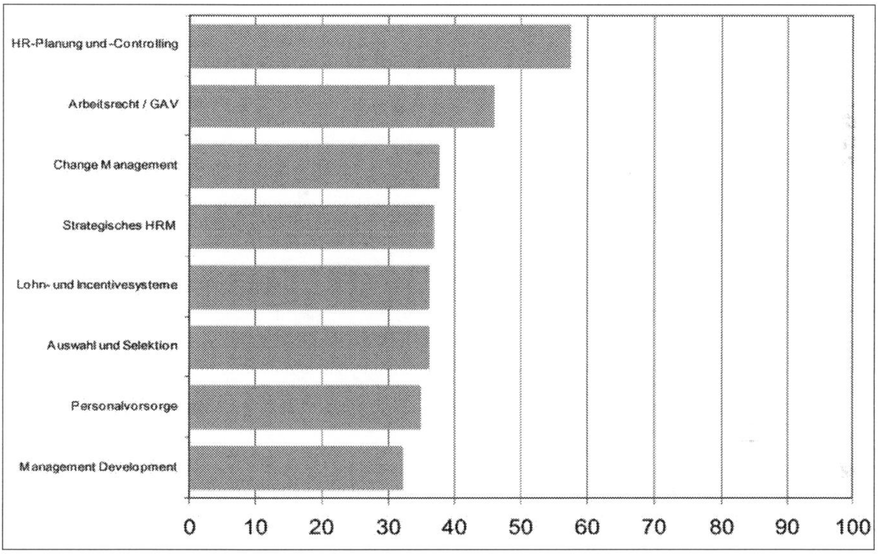

Abb. 7: HR-Fachwissen auf Board-Ebene

Es stellt sich die Frage, wie eine wirksame Führung und Aufsicht des HRM sichergestellt werden kann, wenn die HR-Fachkompetenz in vielen Fällen nicht adäquat im Board repräsentiert ist.

Rund 2/3 der befragten Unternehmen arbeiten mit keinen spezifischen Ausschüssen zur Behandlung der HR-Themen. Bei dem Drittel der Unternehmen, die mit Ausschüssen arbeiten, sind dies mehrheitlich Nominations- und Entschädigungsausschüsse. Diejenigen Unternehmen, die mit integrierten HR-Ausschüssen arbeiten, treffen sich deutlich häufiger als wenn die Ausschüsse separat geführt werden.

Die Frage der Fachkompetenz in den relevanten Themen stellt sich besonders beim Leiter der HR-Ausschüsse, da dieser in der Vorbereitung der Dossiers zuhanden des gesamten Boards maßgeblich Einfluss nehmen kann.

Gemäß der Umfrage verfügen lediglich 16% der Leiter der HR-Ausschüsse über eine HR-spezifische Aus- und Weiterbildung und HRM-Erfahrung mit Erfolgsausweis.

In 64% der befragten Unternehmen ist der oberste HR-Verantwortliche Mitglied der Geschäftsleitung. Auf die Frage, ob der HR-Leiter bei HR-relevanten Themen in die Diskussion auf Board-Ebene einbezogen wird, zeigt sich ein eher schlechtes Bild. Nur bei 21% der Unternehmen ist dies durchwegs gewährleistet, während 43% gelegentlich einbezogen werden, sind 36% an der Diskussion im Gesamt-Board gar nicht beteiligt. Sind Ausschüsse zur Behandlung der HR-Themen vorhanden, steigt der Anteil, bei dem die HR-Leiter immer einbezogen werden auf 36%, hingegen gibt es auch hier einen Anteil von 37%, bei denen kein Einbezug in die Diskussionen der Ausschüsse erfolgt (Abbildung 8).

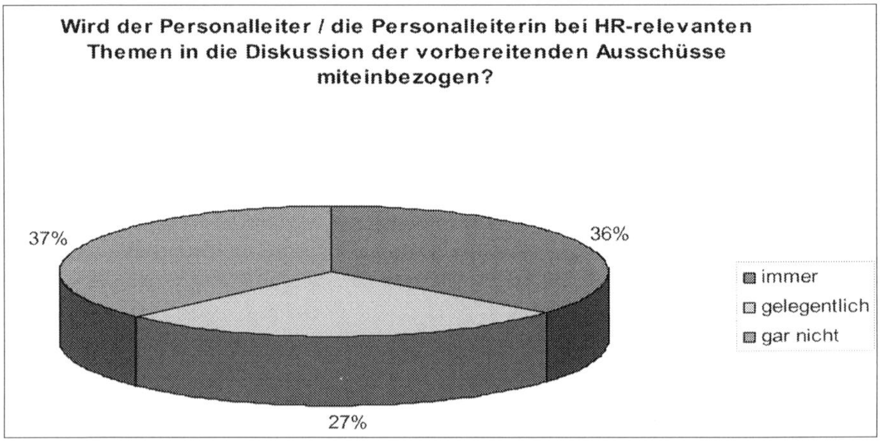

Abb. 8: Einbezug der HR-Leiter in die HR-Ausschüsse auf Board-Ebene

1.1.3 Handlungsbedarf für die HR Governance

Beide aktuellen Umfragen haben gezeigt, dass die Professionalität der Führung und Aufsicht von HR-Funktionen in den meisten börsennotierten Unternehmen verbessert werden kann. Dies ist um so wichtiger, da im Durchschnitt über ein Drittel des Unternehmensertrags über Löhne, Sozialleistungen und HR-Entwicklungsmaßnahmen durch die HR-Know-how-Träger auf Board- und GL-Ebene direkt oder indirekt beeinflusst werden kann.

1.2 Ziel

Das Ziel der HR Governance besteht in der wirksamen Führung und Steuerung des HR Management auf Board-Ebene sowie in einer ganzheitlichen Entwicklung und Umsetzung der HR-Strategie auf GL-Ebene. Dabei kann von unserem W-Konzept der Rollenaufteilung zwischen Board und Geschäftsleitung ausgegangen werden (Abbildung 9).

Phasen / Träger der HR Governance	Entwicklung der HR-Leitplanken	Entwicklung der HR-Strategie	Genehmigung der HR-Strategie	Umsetzung der HR-Strategie	Evaluation der HR-Strategie-umsetzung
Board (HR Committee)	X		X		X
Top Management (HR Council)		X		X	

Abb. 9: Das W-Konzept der Rollerverteilung zwischen Board und GL (nach Hilb)

1.3 Begriffsklärung

Unter »HR Governance« verstehen wir die wirksame Führung und Aufsicht des HR Management durch das Board und das wirksame Management der HR-Funktionen auf GL-Ebene.

1.4 Vorgehen

Diese Publikation umfasst deshalb zwei Hauptteile:

- die wirksame Führung und Aufsicht des HR Management durch das Board (in Kapitel 2) und
- das wirksame Management der HR-Funktionen auf GL-Ebene (in Kapitel 3).

Auf Board-Ebene geht es einerseits um die Festlegung und Beaufsichtigung der normativen und strategischen HR-Vorgaben und deren Umsetzung in eine integrierte HR-Politik sowie andererseits um die in die Kompetenz der Aufsichtsgremien fallenden HR-Geschäfte bei der Gewinnung, Beurteilung, Honorierung und Entwicklung der Board- und GL-Mitglieder. Dazu empfiehlt sich bei größeren Unternehmen die Ausgestaltung eines Personalausschusses (HR Committee), der die HR-Themen integriert behandelt und für den gesamten Board mit entsprechender Fachkompetenz vorbereitet.

Die HR Governance auf Managementebene ist auf die Steuerung des HR Management und deren Funktionen innerhalb des Unternehmens gerichtet. Zunächst geht es um die Umsetzung der vom Board verabschiedeten HR-Politik in eine entsprechende HR-Strategie und eine HR Roadmap. Weiter soll über ein HR-Geschäftsmodell und HR-Kernprozesse die zentrale und dezentrale Steuerung geklärt sowie das Rollenverständnis und Form der Zusammenarbeit über die verschiedenen Bereiche und Ebenen des HR Management definiert werden.

Bei größeren Unternehmen wird die Wahrnehmung der HR-Funktion auf Managementstufe zumeist über einen HR-Fachausschuss (HR Council), wahrgenommen, dem neben den Verantwortlichen der HR-Kompetenzzentren die HR-Leiter der Geschäftseinheiten bzw. bei internationalen Unternehmen der Regionen oder Länder angehören. Unter Berücksichtigung einer humankapitalorientierten Sichtweise ist zukünftig dabei eine verstärke Einbindung von Linienverantwortlichen in strategische HR Councils notwendig.

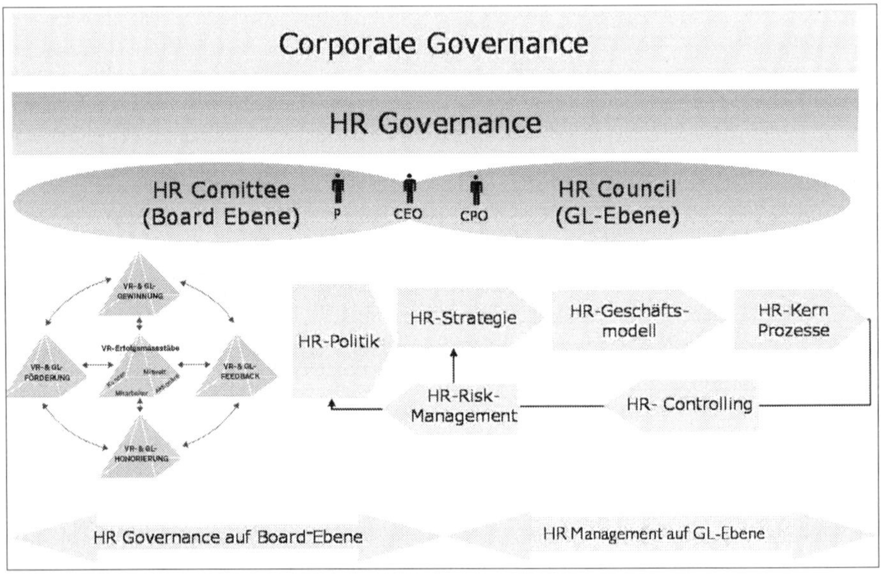

Abb. 10: Integrierte HR Governance auf Board- und HR Management auf GL-Ebene

Die HR Governance ist als integrierter Prozess zu verstehen, bei dem einerseits auf der Management-Stufe die HR-Funktion nach innen gesteuert wird, andererseits vorbereitende Arbeiten zuhanden des Boards und dessen HR-Ausschuss getätigt werden. Damit kann das Board die Führungs- und Aufsichtsfunktion des HRM wahrnehmen.

Dieses Buch ist wie folgt aufgebaut:

- *Kapitel 2* beschreibt die HR Governance als wirksame HR-Führung und -Aufsicht auf Board-Ebene. Verschiedene Board-Praxisbeispiele illustrieren die Ausführungen.
- *Kapitel 3* beschreibt die HR-Steuerung auf Managementebene. Beispiele zu Good Practice von Vorsitzenden der Geschäftsleitung und obersten HR-Verantwortlichen ergänzen die Ausführungen.
- *Kapitel 4* zieht die Schlussfolgerungen auf den beiden Ebenen und gibt einen Ausblick zur Weiterentwicklung der HR Governance.

2 Wirksame HR-Führung und -Aufsicht auf Board-Ebene

von Martin Hilb

Wir führen seit 1993 alljährlich ein Doktorandenseminar über »Corporate Governance« an der Universität St. Gallen durch. Aufgrund der periodischen Analyse der Board-Praxis durch die Doktoranden lassen sich bei vielen Unternehmen folgende Schwachstellen festhalten:

- ungenügende strategische Ausrichtung der Board-Arbeit,
- mangelnde Professionalität bei Auswahl, Zusammensetzung, Leistungsbeurteilung, Honorierung und Förderung von Mitgliedern des Board und der Geschäftsleitung,
- mangelnde Erfolgsevaluation der Board-Tätigkeit und ungenügendes strategisches Controlling und Risikomanagement auf Board-Ebene.

Aufgrund dieses Sachverhaltes soll ein Konzept vorgestellt werden, welches anstrebt, diese Schwachstellen zu beseitigen. Abbildung 11 beschreibt dieses Konzept.

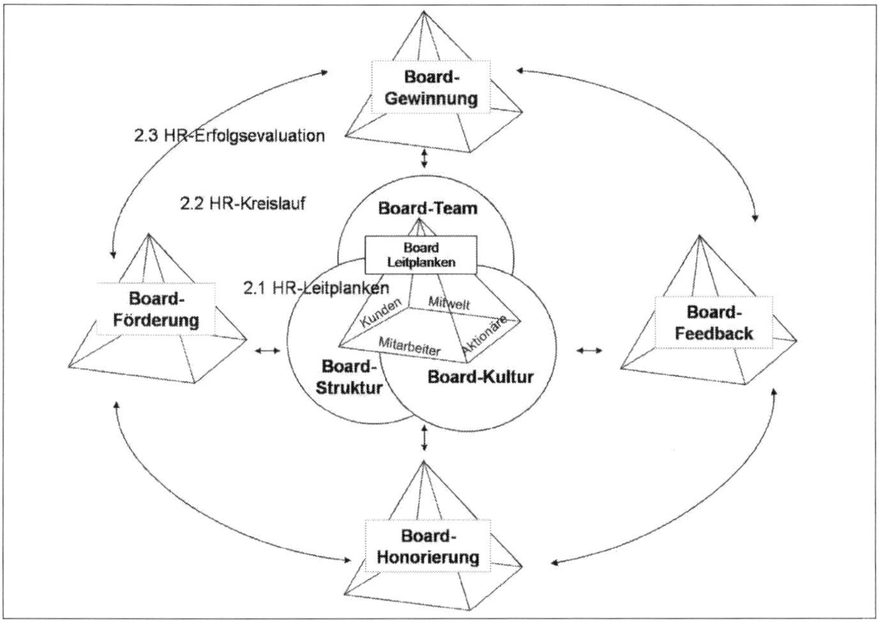

Abb. 11: Integriertes Board Management

Dieses Konzept beinhaltet drei Komponenten:

1. Als *Voraussetzungen* stehen folgende strategische Elemente im Vordergrund:
   - ein optimal zusammengesetztes Board-Team, das u.a. über ein Mitglied mit HRM-Erfahrung mit Erfolgsausweis verfügt,
   - eine konstruktiv-offene Board-Kultur,
   - eine wirkungsvolle Board-Struktur und

- anspruchsgruppenorientierte Board- und HRM-Erfolgsmaßstäbe (vgl. Kap. 2.1).

2. Die *Hauptkomponenten* des in diesem Kapitel vorgestellten integrierten Kreislaufkonzeptes bilden die erfolgsmaßstabsgerechte
   - Gewinnung und Zusammensetzung,
   - Beurteilung (Feedback),
   - Honorierung und
   - Förderung

   des Boards und der GL (vgl. Kap. 2.2).
3. Mit einem *Evaluationskonzept* wird schließlich der Erfolg der Board- und HRM-Arbeit periodisch überprüft (vgl. Kapitel 2.3).

Dieses Konzept entspricht den »KISS«-Anforderungen[1], die an ein Board-Managementkonzept gestellt werden müssen:

- **K**eep it
- **I**ntegrated
- **S**trategic and
- **S**timulating.

Die wichtigsten Instrumente des Board Management werden miteinander integriert, strategisch auf ganzheitliche Erfolgsmaßstäbe ausgerichtet und wirken durch die partizipative Entwicklung, Einführung und Erfolgsevaluation stimulierend auf alle relevanten Anspruchsgruppen des Board (Eigentümer, Personal, Kunden und Mitwelt).

Mit diesem Konzept wird auch der Zusatznutzen (added value) der Gewinnung, Beurteilung, Honorierung und Förderung von Mitgliedern des Board und der Geschäftsleitung für die relevanten Anspruchsgruppen besser gewährleistet.

2.1 HR-Leitplanken und Strategievorgaben

Wir unterscheiden folgende vier zentrale »V«-Erfolgsvorausetzungen der HR Governance:

1 Wir unterscheiden drei Arten von KISS-Regeln:
1) Das amerikanische Verständnis: »Keep it simple and stupid«. 2) Unser Verständnis, das wir erstmals 1994 für unser Buch über »Integriertes Personal-Management« verwendet haben und das diesem Kap. 2 zu Grund liegt. 3) Das inverse KISS-Prinzip, das dem Buch »Integrierte Corporate Governance« (Hilb 2009) zugrunde liegt: »Keep it situational, strategic, integrated and controlled.«

1. **V**orbild: Eine strategisch gezielt vielfältig zusammengesetztes Board-Team (das u.a. ein Mitglied mit HRM-Erfahrung mit Erfolgsausweis aufweist),
2. **V**ertrauen: eine konstruktiv-offene Board-Kultur,
3. **V**ernetzung: Eine wirkungsvolle Board-Struktur (in großen Unternehmen u.a. mit einem integrierten HRM-Ausschuss und nicht getrennten Nominations- und Remunerations-Ausschüssen),
4. **V**ision: Anspruchsgruppenorientierte Board-Erfolgsmaßstäbe u.a. für den HRM-Bereich.

Diese vier Komponenten sind gemäß Abbildung 12 prozesshaft miteinander zu integrieren.

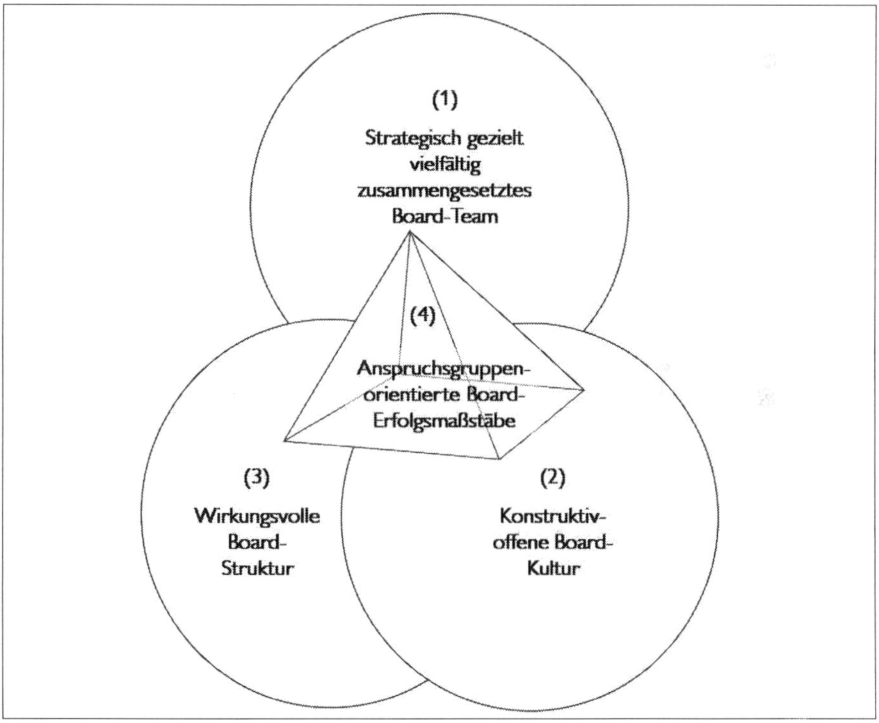

Abb. 12: Erfolgsvoraussetzungen des integrierten Board Management

Die Faktoren (1), (2), (3) bestimmen auf verschiedenen Ebenen (gemäß Abbildung 13) die Voraussetzung dafür, sich mit messbaren strategischen Erfolgsmaßstäben (4) von den wichtigsten Mitarbeitenden abzuheben. Anhand der Reaktionen der Aktionäre, Kunden, Mitarbeitenden und der Öffentlichkeit kann der Mehrwert und die Zielerreichung periodisch gemessen werden (5).

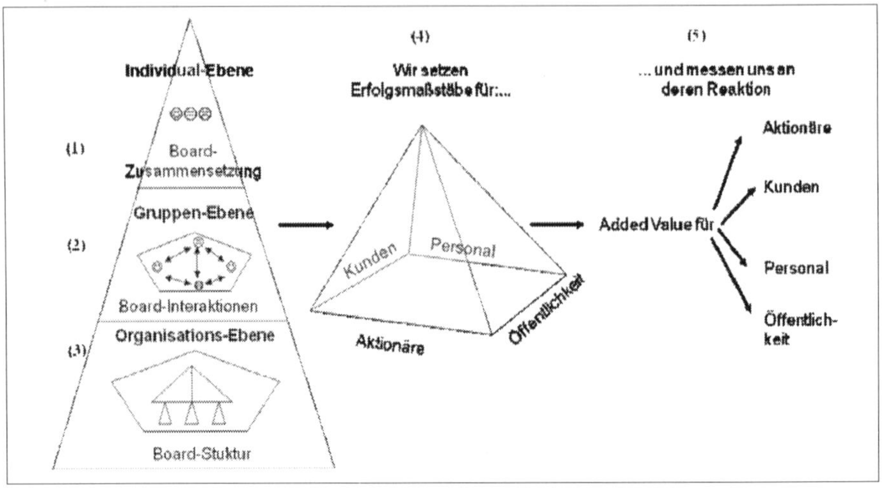

Abb. 13: Zusammenhang zwischen Board, Strategie und Erfolg[2]

Bisher haben vor allem angelsächsische Forscher einen möglichen Einfluss der Corporate Governance auf den Unternehmenserfolg untersucht. Eine Studie an der Universität Basel[3] hat bestätigt, dass »... eine bessere Corporate Governance durch eine höhere Börsenbewertung und damit geringere Kapitalkosten entschädigt...«[4] wird.

2.1.1 Strategisch gezielt vielfältig zusammengesetztes Board-Team

Ein gezielt vielfältig zusammengesetztes Team von fünf bis sieben Mitgliedern sollte aufgrund verschiedener unternehmensstrategierelevanter Kriterien zusammengestellt werden. Dabei gibt es nicht *die* ideale Board-Zusammensetzung. Auch die Untersuchung von *Macus*[5] hat gezeigt, dass jede Unternehmung je nach Situation eine unterschiedliche Board-Zusammensetzung benötigt. In der Beratungspraxis suchen wir die bestmögliche Board-Zusammensetzung zu erzielen, indem wir mit Hilfe von Eigen- und Fremdevaluation folgende Fragen beantworten lassen: Wo liegen die gegenwärtigen Stärken und Schwachstellen bezüglich relevanter Kriterien wie

- Know-how,
- Teamrollen und
- sozialer Daten?

2 Vgl. Macus (2002), ferner Huse (2007 und Leblanc/Gillies (2005).
3 Macus (2002).
4 Macus (2002).
5 Macus (2002, S. 11).

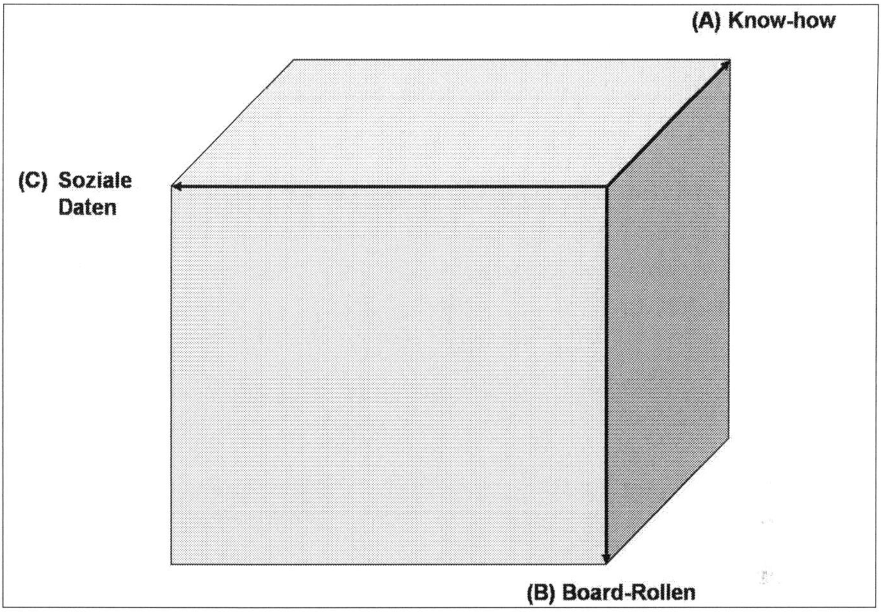

Abb. 14: Board-Diversity-Dimensionen

Wir haben für die gezielte Zusammensetzung von Board-Teams ein Hilfsmittel entwickelt, das wir je nach Unternehmen gezielt anpassen.

Im Folgenden zeigen wir ein Beispiel, wie wir dieses Tool für die Board-Zusammensetzung eines internationalen Biotechnologieunternehmens verwendet haben.

Wir haben in Einzelgesprächen mit dem Vorsitzenden und allen Mitgliedern des Board sowie mit drei Hauptaktionärsvertretern und der Konzernleitung die Ist- und Soll-Zusammensetzung der Boards anhand folgender Board-Diversitäts-Tools diskutiert.

(a) Gezielt zusammengesetztes Board-Know-how

Zunächst geht es um die fachlichen Kompetenzbereiche, die im Board vorhanden sein müssen, um die Gestaltungs- und Controllingfunktionen erfolgreich erfüllen zu können.

Dabei ermitteln wir zunächst die Wichtigkeit der einzelnen Kompetenzbereiche und anschließend die Zufriedenheit mit der gegenwärtigen Zusammensetzung aus Sicht der befragten Board-Mitglieder, GL-Mitglieder und Aktionärsvertreter und erhalten damit die fehlenden gegenwärtigen Kompetenzfelder im Board.

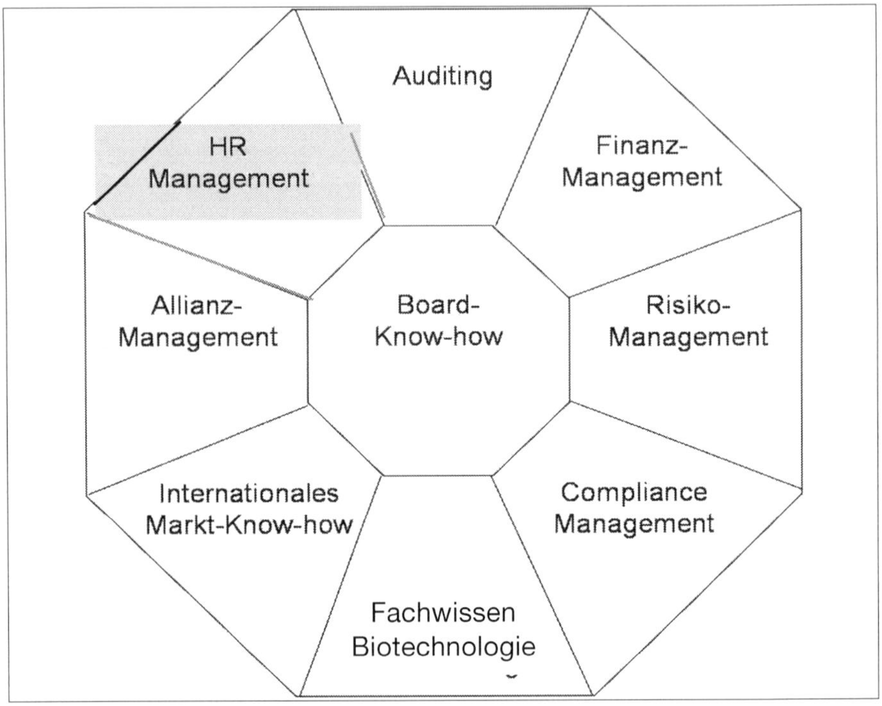

Abb. 15: Notwendige Board-Know-how-Bereiche in einem internationalen Biotechnologieunternehmen

(b) Gezielt zusammengesetzte Board-Rollen

Eine Vielfalt von zentralen Rollen, und nicht nur fachliche Kompetenzen bestimmen den Erfolg eines Board-Teams.

In der Beratung verwenden wir hierzu ein von uns für Board-Teams entwickeltes spezifisches Rollenkonzept, welches eine Kombination der Jungschen Persönlichkeitsdimensionen und der Rollenkonzeption nach *Margerison/McCann*[6] und dem Henley-Konzept[7] darstellt (vgl. Abbildung 16).

Dabei ist es wichtig, dass jedes Board-Mitglied seine eigene Rollenstärke und seine eigene Rollenschwäche (die jeweils gegenüberliegt) sowie diejenigen aller seiner Kolleginnen und Kollegen kennt. Es sollten idealerweise alle Hauptrollen im Board-Team vertreten sein, wobei die Rolle des Organisators durch den Board-Sekretär und die Rolle des Board Networker gleichzeitig durch verschiedene Board-Mitglieder zusätzlich wahrgenommen werden kann. Wir nennen dies gezielte Vielfalt[8] des Board-Teams. Wird die Heterogenität des Board ohne Bewusstmachung der eigenen und fremden Rollenstärken und -schwächen ein-

6 Magerison/McCann (1985).

7 Henley (2000).

8 Mayer (2002).

geführt, wird Board Diversity zum Problem.[9] Es können auf diese Weise viele Board-Gruppenkonflikte auftreten.

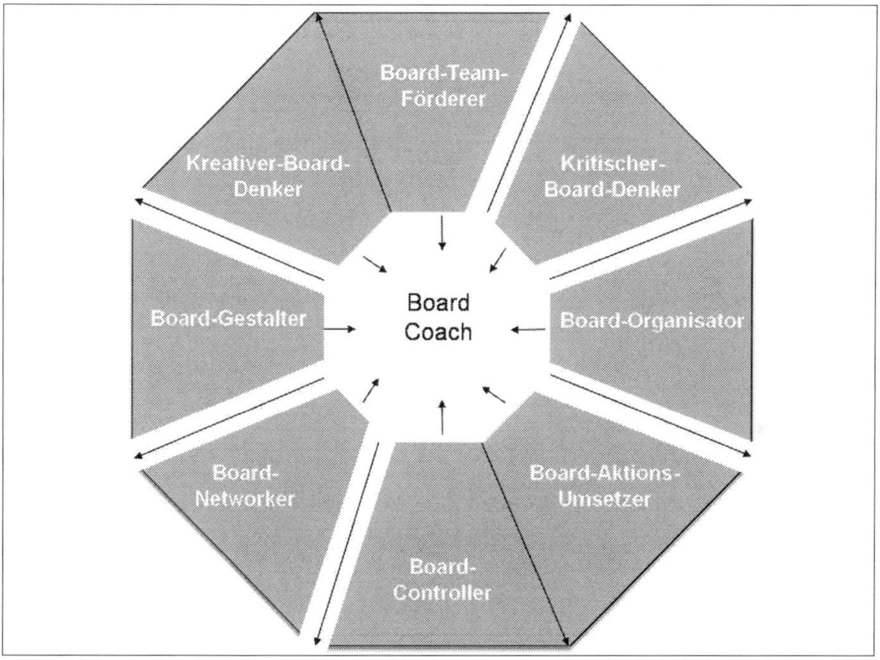

Abb. 16: Board-Rollenkonzept

Wenn wir diesen Ansatz in der Board-Praxis umsetzen, zeigen sich häufig anhand der bildlichen Darstellung der gegenwärtigen Rollenverteilung (Abbildung 16) fehlende Rollen im Board-Team.

Fehlt z.B. in einem Board die Controller-Rolle, sollte ein neues Mitglied des Board neben einer bestimmten Know-how-Anforderung (gemäß Abbildung 15) die Rolle des Board-Controllers (gemäß Abbildung 16) ausfüllen können.

Ein solches Rollenkonzept erlaubt es, die Interaktionen zwischen den Mitgliedern des Board und der Geschäftsleitung partnerschaftlich zu gestalten.

(c) Gezielt zusammengesetzte soziale Board-Daten

Nach *Jent*[10] hat die Equal-Opportunity-Bewegung bewirkt, dass in Europa auch auf Board- und Geschäftsleitungsebene »Gleichwertigkeit« sozialer Daten von Mitgliedern mit »Gleichartigkeit« gleichgesetzt wird. »Die Folgen zeigen sich in

9 Staffelbach in Noetzli (2004, S. 47) »Das Team wird zu einer Gruppe von starken Persönlichkeiten, die sich in einer bestimmten Rhythmik zu Sitzungen treffen. Ein Mangel an gemeinsamen Auffassungen führt zu Integrationsverlusten. Individuelle Spezialisierungen steigern den Koordinationsaufwand. Folglich erhöht sich der Zeitbedarf für die Entscheidungsfindung.«

10 Jent (2002).

vielen Unternehmen auf Board- und Geschäftsleitungsebene darin, dass viele Talente mit ›unüblichen‹ sozialen Daten zu wenig genutzt werden.«

Rosner [11]hat nachgewiesen, dass Unternehmen mit einem ausgewogenen Board-Frauenanteil, neben anderen Vorteilen (wie z.B. signifikant bessere Fragen während der Board-Sitzung), sowohl eine verbesserte finanzielle Performance als auch eine verbesserte Wahrnehmung der Board-Aufgaben aufwiesen.

Was die landeskulturelle Zusammensetzung von Boards und Geschäftsleitungen internationaler Großunternehmen betrifft, so sollte sich die Internationalität des Geschäfts in den Board-Gremien[12] und Konzernleitungen[13] widerspiegeln. Wenn z.B. rund je ein Drittel des Umsatzes in Amerika, Europa und Asien getätigt wird, kann es von Vorteil sein, in den Board- und GL-Gremien Vertreter mit profundem Kultur-Know-how und Markterfahrung mit Erfolgsausweis in diesen Regionen aufzunehmen.

Hilb/Jent haben für die Board-Praxis die dreischichtige »Diversity-Optima«-Scheibe entwickelt (Abbildung 17).[14]

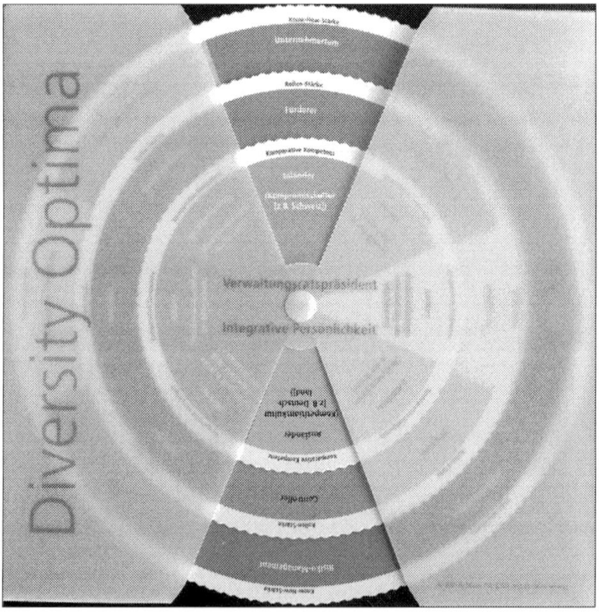

Abb. 17: Kaleidoskop sozialer Daten von Board-Teams

11 Rosener (2005).

12 Vgl. Ackermann in Noetzli (2004, S. 14).

13 Ein gutes Beispiel stellt Nestlé dar, die als eine der wenigen transnationalen Gesellschaften der Welt in der Konzernleitung eine marktgerechte Verteilung der Mitglieder aufweist.

14 Hilb/Jent (2007).

Wir verwenden dabei in der Board-Praxis folgende Gebrauchsanweisung für diese Scheibe.

Damit Diversität von Board- und GL-Teams für Ihre Firma zum Wettbewerbsvorteil (und nicht zum -nachteil wird) sind folgende Punkte zu beachten:

- Die Diversität von Board- und GL-Teams sollte nie komplexer sein als die Realität (wenn Ihre Firma z.B. nur in der Schweiz tätig ist, benötigt sie keinen Amerikaner im Board).
- Diversität erzeugt für die Anspruchsgruppen der Firma erst dann Nutzen, wenn jedes Board- und GL-Teammitglied seine eigene Identität und die der anderen Teammitglieder (mit Stärken und entsprechenden Schwächen) kennt.

Diese dreischichtige Scheibe kann dann wie folgt eingesetzt werden:

Die äußere Scheibe: Notwendiges Know-how
Bestimmen Sie zunächst im Board-Team, welches Know-how für Ihren Board notwendig ist. Die Regel lautet: Das Board sollte über dasselbe Know-how verfügen wie die GL. Nur so kann das Board die gesetzlich geforderte strategische Gestaltungs- und Controllingfunktion ausüben. Anschließend ermitteln Sie, welche Know-how-Bereiche mit den gegenwärtigen Mitgliedern abgedeckt und welche noch nicht im Board-Team vertreten sind. Ist z.B. Unternehmertum wichtig und verfügen Sie über ein solches Mitglied, dann ist das gegenüberliegende notwendige (komplementäre) Know-how: Risikomanagement. Falls Sie im Board über kein Mitglied mit diesem Know-how verfügen, ist dieses Know-how bei der nächsten Ernennung eines Board-Mitglieds zu berücksichtigen. Selbst wenn Ihr Board über alle notwendigen Know-how-Bereiche verfügt, garantiert dies noch keinen Erfolg. Damit ein Board zum Team wird, sind unterschiedliche Rollen notwendig.

Die mittlere Scheibe: Notwendige Teamrollen
Ermitteln Sie, welche Rollen durch gegenwärtige Board-Mitglieder (anhand einer Selbstbeurteilung) wahrgenommen werden. Auch die Rollenscheibe enthält jeweils auf der Gegenseite die komplementäre Rolle. Übt z.B. ein Board-Mitglied als Stärke die »Promotoren-Rolle« aus, so liegt seine Rollenschwäche auf der gegenüberliegenden Seite, in der »Controller-Rolle«. Nur wenn die Board-Mitglieder ihre eigene Rollenstärke und -schwäche kennen, schätzen sie den gezielten Einsatz eines Board-Mitglieds der komplementären Gegenseite. So ist z.B. sowohl ein Board in der Rolle des »Kritischen Denkers« notwendig als auch ein Board-Mitglied in der gegenüberliegenden »Rolle des Umsetzers«.

Die innere Scheibe: Dominante komparative Stärke
Wir alle verfügen über ein sogenanntes Kaleidoskop unserer sozialen Daten, das anhand eines Kuchens dargestellt werden kann (Abbildung 18).

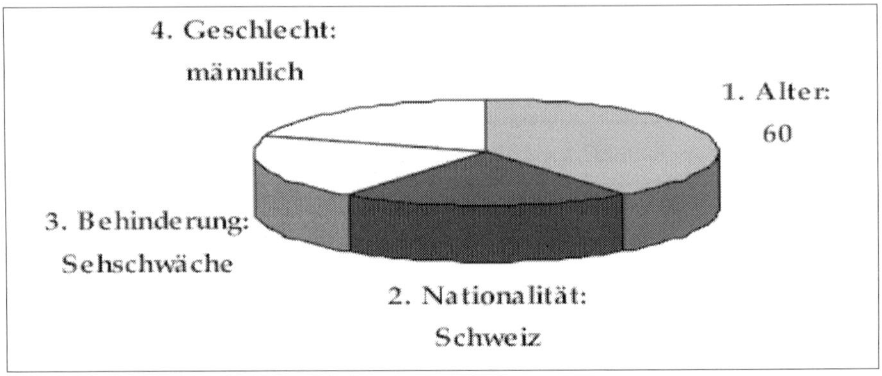

Abb.18: »Kaleidoskop« sozialer Daten

Jedes Board-Mitglied identifiziert sein dominantes soziales Datum: Im obigen Beispiel ist das dominante soziale Datum dieses Board-Mitglieds das Alter. Die komparative Stärke liegt im reichen Erfahrungsschatz des Board, die komparative Schwäche liegt in der unterdurchschnittliche Neuerungsfreudigkeit (im Bereich der neuen Informationstechnologien des Board).

Damit das Board nicht zu groß wird (z.B. Kleinbetriebe: drei Board-Mitglieder; Mittelbetriebe: fünf Board-Mitglieder; Großbetriebe: sieben Board-Mitglieder), müssen die Merkmale der drei Scheiben kombiniert angewandt werden, z.B. verfügt ein Board-Mitglied über folgendes Profil: HRM Know-how, Rolle des Förderers, Alter 60.

Aufgrund der strategisch notwendigen Board-Zusammensetzung nach

- Know-how,
- Teamrollen und
- sozialen Daten

kann z.B. ein Board wie in Abbildung 19 dargestellt aussehen.

Aufgrund der gegenwärtigen Stärken und Schwächen des Board, kann jeweils gemeinsam ein Anforderungsprofil für ein neues Board-Mitglied ermittelt werden. Die zentrale Funktion bei der gezielten Zusammensetzung und Board-Führung kommt dem Vorsitzenden des Board zu, der auch für eine wirksame Zusammenarbeit mit dem komplementäre Fähigkeiten und Rollen aufweisenden CEO verantwortlich ist.[15]

15 Westphal (1999).

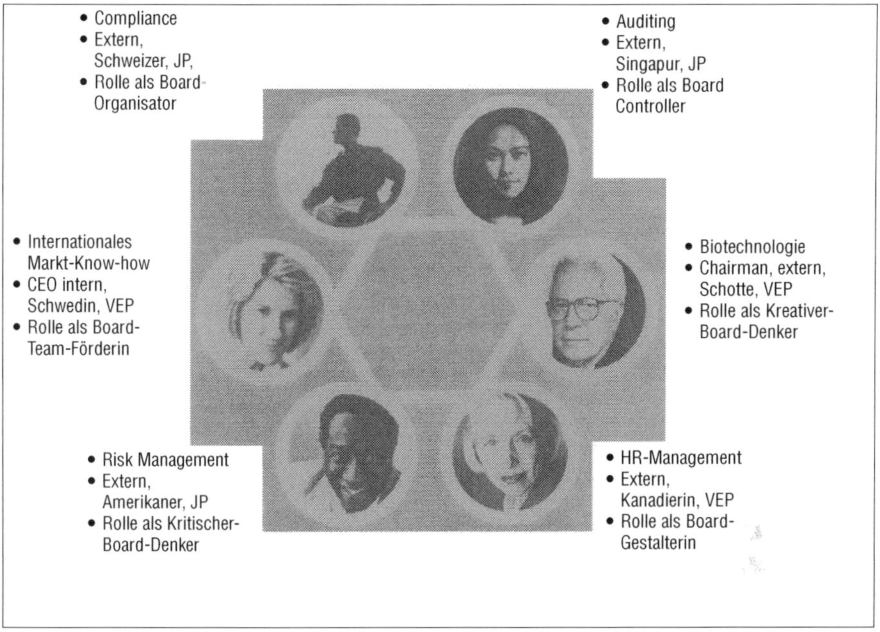

Legende: (VEP = Very Experienced Person, JP = Younger Person)[16], wobei ein Mitglied über HRM-Erfahrung mit Erfolgsausweis verfügt.

Abb. 19: Beispiel eines gezielt zusammengesetzten Board eines Biotechnologie-High-Tech-Unternehmens

Der Vorsitzende des Board ist auch dafür verantwortlich, dass alle zentralen Know-how-Bereiche wie z.B. das HRM im Board vertreten sind. Es ist dabei erstaunlich, dass die meisten Unternehmen auf Board-Ebene immer noch über kein Mitglied mit HRM-Erfahrung mit Erfolgsausweis verfügen.

2.1.2 Konstruktiv-kritische Board-Vertrauenskultur

In Abbildung 20 unterscheiden wir in Boards von internationalen Unternehmen

- (+) die zukunfts- und außenweltorientierte Kultur des Gestaltungs- und Controllingrates (Außenkreis) und
- (–) die vergangenheits- und innenweltorientierte Kultur des traditionellen »Verwaltungsrats« (Innenkreis).

16 Der Chairman muss dabei u. a. über die Fähigkeit verfügen, mögliche multikulturelle Konflikte zu erkennen und gezielt zu vermeiden bzw. zu lösen. Vgl. hierzu die Empfehlungen von Appelbaum/Elbaz (1998).

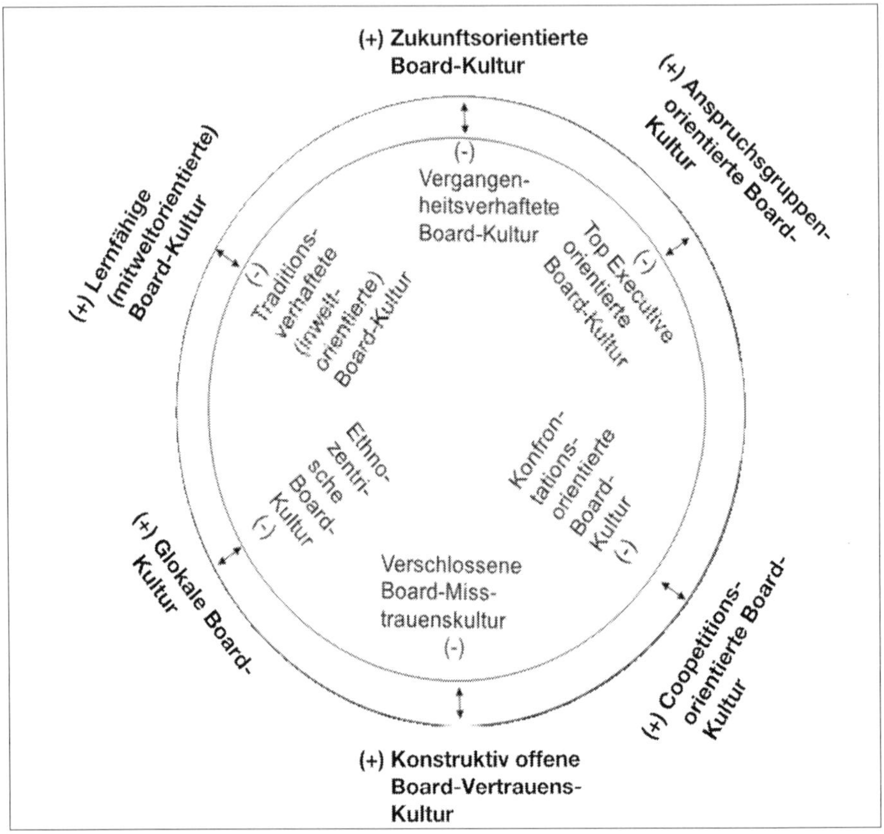

Abb. 20: Board-Kulturen

Dabei ist vor allem eine konstruktiv-kritische Board-Vertrauenskultur anzustreben.[17] Es geht um die Frage, wie Board-Mitglieder und GL-Mitglieder unter- und miteinander umgehen. Dies kann anhand von 360°-Kooperationsregeln (vgl. Abbildung 21) für Boards ermittelt werden.

Wir gehen in der Praxis wie folgt vor: Die Board-Mitglieder haben auf einem gelben Post-it-Zettel anzugeben, was ihnen in der Kooperation untereinander am besten gefällt und auf einem roten Post-it-Zettel, was ihnen untereinander am wenigsten gefällt.

---

17 »Following the collapse of such one great companies as … Enron, Tyco, and WorldCom, much attention turned to the companies' boards. Yet a close examination of these boards has revealed no broad pattern of incompetence or corruption. In fact, the boards followed most of the accepted standards for board operations … However, what distinguishes exemplary boards isn't just following key structural tactics, but rather creating robust, effective social systems. The key to generating such a team includes creating a climate of trust and candour, fostering a culture of open dissent, utilizing a fluid portfolio of roles …«, Sonnenfeld (2002, S. 106).

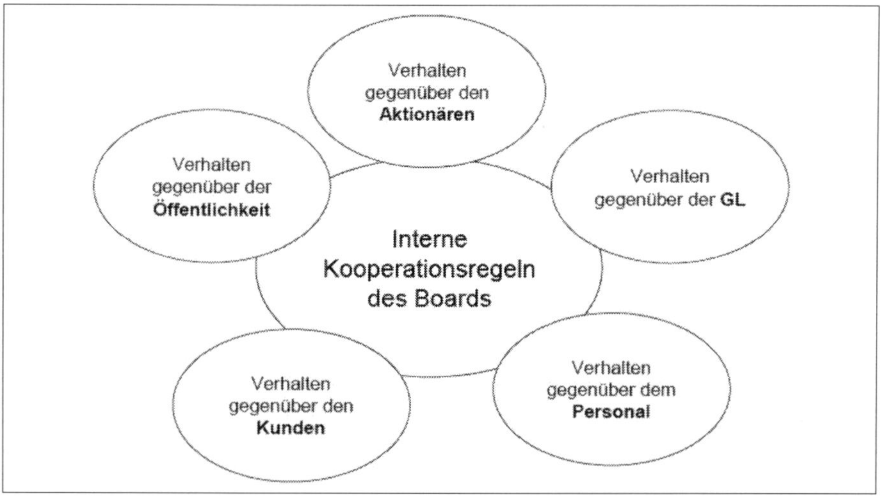

Abb. 21: 360°-Kooperationsregeln von Boards

Für jedes Problemfeld im Interaktionsfeld des Board wird eine Kooperationsregel entwickelt (vgl. Abbildung 22). Diese so erarbeiteten Kooperationsregeln (die auch für das angestrebte Verhalten gegenüber den anderen Anspruchsgruppen, wie z.B. dem Personal gemäß Abbildung 21 entwickelt werden können) sind die Basis für die Alltagskooperation im Board.

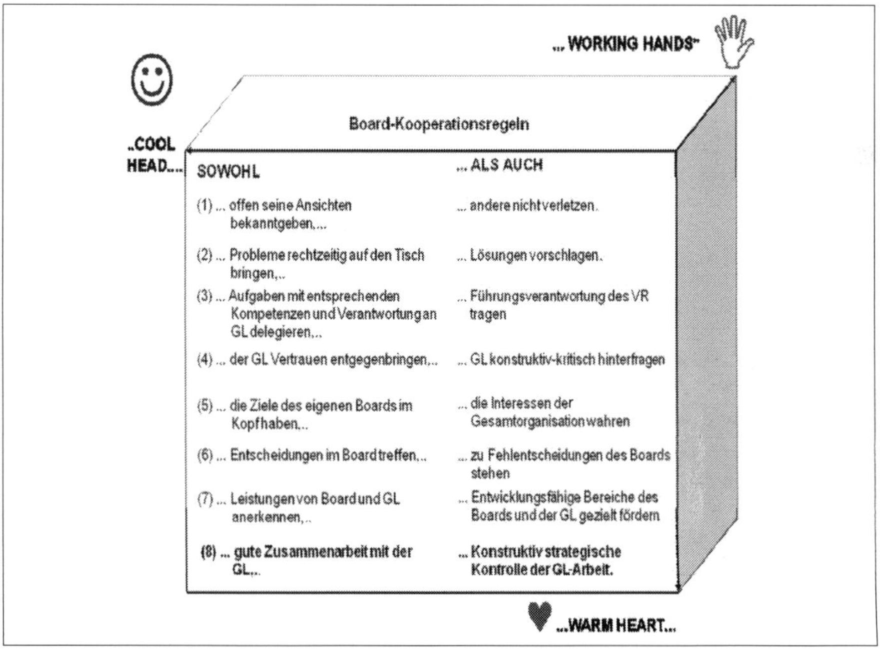

Abb. 22: Interne Kooperationsregeln eines Board (Beispiel aufgrund unseres Interaktionsansatzes)

Verletzt jeweils ein Board-Mitglied während der Sitzung eine der Kooperationsregeln, kann von jedem anderen Sitzungsteilnehmer jeweils ein roter Post-it-Zettel mit der Nummer hochgehalten werden, um auf die Verletzung einer Board-Kooperationsregeln aufmerksam zu machen.

Nachfolgend stellen wir eine, aus der Praxis abgeleitete Fallstudie vor, welche die strategische Board-Dimension berücksichtigt.

Board-Praxisbeispiel 1

Ein internationales Hightech-Unternehmen mit drei gewichtigen Minderheitsaktionären, die alle mit je einem Mitglied im Board vertreten sind, übernimmt den weltweit größten Mitbewerber. Der Board-Entscheid kommt mit vier zu drei Stimmen zustande, wobei zwei der Haupteigentümer dagegen und ein Rechtsanwalt, dessen Kanzlei mit der Übernahme betraut war, dafür gestimmt haben. Seit dieser Übernahme schwelt ein schwerwiegender Konflikt im Board zwischen Befürwortern und Gegnern der Akquisition.

Als Berater führen wir mit jedem Mitglied des Board und der Konzernleitung ein rund zweistündiges Gespräch. Die Ergebnisse stellten wir zunächst dem Board-Präsidenten und sodann dem Gesamt-Board vor. Dabei ging es um die Neuzusammensetzung des Board, über welche die Generalversammlung abzustimmen hatte.

Wichtigste Erkenntnis aus diesem Fall:

Interessenkonflikte im Board sind, wenn immer möglich, zu vermeiden. So sollten sich zum Beispiel Berater und Rechtsanwälte entweder für das Board- oder das Beratungsmandat entscheiden. Beide Mandate gleichzeitig auszuüben, bewirkt häufig für das Unternehmen schädliche Interessenkonflikte.

2.1.3 Vernetzte Board-Struktur

Sind Board-Teams zu groß, besteht die Gefahr des sog. »inside-the boardroom free rider problem«.[18] Sind die Board-Teams zu klein, besteht die Gefahr einer »zu großen Intimität«.[19] Unserer Erfahrung nach sind deshalb für Kleinbetriebe drei, für mittlere Unternehmen fünf und für Großunternehmen sieben Mitglieder ideal, die sich gezielt nach verschiedenen unternehmensrelevanten Kriterien zusammensetzen. Wir empfehlen somit weder einen repräsentativen großen Board noch einen professionellen kleinen Board, sondern einen gezielt strategisch, vielfältig zusammengesetztes, kleines haftendes Gestaltungs- und Controllingteam von je nach Größe des Unternehmens drei, fünf oder sieben Mitgliedern (Abbildung 23).

18 Vgl. Healy (2003, S.154): »The board's large size … increased the inside-the boardroom free-rider problem. (›Why prepare, if I'm a small player inside the boardroom?‹)«. Vgl. ferner Fidds/Keys (2003, S. 16): »He finds that investors place a higher value on earnings for companies with a small board.« Vorbildlich sind diesbezüglich australische und neuseeländische Firmen, die durchschnittlich eine Boardgröße von 7 Mitgliedern aufweisen (Healey 2003, S. 154).

19 Malik (2002).

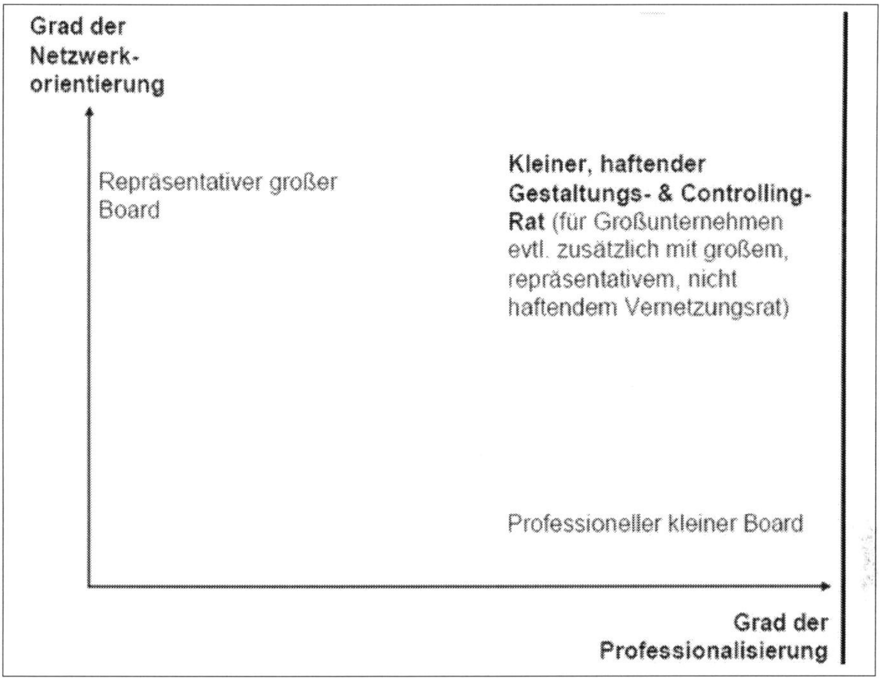

Abb. 23: Zusammensetzung des Board als Gestaltungs- und Controllingrat

Für Großfirmen kann es von Nutzen sein, zusätzlich einen großen repräsentativen, nicht haftenden Vernetzungsrat[20] einzusetzen, der sich aus renommierten Portfolio-Partnern aus verschiedenen relevanten Anspruchsgruppen zusammensetzt, die projektweise unter Leitung eines Gestaltungs- und Controllingrats mitwirken.

Je nach Unternehmensgröße und -situation empfehlen wir lediglich zwei Komitees zu bilden:

- das Integrierte Audit- und Risiko-Management-Komitee[21]
- das Integrierte Board-Management-Komitee. Da die meisten nationalen Best Practice Guidelines unprofessionellerweise separate Nominations- und Remunerations-Komitees empfehlen, schlagen wir den Unternehmen vor, einen integrierten Board-Ausschuss zu bilden, der gezielt Nomination, Beurteilung, Honorierung und Förderung (bzw. Abwahl) von Vorsitzenden und Mitgliedern des Board, der Ausschüsse und der Geschäftsleitung bestimmt. Möchte die Firma die getrennten Remunerations- und Nominations-Aus-

20 Der Vernetzungsrat unterscheidet sich vom traditionellen Beirat, der ein schlechtes Image aufweist, weil die Mitglieder häufig über Prominenz statt Kompetenz verfügen.

21 Lediglich für Finanzdienstleistungs-Unternehmen sind separate Audit- und Risiko-Management-Ausschüsse zu bilden.

schüsse beibehalten, empfehlen wir für beide die gleichen Mitglieder zu ernennen.

- Die Präsidenten beider Komitees sollten unabhängige (interessenskonfliktfreie) Mitglieder sein mit fundiertem Know-how sowie mit Erfahrung mit Erfolgsausweis im relevanten Fachbereich (z.B. Audit/Risk Management bzw. HRM).

2.1.4 Anspruchsgruppenorientierte Board-Erfolgsmaßstäbe

Die Zusammensetzung der Boards, die Board-Kultur, -Struktur und -Erfolgsmaßstäbe sind gezielt aufeinander abzustimmen.

Wir bezeichnen diesen hier im Kapitel vorgestellten Ansatz als Matrioschka-Ansatz. Er vereint:

- die normative Top-Down-Zukunftsgestaltung durch den Board und die GL der Holdingzentrale,
- die strategische horizontale Integration zwischen dem Board und der GL der Niederlassungen,
- die operative Bottom-up-Leistungsentwicklung durch die GL der Niederlassungen.

Neben der WIE-Frage (Wie gehen wir miteinander im Board um?) und der WOMIT-Frage (Welche Board-Strukturen sind geeignet?), muss im Board die WAS-Frage (Was unterscheidet uns nachhaltig von unseren wichtigsten Mitbewerbern?) gestellt werden (vgl. Abbildung 24).

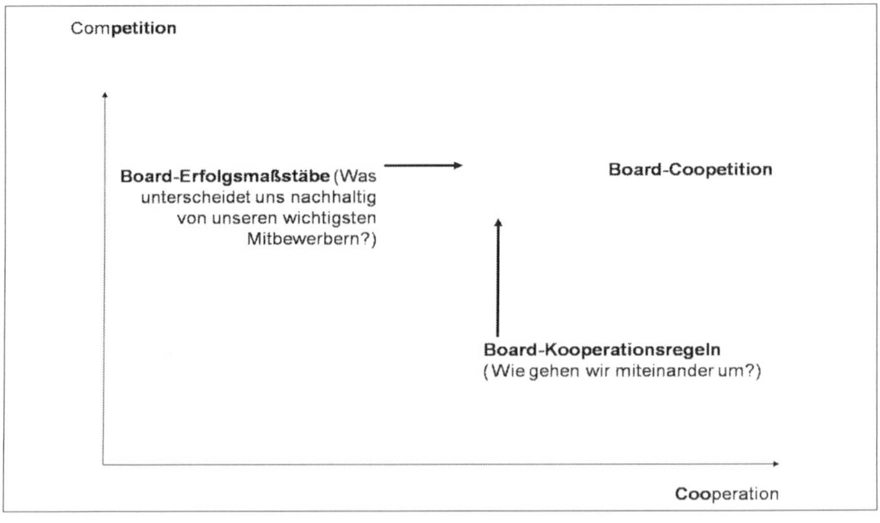

Abb. 24: »Coopetition« als Erfolgsbalance zwischen Cooperation und Competition im Board

Wir gehen davon aus, dass der Board nicht nur durch die Ernennung des CEOs die Strategie bestimmen kann[22], sondern dass bereits die Entwicklung der Erfolgsmaßstäbe zum Teil gemeinsam zwischen Board und GL erfolgen sollte (Abbildung 25).

Führungsebene	Beteiligte (Phasen)	Phase 1 Leitplankenvorgabe	Phase 2 Strategieentwicklung	Phase 3 Strategieentscheid	Phase 4 Strategieumsetzung	Phase 5 Strategieüberprüfung
Normativ	Board	X				
Strategisch	Board		X	X		X
	GL					
Operativ	GL				X	

Abb. 25: Kooperatives Management bei der Strategieentwicklung zwischen Board und GL (W-Verlauf)

In der Schweiz z.B. gehört die Strategiefestlegung und -überprüfung gemäß Art. 716a Abs. 1 OR, im Gegensatz zum deutschen Aufsichtsrat, zu einer der wichtigsten nicht übertragbaren Funktionen des Verwaltungsrates.

Obwohl dies nicht bedeutet, dass das Board die Strategie selbst zu entwickeln hat, zeigt sich aufgrund der kapitalen Krisenfälle (wie Swissair) ein notwendiges Umdenken bei der zukünftigen Rollenverteilung zwischen Board und GL und von Board-Vorsitzendem und CEO bei der Strategieentwicklung. Die Schlüsselposition mit der Rolle des Impulsgebers kommt dem Board-Vorsitzenden zu. Der Board-Vorsitzende hat damit im Rahmen der Strategieentwicklung folgende Funktionen wahrzunehmen:

- »Beobachtung und Beeinflussung strategischer Issues,
- Anregung strategischer Überarbeitungen,
- Förderung einer visionären und strategischen statt einer planerischen Denkhaltung,
- Einbringung inhaltlicher und methodischer Anregungen,
- Machtpromotion des strategischen Prozesses,
- Aktivierung des Board zur Beitragsleistung,
- Sicherstellung einer frühzeitigen Informationsversorgung des Board,
- Moderation einer kontroversen Strategiediskussion,
- begleitende Überwachung des Entwicklungs- und Umsetzungsprozesses,

22 Vgl. Westphal/Frederickson (2001).

Kontrolle der Gültigkeit von Prämissen und Erreichung von strategischen Meilensteinen bzw. Endzielen.«[23]

Phasen des Strategieprozesses

Im Strategieprozess können folgende Phasen unterschieden werden:

Phase 1: Leitplankenvorgaben

Das Board entwickelt messbare Board-Leitplanken wie z.B.:

- »Kernaufgabe des Board ist es, gleichzeitig und langfristig Wert für die Aktionäre, Kunden, Mitarbeiter und Mitwelt zu schaffen.«
- »Das Board erwartet, dass das Unternehmen hinsichtlich des Total Shareholder Return (einschließlich Kapitalkosten) und der im Abstand von ein und drei Jahren gemessenen freiwilligen Loyalität von Seiten der Kunden, Mitarbeitenden und der Firmenreputation verglichen mit Referenzunternehmen im Top-Quartil positioniert ist.«

Phase 2: Strategieentwicklung

- Aufgrund der vom Board verabschiedeten Unternehmensleitplanken (WAS?) erarbeitet die GL die Strategiegrundlagen (WIE?) und schlägt verschiedene zweckmäßige, leitplankengerechte Strategien mit adäquaten Positiv- und Negativ-Szenarien vor.
- Das Board analysiert kritisch die Ist-Analyse und die vorgeschlagenen Strategien anhand einer umfassenden TREND-, Konkurrenz- und SWOT-Analyse in enger Zusammenarbeit mit der GL.

Phase 3: Strategieentscheid

- Das Board verabschiedet diejenige Strategie, die allen relevanten Anspruchsgruppen nachhaltig den größten Nutzen verspricht und ressourcenmäßig verkraftbar ist.
- Alle Board-Entscheide werden prägnant und nachvollziehbar dokumentiert und in Meilenstein-Etappen sowie mit relevanten Kennzahlen für alle relevanten Anspruchsgruppen formuliert.

Phase 4: Strategieumsetzung

- Die GL setzt die Strategie anhand des Matrioschka-Konzepts gezielt und situationsgerecht um.

Phase 5: Strategieüberprüfung

- Das Board überprüft bei jeder Board-Sitzung anhand der Meilenstein-Zwischenetappen und -Kennzahlen den Stand der Strategieumsetzung und leitet bei signifikanten Abweichungen rechtzeitig geeignete Anpassungsmaßnahmen ein.

23 Wunderer (1995), vgl. ferner Westphal/Fredrickson (2001).

- Das Board dokumentiert die einzuleitenden Maßnahmen wiederum prägnant und nachvollziehbar und leitet sie sodann ein.

Checkliste zur Strategiefindung und -überprüfung

Als Checkliste zur Strategiefindung und -überprüfung können folgende Fragen von *Guy und Chini* dienen[24]:

- »Ist eine regelmäßige Strategieüberprüfung institutionalisiert?
- Basieren die Strategievorlagen auf einer fundierten Unternehmensanalyse?
- Sind die berücksichtigten Umweltentwicklungen zutreffend und relevant?
- Werden Umweltveränderungen aktiv wahrgenommen und fließen sie sofort in den Strategiefindungsprozess ein?
- Sind die Strategievorlagen vollständig?
- Werden grundsätzliche Anliegen aus der Vision berücksichtigt?
- Entsprechen die Strategien den Mehrjahreszielsetzungen?
- Sind die Strategien in sich widerspruchsfrei?
- Verbessern die neuen Strategien das langfristige Wertschöpfungspotenzial und die Wettbewerbsfähigkeit des Unternehmens?
- Erscheinen die Strategien realisierbar?
- Sind die Strategien ethisch und rechtlich korrekt?
- Sind die finanziellen Auswirkungen der Strategien in Planungsrechnungen berücksichtigt?
- Sind im Worst-Case-Szenario die negativen Folgen der Strategie für das Unternehmen tragbar bzw. nicht existenzbedrohend?«

Dies setzt allerdings voraus, dass das Board gezielt zusammengesetzt ist, eine Vertrauenskultur und eine wirkungsvolle Struktur aufweist und eine klare Rollenaufteilung zwischen der normativen Funktion des Board und der operativen Funktion der Geschäftsleitung besteht.

Zeithorizonte und Matrioschka-Ansatz

Was die Zeithorizonte betrifft, sollte sich (gemäß IMD-Ansatz[25]) der Gestaltungs- und Controllingrat je nach Situation auf eine strategiegerechte Zeitaufteilung einigen, z.B.:

- 20% mit Vergangenheitsfragen,
- 20% mit Gegenwartsfragen,
- 40% mit gegenwartsrelevanten nahen Zukunftsfragen (3 Jahre),

24 Guy (1999) und Chini (1986).

25 Vgl. Abdell (2001).

- 20% mit langfristigen Zukunftsfragen (5 Jahre).

Sowohl Rückschau-, Istschau- wie auch Vorschau-Funktion behandeln kritische Themen. Hierzu zählen Marktstellung, Innovationsleistung, Produktivitäten der Arbeit, des Geldes, der Zeit und des Wissens, Attraktivität auf dem Arbeitsmarkt, Liquidität, Cash Flow und Profitabilität im Vergleich zu Mitbewerbern.[26]

Wir haben in der Praxis unseren Matrioschka-Ansatz eingeführt:

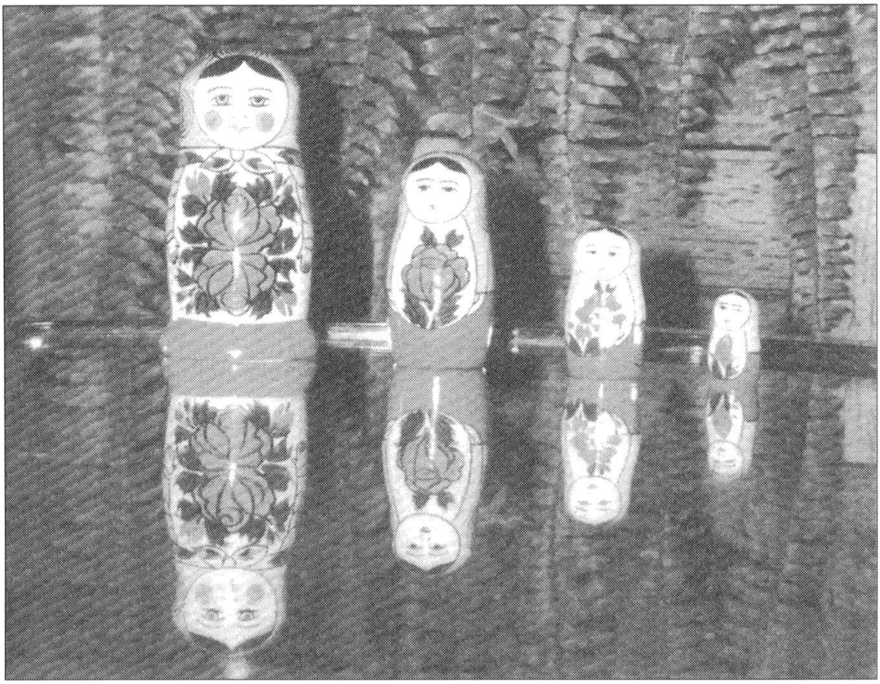

Abb. 26: Matrioschka Puppen

Die von Board und GL der Zentrale gemeinsam entwickelten messbaren unternehmensweiten Erfolgsmaßstäbe (die äußere Puppe) bilden den Rahmen für die Entwicklung von Funktions- und Niederlassungsleitplanken.

Funktionsleitplanken

Zunächst geht es um die Ableitung von Funktionsleitplanken, wobei zu unterscheiden sind:

- die marktorientierten Leitplanken (wie z.B. für Marketing, F&E, Produktion) und

26 Vgl. Malik (1998); ferner Beatty (2003, S. 18). Neben der alljährlichen Durchführung eines Board-Strategie-Workshops wird empfohlen »to … review at every board meeting recent developments (if any) that may impact growth strategy«.

- die ressourcenorientierten Leitplanken (wie z.B. Finanzen, Informatik, Beschaffung und HRM).

Als Praxisbeispiel dienen die in Abbildung 27 dargestellten HRM-Leitplanken.

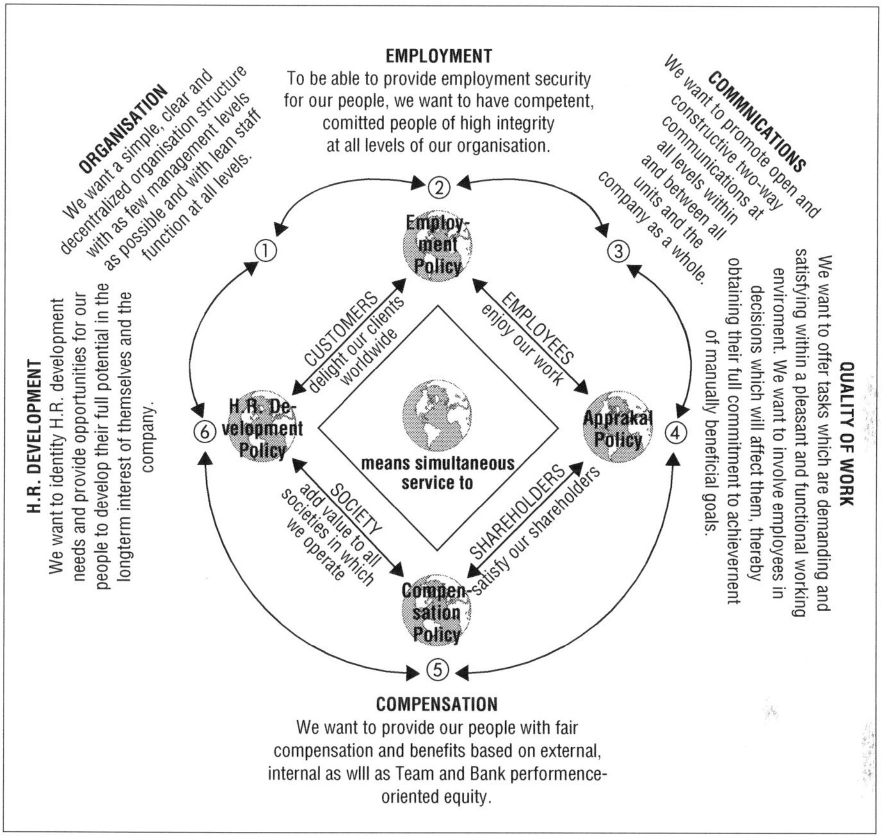

Abb. 27: HRM-Leitplanken für eine internationale Bank

Wenn diese Leitplanken nicht situativ abgeleitet werden (in Form von inneren Puppen), würden die Konzernerfolgsmaßstäbe für die lokalen Board- und GL-Mitglieder »hohl« wirken und könnten ihre zentrale Funktion der »Sinnfindung« nicht wahrnehmen.

Einbau von Rückkoppelungsmechanismen

Im Rahmen des Konzeptes der überlappenden Workshops müssen Rückkoppelungsmechanismen eingebaut werden, damit relevante Verbesserungsvorschläge von Betroffenen der dezentralen Einheiten in übergeordneten Erfolgsmaßstäben Berücksichtigung finden. Damit die Vision effektiv zur Unternehmensentwicklung beiträgt, müssen neben der partizipativen Erarbeitung zwei weitere Faktoren gegeben sein:

- die vorhergehende, möglichst objektive Analyse der Unternehmensum- und -innenwelt sowie die
- nachfolgende leitplankengerechte Ableitung, Verwirklichung und Erfolgsevaluation von Aktionsleitsätzen für jede Organisationseinheit.

Diese Gestaltungsfunktion (Board Direction) ist Voraussetzung der (im folgenden Teil) dargestellten gezielten und integrierten Selektion, Beurteilung, Honorierung und Förderung von Mitgliedern des Board und der Geschäftsleitung.

Integrierter HR-Ausschuss auf Board-Ebene (für Großunternehmen)

Zeit und Know-how der Board-Mitglieder reichen in Großfirmen oft nicht aus, um alle notwendigen Board-Funktionen gemeinsam professionell zu erfüllen. Deshalb empfehlen weltweit die meisten Corporate Governance Codes die Bildung von Ausschüssen für einzelne Spezialgebiete. Dabei wird neben dem Audit-Komittee meist auch ein Nominierungs- und ein separater Entschädigungsausschuss vorgeschlagen.

Es hat sich gezeigt, dass die Empfehlung der Trennung der HRM-Funktion in zwei Ausschüsse in den nationalen Best Practice Guidelines unreflektiert vom britischen Combined Code übernommen wurde. Wir schlagen in der Board-Beratung demgegenüber die Bildung eines Integrierten Board-Managementausschusses (eines HRM-Komitees) vor. Dieser sollte folgende vier zentral zusammenhängenden Funktionen wahrnehmen und entsprechende Vorschläge für den Gesamt-Board erarbeiten:

Gezielte und professionelle

- Auswahl und Zusammensetzung (allenfalls Absetzung),
- Leistungsbeurteilung (Feedback),
- Honorierung und
- Förderung/Nachfolgeplanung

von Board- und GL-Mitgliedern.

Damit werden isoliert wahrgenomme Funktionen, wie beispielsweise separate Ausschüsse für Nominierung und Entschädigung, vermieden. Nur eine integrierte Selektion, Beurteilung, Honorierung und Nachfolgeplanung von Board- und GL-Mitgliedern bewirkt die angestrebte Professionalisierung in diesem Fachbereich. Die Entscheidungskompetenz liegt wie bei allen anderen Ausschüssen beim Gesamt-Board.

Da wir empfehlen, die Zahl der Board-Mitglieder für Kleinfirmen auf drei, bei mittelgroßen Firmen auf fünf und bei Großfirmen auf sieben zu beschränken, schlagen wir für Großfirmen die Bildung von lediglich zwei Ausschüssen vor:

- den (in diesem Kapital vorgestellten) integrierten Board-Managementausschuss sowie
- den integrierten Audit- & Risikoausschuss.

Diese sollten je drei unabhängige Mitglieder aufweisen. Als unabhängig gelten nicht exekutive Mitglieder des Board, welche der Geschäftsführung nie oder vor mehr als drei Jahren angehört haben und die mit der Gesellschaft in keinen geschäftlichen Beziehungen stehen. Dabei kann die kreuzweise Einsitznahme in Boards die Unabhängigkeit beeinträchtigen und ist deshalb zu vermeiden. Eine Offenlegung im Geschäftsbericht (wie sie in Best Practice Guidelines in einzelnen Ländern häufig empfohlen wird) genügt u.E. nicht. Sie zeigt lediglich, dass Transparenz und Information schlechte Board-Praxis nicht beseitigen.

Ferner sind folgende Abhängigkeiten zu vermeiden:

- Verwandtschaft mit einem Mitglied des Board oder der GL,
- eine beherrschende Kapitalbeteiligung,
- geschäftliche, finanzielle oder familiäre Beziehungen mit einem beherrschenden Aktionär,
- nähere Verbindung zu Personen der internen oder externen Revision.

Es wird empfohlen, dass der Präsident des Board bzw. der Vorsitzende der Geschäftsleitung in der Regel, außer wenn es um ihre eigene Entschädigung geht, zu den Sitzungen hinzugezogen werden. Um diese Funktion professionell wahrzunehmen, empfiehlt sich, die Position des Vorsitzenden des Integrierten Board-Managementausschusses mit einer integren Persönlichkeit zu besetzen, die über fundierte HRM-Erfahrung mit Erfolgsausweis (vor allem in den Bereichen der Selektion, Beurteilung, Honorierung und Nachfolgeplanung) verfügt. Damit wird vermieden, dass dieser HR-Ausschuss (nach *Milton Merle*) lediglich »...a group of men (darstellt) who keep minutes and waste hours.«

In Ländern wie den USA, in denen es vorgeschrieben ist, zwei separate Board-Ausschüsse zu bilden, empfehlen wir für das Nominations- und Renumerations-Committee die gleichen Mitglieder zu bestimmen, um die Integration der Board-, GL-, Selektions-, Beurteilungs-, Honorierungs- und Förderfunktion sicherzustellen.

Dieser Ausschuss hat für das Gesamt-Board folgende drei Hauptfunktionen vorzubereiten:

- Entwicklung von HR-Leitplanken (Kapitel 2.1),
- Nomination, Beurteilung, Honorierung, Nachfolgeplanung und Trennung von Mitgliedern des Board und der GL (Kapitel 2.2),
- Erfolgsevaluation der HR-Funktionen (Kapitel 2.3).

2.2 HR-Kreislaufkonzept auf Board-Ebene

Im Folgenden wird auf die vier Komponenten des integrierten Board Management eingegangen, die sowohl für das integrierte Board Management in KMUs (ohne Committees) als auch für größere Publikumsgesellschaften (mit einem integrierten Board Management Committee (IBMC), das bereits vorgestellt wurde) gelten.

2.2.1 Gezielte Gewinnung von Board-Mitgliedern und CEO

Im Kreislaufkonzept des integrierten Board Management geht es zunächst um die gezielte Gewinnung von Board-Mitgliedern bezüglich des Know-how, des Engagements und der Teamrolle. Tatsächlich ist es oft schwierig, die richtigen Board-Mitglieder zu finden. Ein professionelles Vorgehen erleichtert allerdings die erfolgreiche Suche. Wir schlagen daher einen 10-Phasenansatz vor:

- Phase 1: Verteilung der Hauptaufgaben im Board.
- Phase 2: Bestimmung der Hauptaufgaben des neuen Board-Mitglieds.
- Phase 3: Verteilung der Know-how-Bereiche und Rollen im Board.
- Phase 4: Ermittlung des Anforderungsprofils des gesuchten Board-Mitglieds.
- Phase 5: Entwicklung eines Rekrutierungsplans.
- Phase 6: Systematische Strukturierung des Selektionsverlaufs.
- Phase 7: Sitzung des Ausschusses zur Auswertung der Bewerberinformationen.
- Phase 8: Einholung von Referenzen.
- Phase 9: Konsens-Vorschlag des Board zu Händen der Aktionärgeneralversammlung.
- Phase 10: Einführung des neuen Board-Mitglieds.

Im Folgenden wollen wir anhand eines Beispiels den 10-Phasenansatz näher vorstellen, den wir in der Board-Praxis verwenden. Beim Praxisbeispiel handelt es sich um die professionelle Suche eines neuen Präsidenten des Verwaltungsrates eines internationalen High-Tech-Unternehmens als Nachfolger des Gründungspräsidenten, der altersbedingt zur nächstjährigen Generalversammlung zurücktreten möchte.

Phase 1: Verteilung der Hauptaufgaben im Board

Zunächst geht es um die Verteilung der Hauptaufgaben innerhalb des Board zwischen dem Präsidenten, den (in unserem Falle) zwei Ausschüssen und dem Gesamt-Board (vgl. Praxisbeispiel in Abbildung 28).

Aufgrund der Hauptaufgaben muss der notwendige Zeitbedarf ermittelt werden. Dieser wird vor allem durch die Komplexität und Vielfalt der Board-Funktionen bestimmt.

Verantwortlich / Hauptaufgaben	Board-Präsident	Ausschüsse		Gesamt-Board	Zeitl. Gewichtung der Hauptaufgaben des Board-Präsidenten (z.B.)
		Audit- & Risk-Management-Komitee	HRM-Komitee		
1) Direkte Führung des Board und CEO (Coaching)	X				20%
2) Indirekte Führung der Mitglieder des Board und der GL (Board Management			X (Anfrage)	(X) (Genehmigung)	20%
3) Strategische Zukunftsgestaltung (Strategic Direction)	X				30%
4) Strategische Rückschau & Risk Management (Strategic Control)		X (Anfrage)		(X) (Genehmigung)	20%
5) Beziehung zu den Anspruchsgruppen (Aktionäre, Mitarbeitende, Medienvertreter, Öffentlichkeit) (Relations-Management)	X				10%
Bei z.B. durchschnittlich 2 Tagen pro Woche Tätigkeit des Board-Vorsitzenden	X				100%

Abb. 28: Verteilung der Board-Hauptaufgaben

Phase 2: Bestimmung der Hauptaufgaben des neuen Präsidenten des Board

Aufgrund der Aufgabenverteilung innerhalb der Boards werden mit dem Board-Präsidenten und dem Ausschuss die Hauptaufgaben des neuen Board-Vorsitzenden bestimmt:

(A) Direkte Führung des Boards und des CEO (Coaching)

- Durchführung effizienter Board-Sitzungen,
- Betreuung der Board-Traktanden und -Terminplanung,
- Recht auf Stichentscheid in Board-Sitzungen,

- Recht zur Teilnahme an GL-Sitzungen,
- Rolle des Board-Vorsitzenden in den Tochtergesellschaften.

(B) Indirekte Führung der Mitglieder von Board und GL über den Ausschuss (Board Management)

- Sicherstellung einer professionellen Wahl bzw. Abwahl der Mitglieder des Board, der Board-Ausschüsse und der Geschäftsleitung,
- Durchführung einer konstruktiven und objektiven Leistungsbeurteilung der Mitglieder des Board, der Board-Ausschüsse und der Geschäftsleitung,
- Gewährleistung einer möglichst fairen Honorierung der Mitglieder des Board, der Board-Ausschüsse und der Geschäftsleitung,
- Gezielte Förderung der Mitglieder des Board und der Geschäftsleitung,
- Durchführung einer periodischen Selbst- und Fremdevaluation der Board-Arbeit.

(C) Strategische Zukunftsgestaltung (Direction)

- Sicherstellung, dass die normativen und strategischen Ziele von Board, GL und Personal getragen und gelebt werden,
- Überprüfung der stufengerechten Entscheidungsprozesse.

(D) Strategische Rückschau & Risk Management (Control)

- Thematisierung von Abweichungen gegenüber Zielen in wichtigen Entscheidungen, die das Unternehmen betreffen,
- Gewährleistung, dass alle relevanten Unterlagen und Dokumente für die Board-Mitglieder rechtzeitig zur Einsichtnahme zur Verfügung stehen,
- Sicherstellung professioneller Audit- und Risk-Managementaktivitäten auf Board-Ebene.

(E) Beziehung zu Anspruchsgruppen (Relations Management)

- Aufbau und Erhaltung einer vertrauensvollen konstruktiv-kritischen Zusammenarbeit innerhalb des Board und der Board-Ausschüsse und zwischen Board und GL,
- Pflege professioneller Beziehungen zu Aktionären, Mitarbeitenden, Kunden, Partnern, Investoren, Medienvertretern und Öffentlichkeit.

Phase 3: Zuweisung der Know-how- und Rollen-Verteilung im neuen Board

Aufgrund der Verteilung der Hauptaufgaben und Kompetenzen im Board wird die optimale Verteilung des Know-how und der Teamrollen im neuen Board aufgezeigt (vgl. Abbildung 29).

Board-Teamrollen / Board Know how	Rolle des Coach (Board-Präsident)	Rolle des kreativen Gestalters (Board-Vizepräsident)	Rolle des konstruktiven Kritikers (Mitglied A)	Rolle des Controllers (Mitglied B)	Rolle des Förderers (Mitglied C)	Rolle des Organisators (Board-Sekretär)
Internationales Market-Know-how (Europa/ Asian/Amerika)	X					
Biotechnologie Know-how		X				
Allianz-Management Know-how			X			
Audit & Risk Mangement Know how				X		
Selektion/ Feedback/ Honorierung/ Förderung von Board und GL					X	
Compliance						X

Abb. 29: Optimale Zusammensetzung des fünfköpfigen Board und des Board-Sekretärs nach unternehmensrelevanten Kriterien

Dabei ist wichtig, dass die Rollen, das Know-how und die Persönlichkeit des Board-Präsidenten und des CEO so ausgewählt werden, dass sie sich ergänzen.

Phase 4: Ermittlung des Anforderungsprofils des neuen Board-Präsidenten

Aufgrund der Hauptaufgaben und der Rollendefinition (in Abbildung 29) wird das Anforderungsprofil des neuen Board-Präsidenten definiert (vgl. Abbildung 30).

Wir verwenden eine einfache Systematik, die folgende vier Kompetenz-Dimensionen unterscheidet:

- Persönlichkeits-Kompetenz,
- Know-how-Kompetenz,
- Sozial-Kompetenz,
- Boardführungs-Kompetenz.

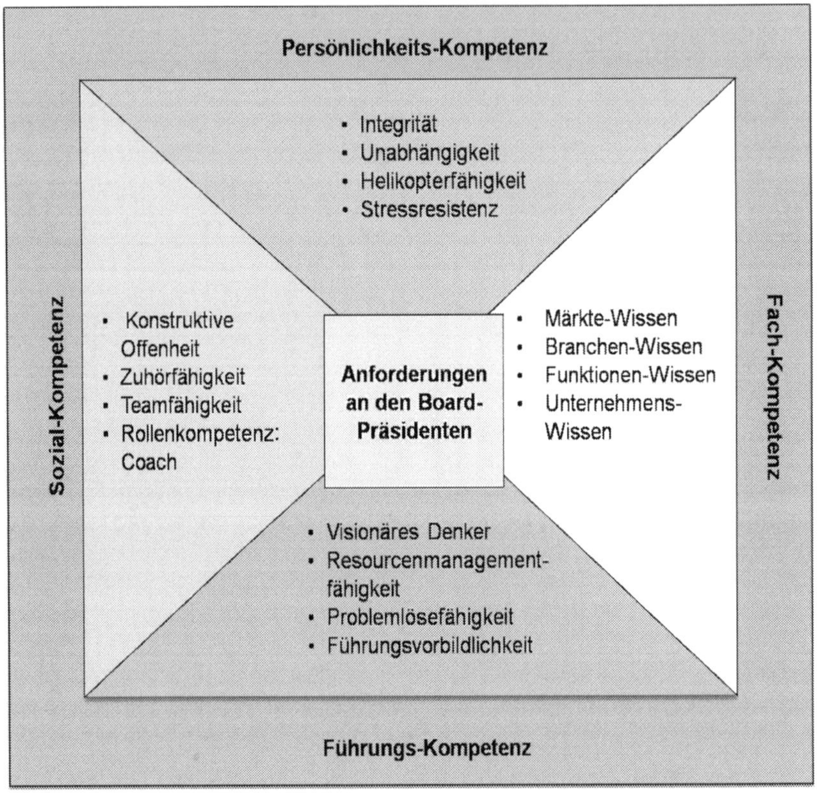

Abb. 30: Anforderungsbild des neuen Board-Präsidenten

Phase 5: Entwicklung eines Rekrutierungsplans

Diese Phase dient der Bestimmung des Prozesses zur Identifikation geeigneter interner und externer Kandidat(inn)en für den Posten des Board-Präsidenten durch den Ausschuss. Dabei kann je nach Situation ein interner Kandidat in Frage kommen, aber auch Vorschläge der Ausschuss- und Board-Mitglieder für externe Kandidaten oder ein unabhängiger externer Berater können zur Unterstützung beigezogen werden.

Phase 6: Systematische Strukturierung des Selektionsverlaufs

Eine einfache Matrix (vgl. Abbildung 31) soll die Verbindung zwischen boardspezifischen Anforderungskriterien und Interviewern festlegen. Dabei sollten immer mindestens drei Interviewer (in unserem Fall der bisherige Board-Präsident und zwei Mitglieder des Ausschusses) den Bewerber um die Position des Präsidenten getrennt interviewen.

Um objektive Interviewergebnisse zu erzielen, gilt als Grundsatz, dass jedes Anforderungskriterium durch mindestens zwei verschiedene Interviewer überprüft werden muss.

Interviewer / Anforderungskriterien	Board-Präsident Dauer 9-10 Uhr	Board-Delegierter Dauer 10-11 Uhr	Board-Kollege Dauer 11-12 Uhr	Bewertung
Persönlichkeitskompetenz				
Integrität	X	X		
Unabhängigkeit	X	X		
Helikopterfähigkeit	X		X	
Unternehmertum	X	X		
Fachkompetenz				
International Management Erfahrung im High-Tech-Bereich		X	X	
Board-Erfahrung mit Erfolgsausweis		X	X	
Profunde Nord-Amerika-Erfahrung	X	X		
Beherrschung der englischen und spanischen Sprache		X	X	
Führungskompetenz				
Führungsvorbild	X		X	
Visionärer Denker		X	X	
Problemlöser		X	X	
Erfolgscontroller	X			
Sozialkompetenz				
Konstruktive Offenheit	X	X		
Zuhörfähigkeit		X	X	
Multikulturelle Kompetenz	X		X	
Teamrolle: Coach		X	X	

Abb. 31: Beispiel einer Interview-Matrix für Board-Mitglieder

Für jedes Anforderungskriterium können jeweils so genannte »Verhaltensdreiecksfragen«[27] gestellt werden (siehe Abbildung 32).

In der Praxis dominieren immer noch theoretische, Suggestiv- und »Ja/Nein«-Fragen. So wird zum Beispiel auf die theoretische Frage: »Worin liegt Ihre größte Stärke?« der geschickte Board-Bewerber auch eine theoretische Antwort geben.

27 Vgl. hierzu die »Targeted Selektion«, Interviewmethode von Byham (1977).

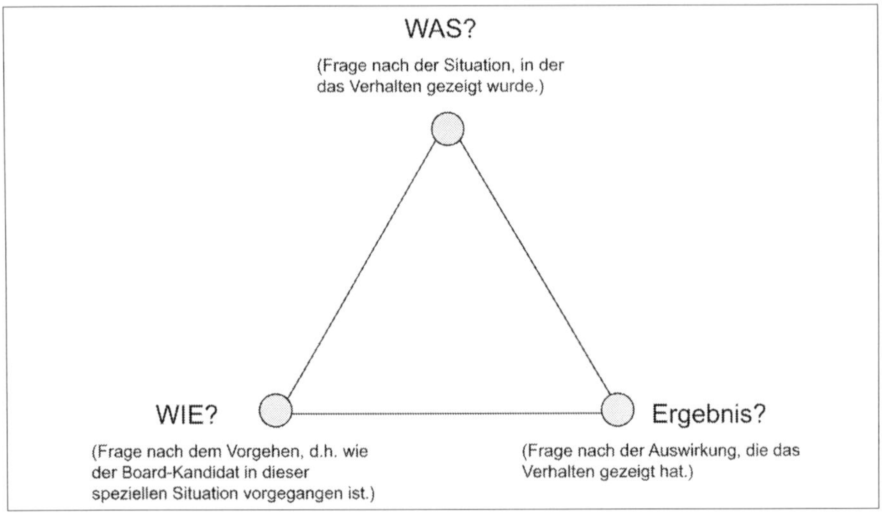

Abb. 32: Dreiecksfragen zur Board-Selektion

Die Fragetechnik, die konkretes vergangenes Verhalten abklärt, ist demgegenüber ergiebiger. Wird beispielsweise die »Integrität« abgeklärt, so können die Fragen folgendermaßen lauten:

- »Was war der größte Interessenkonflikt, den Sie in den letzten zwei Jahren in einem Board erlebt haben?«
- »Wie sind Sie vorgegangen?«
- »Was war die Folge Ihres Vorgehens?«

Phase 7: Sitzung des Ausschusses zur Auswertung der Bewerberinformation

Um die Selektionsentscheidung im Konsens zu erzielen, kann folgendermaßen vorgegangen werden:

- Jedes Ausschuss-Mitglied bewertet die Eignung des Bewerbers um den Posten des Board Präsidenten anhand zuvor vereinbarter Kriterien auf einer Skala von 1–5.
  5 = weit überdurchschnittlich
  4 = überdurchschnittlich
  3 = durchschnittlich
  2 = unterdurchschnittlich
  1 = weit unterdurchschnittlich
- Die Interviewer tauschen in einer kurzen Sitzung ihre Bewertungen und Informationen aus und belegen in Fällen unterschiedlicher Bewertungen ihre Beurteilungen mit Verhaltensdreiecksbeispielen.
- Die Interviewer versuchen dann, sich bezüglich aller Anforderungskriterien auf eine gemeinsame Wertung zu einigen. Bei Unklarheiten werden weitere Nachforschungen bezüglich der fraglichen Merkmale vorgenommen.

Phase 8: Einholung von Referenzen

Es empfiehlt sich in Ländern, in denen es möglich ist, im Einverständnis mit dem Kandidaten Referenzen einzuholen. Dabei eignet sich ebenfalls die in den Abbildungen 32 dargestellte Befragungstechnik, vor allem bezüglich derjenigen Kriterien, welche die Interviewer unterschiedlich beurteilt haben.

Phase 9: Konsensvorschlag des Boards zu Händen der GV

Der beste Kandidat für den Posten des Board-Präsidenten wird nun dem gesamten Board vorgestellt, wobei beidseitig Fragen gestellt werden können. Falls ein Konsensentscheid des Board vorliegt, wird der Bewerber zum neuen Board-Präsidenten vorgeschlagen.

Phase 10: Einführung des neuen Board-Präsidenten

Eine professionelle Board-Selektion endet erst mit einer erfolgreichen Einführung des neuen Board-Präsidenten in die Unternehmung, das Board und die Geschäftsleitung. Zur Illustration dieses Konzeptes sei als Beispiel die Governance einer Familiengesellschaft genannt:

Board-Praxisbeispiel 2

Ein Pionierunternehmer hat mit seiner Ehefrau eine erfolgreiche internationale Firmengruppe aufgebaut. Er ist gleichzeitig Haupteigentümer, Familienoberhaupt, Board-Präsident und Vorsitzender der Geschäftsleitung. Mit 61 erleidet er einen schweren Herzinfarkt. Sein Arzt empfiehlt ihm, sich von allen Geschäftsaktivitäten zurückzuziehen. Als Berater organisierten wir Workshops, um unter Involvierung aller Mitglieder der Familie und Eigentümer zukunftsorientierte Board- und GL-Teams zusammenzustellen.

Wichtigste Lesson learned aus diesem Board-Fall:
Man sollte nicht warten bis ein personelles Ereignis die Unternehmensentwicklung gefährdet. Das Board sollte für alle erfolgskritischen Board- und GL-Positionen alljährlich an einer Board-Sitzung kompetente Nachfolger(innen) bestimmen. Dazu ist ein unternehmensweites überlappendes Nachfolgeplanungskonzept einzuführen.

2.2.2 Gezieltes Feedback für Board-Mitglieder und CEO

Mit dem Board-Feedback werden gleichzeitig zwei Hauptziele angestrebt:

1. Erhaltung bzw. Förderung des Engagements der Board-Mitglieder und des CEO für die Unternehmung,
2. Weiterentwicklung der Fach- und Rollenkompetenz der Board-Mitglieder und des CEO.

Wurden Board-Mitglieder gezielt und professionell ausgewählt, ist es folgerichtig, in Zukunft einfache Feedbackkonzepte durch das Board-Team zu erarbeiten und zu verwenden. Dabei geht es um einen Dialog zwischen den Board-Mitgliedern, um daraus gerechte Honorierungs- und Fördermaßnahmen abzuleiten.

Der Beitrag eines Board-Mitglieds ergibt sich aus seinem Engagement, seiner Kompetenz und seinem integren, situationsgerechten Verhalten. Das 360°-Feedback dient der Motivation und Förderung des Board-Mitglieds (vgl. Abbildung 33).

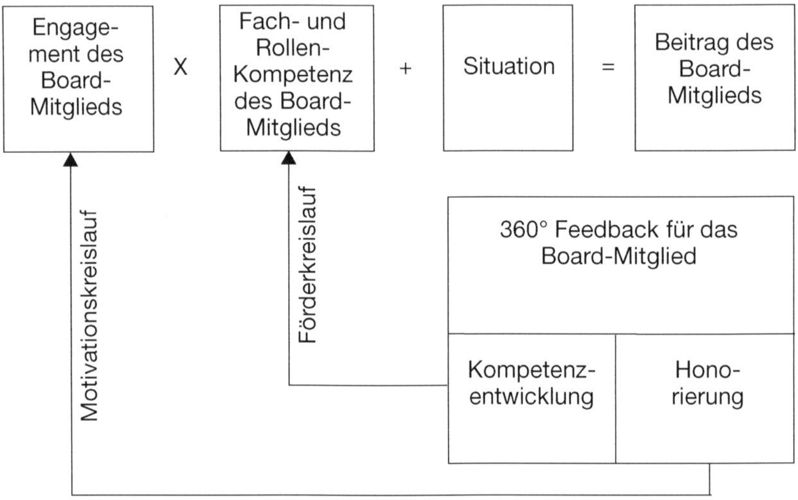

Abb. 33: Kreislaufkonzept des Board-Feedback

Was das Feedback betrifft, können folgende drei Leistungsausweise unterschieden werden (vgl. Abbildung 34):

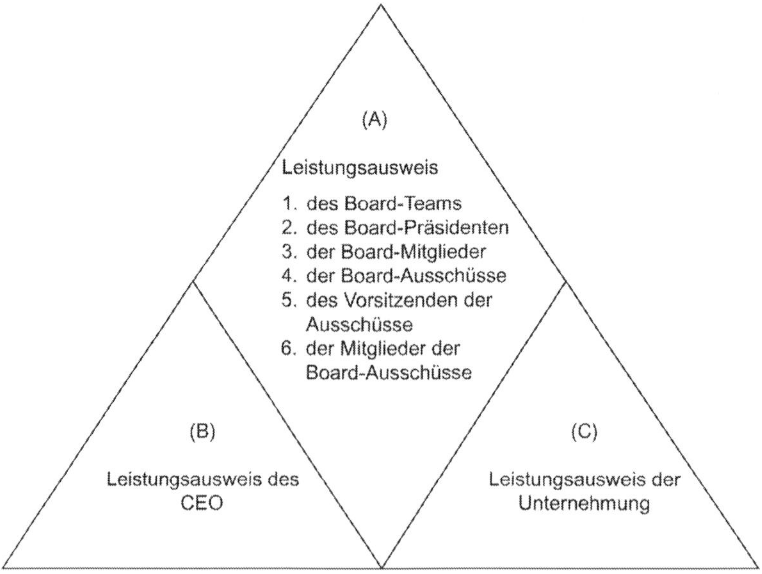

Abb. 34: Feedback über verschiedene Leistungsausweise

Wir empfehlen, dabei zwei Instrumente einzuführen:

(1) ein kollektives Board-Feedback,

(2) ein CEO-Feedback.

(1) Kollektives Board-Feedback

Der Leistungsausweis des Board als Team (A.1) kann an folgendem Praxisbeispiel dargestellt werden, das auf dem Board-Evaluationskonzept von *Medronic*[28] aufbaut. Jede Frage sollte von jedem einzelnen Board-Mitglied gemäß dem in Abbildung 35 aufgeführten Punktesystem bewertet werden.

(1) Alle Board-Mitglieder überprüfen die langfristige strategische Ausrichtung des Unternehmens in zweckmäßiger Weise. *Kommentar* :	Punkte
(2) Das Board nimmt eine aktive Rolle im Rahmen der Formulierung der langfristigen finanziellen Ziele ein und überprüft den Grad der Zielerreichung regelmäßig. *Kommentar:*	Punkte
(3) Das Board weist eine sinnvolle Arbeitsteilung auf, die eine Fokussierung des Gesamtgremiums auf die wichtigsten Fragestellungen zulässt. *Kommentar:*	Punkte
(4) Die Aufgabenverteilung ist so organisiert, dass sich einzelne Board-Mitglieder auf wichtige Details, das gesamte Board auf strategische Kernthemen konzentrieren kann. *Kommentar:*	Punkte
(5) Das Board wählt neue Mitglieder auf professionelle Weise aus. *Kommentar:*	Punkte
(6) Das Board ist so strukturiert, dass eine umgehende Reaktion auf plötzliche Krisen erfolgen kann. *Kommentar:*	Punkte
(7) Das Board verfügt über ausreichende Ressourcen und Informationen, um die Honorierung von Board- und GL-Mitgliedern in fairer Weise festzulegen. *Kommentar:*	Punkte

28 Vgl. Lorsch/Spaulding (1999, S. 11ff); ferner George (2002, S. 221).

(8) Die Evaluierung der GL durch das Board wird durch die kontinuierliche Interaktion mit verschiedenen GL-Mitgliedern sichergestellt, so dass eine effektive Nachfolgeplanung gewährleistet werden kann. *Kommentar:*	Punkte
(9) Das Board hat ausreichende Informationen, um die ethische und legale Compliance sicherzustellen. *Kommentar:*	Punkte
(10) Der Board-Präsident leitet die Sitzungen vorbildlich. *Kommentar:*	Punkte
(11) Das Board stellt sicher, dass Kontrollsysteme für die wirksame Überprüfung der Qualität aller Produkte und Dienstleistungen bestehen. *Kommentar:*	Punkte
(12) Das Board stellt sicher, dass die Unternehmenspolitik in allen Filialen adäquat umgesetzt wird, *Kommentar:*	Punkte
(13) Wie bewerten Sie die Leistung Ihres Board insgesamt? *Kommentar:*	Punkte

Legende: 1–2 Punkte = Entwicklungsfähig, 3–4 Punkte = Zufriedenstellend, 5–6 Punkte = Exzellent

Abb. 35: Leistungsevaluation des Board-Team (Praxisbeispiel)

Jedes Board-Mitglied bewertet die Teamleistung des Board anhand von vorgängig in einem Board Workshop ermittelten Kriterien und wirft den Feedback-Bogen (z.B. Abbildung 35) ohne Namensangabe in eine Box. Jedes Mitglied bewahrt eine Transparenzkopie des ausgefüllten Fragebogens, um später die eigene Sicht mit der Sicht der Board-Kollegen vergleichen zu können.

Der Board-Sekretär erstellt eine Durchschnittsbewertung und überreicht diese dem Board-Präsident. Dieser stellt das Ergebnis in einer Board-Sitzung allen Mitgliedern im Vergleich zum letztjährigen Ergebnis vor und diskutiert und verabschiedet einen Aktionsplan, der gezielte Verbesserungen aufgrund der Umfrageergebnisse enthält (wer macht was bis wann?).

2) CEO-Evaluation

Der Leistungsausweis des GL-Vorsitzenden kann durch die Board-Mitglieder anhand eines gemeinsamen mit dem GL-Vorsitzenden entwickelten Feedback-Bogens durchgeführt werden, wobei eine Selbst- und Fremdbeurteilung erfolgen kann. Dabei kann wie folgt vorgegangen werden:

- Selbst-Evaluation des CEO (anhand eines vorgängig mit dem Board entwickelten Feedback-Bogens, der sowohl Input- als auch Output-Merkmale aufweist).
- Beurteilung des CEO (anhand desselben Feedback-Bogens) in einem Meeting, an dem nur die unabhängigen Board-Mitglieder teilnehmen.
- Zusammenfassung der Fremdbeurteilung auf anonymer Basis.
- Diskussion und Konsens über die Fremdbeurteilung unter den unabhängigen Board-Mitgliedern.
- Gespräch zwischen dem Chairman (bzw. Lead Director) und dem CEO und Ableitung von Aktionsschritten.

Als Feedback-Bogen soll Abbildung 36 dienen.

I. Entwicklungsbericht

Kriterium	(A) Sehr gut	(B) Effektiv	(C) Entwicklungsfähig	Kommentare
(1) Integrität				
(2) Führung				
(3) Strategische Planung				
(4) Finanz-Management				
(5) Top Management Team				
(6) Management der Humanressourcen				
(7) Kommunikation mit Anspruchsgruppen				
(8) Kooperation mit dem Verwaltungsrat				

II. Leistungsbewertung

Gesteckte Ziele	Grad der Zielerreichung			Kommentar	Handlungs-plan mit Daten
	(A) Sehr gut	(B) Effektiv	(C) Entwicklungs-fähig		
(1)					
(2)					
(3)					

III. Gesamteinschätzung

Zufriedenheit mit der Position: 

Persönlicher Wunsch: ______________________

Größte Stärke: ______________________

Wichtigster entwicklungsfähiger Bereich: ______________________

Abb. 36: CEO-Feedback-Bogen

Aufgrund unseres integrierten Board-Managementmodells, das wir zu Beginn teils vorgestellt haben, bauen zwei Board-Konzepte auf dem in diesem Kapitel beschriebenen Feedback für Board-Mitglieder auf:

- Die gezielte Honorierung von Board-Mitgliedern und CEO (vorgestellt im folgenden Kapitel 2.2.3),
- die gezielte Förderung von Board-Mitgliedern und CEO (vorgestellt in Kapitel 2.2.4).

2.2.3 Gezielte Honorierung von Board-Mitgliedern und CEO

Um aus Sicht aller relevanten Anspruchsgruppen des Unternehmens eine faire Honorierung der Board- und GL-Mitglieder zu gewährleisten, empfehlen wir das magische Dreieck der Honorierungsgerechtigkeit zu verwenden.

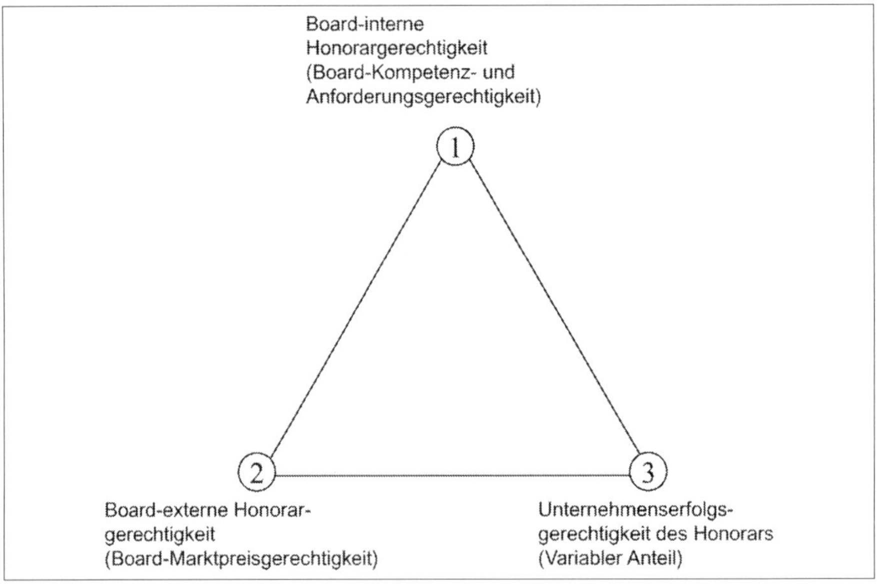

Abb. 37: Das magische Dreieck der Honorierungsgerechtigkeit für Board-Mitglieder[29]

Für die meisten Boards eignet sich nach wie vor die Bezahlung einer fixen Entschädigung. Dabei kann als Regel empfohlen werden, was vom neuen *Higgs Report* vorgeschlagen wird: »... the level of remuneration of a non-executive

29 Dazu können entweder faktorenanalytische Kompensationsvergleichsstudien wie z. B. von TPF&C oder der Ansatz von DuPont angewandt werden: Hierzu Ed Woolard (CFO von DuPont): »We no longer base the compensation of the CEO on what other CEOs are getting. Instead, we use the pay of the senior vice-presidents – the people who actually run the business – as a benchmark and then decide how much more the CEO ought to get. The CEO isn't going to overpay the SVPs, because he has to make a return on them. So that avoids the upward spiral.« Elson (2003, S. 72).

director should be benchmarked against the daily remuneration of a senior representative of the company's professional advisors.«[30]

Für einige Boards kann es sinnvoll sein, das Incentive-Konzept für das Management auf das Board-Team auszuweiten. Dabei wird die Vergütung in einen fixen und variablen Teil aufgespalten:

Der *fixe Teil* berücksichtigt
a) Die Anforderungen, die an das Board-Mitglied gestellt werden (board-interne Honorargerechtigkeit), wobei auch folgende Elemente zu berücksichtigen sind:[31]

- Stellung innerhalb des Board-Teams (Präsident, Vize-Präsident, Mitglied),
- Stellung innerhalb eines Board Committees (Vorsitzender, Mitglied),
- Umfang der Haftung,
- Opportunitätskosten inkl. Erfüllung der Treuepflicht und den Verzicht auf konkurrenzierende Tätigkeiten,
- Ausmaß des Einflusses des Board-Mitglieds auf den Unternehmenserfolg.

b) Die Honorare, die in konkurrierenden Unternehmen für vergleichbare Board-Positionen bezahlt werden (board-externe Honorargerechtigkeit).

Der *variable Teil* berücksichtigt den Unternehmenserfolg und verknüpft

- die Teamleistung (für die Erreichung des Board-Teamziels) mit dem Unternehmenserfolg, idealerweise gemessen an Kennzahlen, die den Erfolg des Unternehmens gegenüber allen relevanten Anspruchsgruppen widerspiegeln, d.h. der Erfolg aus Sicht der Aktionäre, des Personals, der Kunden und der Öffentlichkeit.

Die prozentuale Aufteilung zwischen fixem und variablem Honorierungsteil für Board-Mitglieder muss unternehmens- und situationsspezifisch ermittelt werden. Das Hauptgewicht sollte aber auf dem variablen Anteil liegen (z.B. 60%–70%), wenn das Board-Team direkten Einfluss auf den Unternehmenserfolg ausübt und wenn der Einfluss gemessen werden kann.

Der variable Anteil kann wiederum anhand eines einfachen Verteilungswürfels festgelegt werden (vgl. Abbildung 38), wobei für die Honorierung von Board-Mitgliedern vorrangig

- die langfristige Ausrichtung (drei Jahre)[32]
- die Unternehmenserfolgsebene und

30 Higgs Report; para 12.24, zit. in Carter/Lorsch (2004, S. 135).

31 Böckli (1992, S. 412).

32 Vgl. hierzu zum Beispiel Porter (1992, S. 81): »Compensation systems need to move in the direction of linking pay more closely to long-term company prosperity and to actions that improve the company's competitive position.« Vgl. ferner Hilb (2007).

- die finanzwissenschaftliche und nicht-finanzwissenschaftliche Erfolgsdimension (z.B. mit je 50%)

berücksichtigt werden sollten.

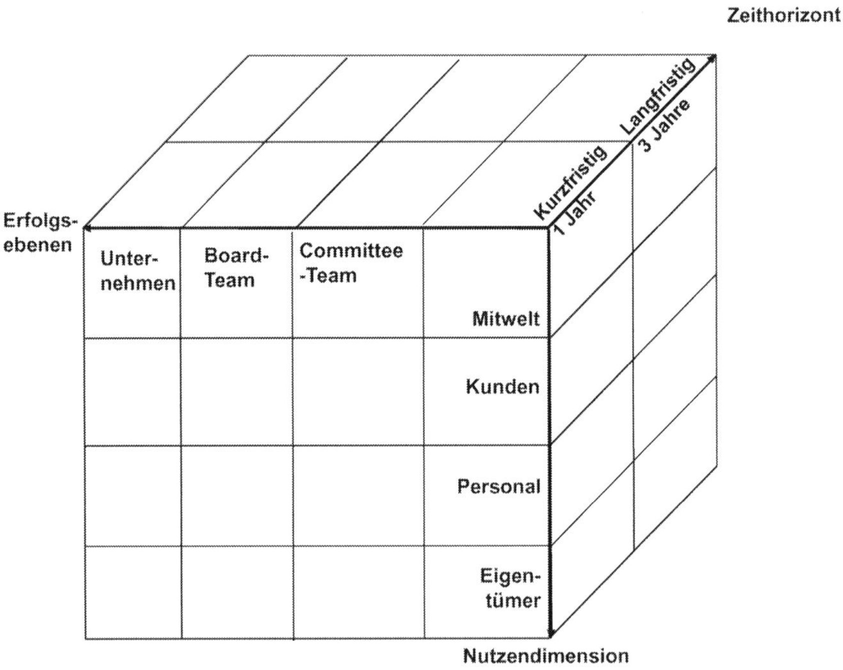

Abb. 38: Bewertungsgrundlage für die variable Honorierung von Board-Mitgliedern

Wir empfehlen dabei ein integriertes Board-, Management- und Personal-Honorierungskonzept einzuführen, wonach z.B. je nach Verantwortungsebene unterschiedliche variable Anteile und zeitliche Ausrichtung gewählt werden, z.B.:

- Board-Mitglieder: 70% variabel, alles auf 3 Jahre ausgerichtet,
- CEO: 50% variabel, davon 50% auf 3 Jahre, 50% auf 1 Jahr ausgerichtet,
- Mitglieder der GL: 40% variabel, davon 40% auf 3 Jahre, 60% auf 1 Jahr usw. bis
- Personal: 10% variabel, alles auf 1 Jahr ausgerichtet; (ohne Führungsverantwortung).

Für die Kombination materieller Anreize für Board, Management und Personal (vgl. auch Abbildung 39) gelten folgende Aussagen:

(1) Je nach dem Zeithorizont werden folgende Ziele angestrebt:

- die spontane Honorierung außerordentlicher Einzel- oder Teamleistungen oder eines entsprechenden Verhaltens durch ein Prämienkonzept,
- die gezielte Honorierung kurzfristiger operativer Leistungserfolge durch ein Bonuskonzept,
- die gezielte Honorierung langfristiger Leistungserfolge über ein Incentive-Konzept.

(2) Der ganzheitliche Nutzen, der von einzelnen Mitarbeitenden oder einem Team von Mitarbeitern geschaffen wurde für

- Kunden,
- Mitarbeitende,
- Eigentümer und
- Öffentlichkeit

sollte visionsbezogen gemessen und honoriert werden (z.B. 50% basierend auf EVA[33], 20% Kundenloyalität, 20% Mitarbeiterzufriedenheit, 10% Firmenreputation), jeweils im Vergleich zu relevanten Mitbewerbern.

(3) Der Beitrag des einzelnen Mitarbeiters zum Erfolg

- des Teams,
- der übergeordneten Organisationseinheit (z.B. einer Division),
- des gesamten Unternehmens

sollte je nach Position berücksichtigt werden.

(4) Die Honorierung kann als Fixbetrag oder entsprechend dem Cafeteria-Prinzip ausbezahlt werden.

33 Vgl. Healy (2003, S. 168 ff.).

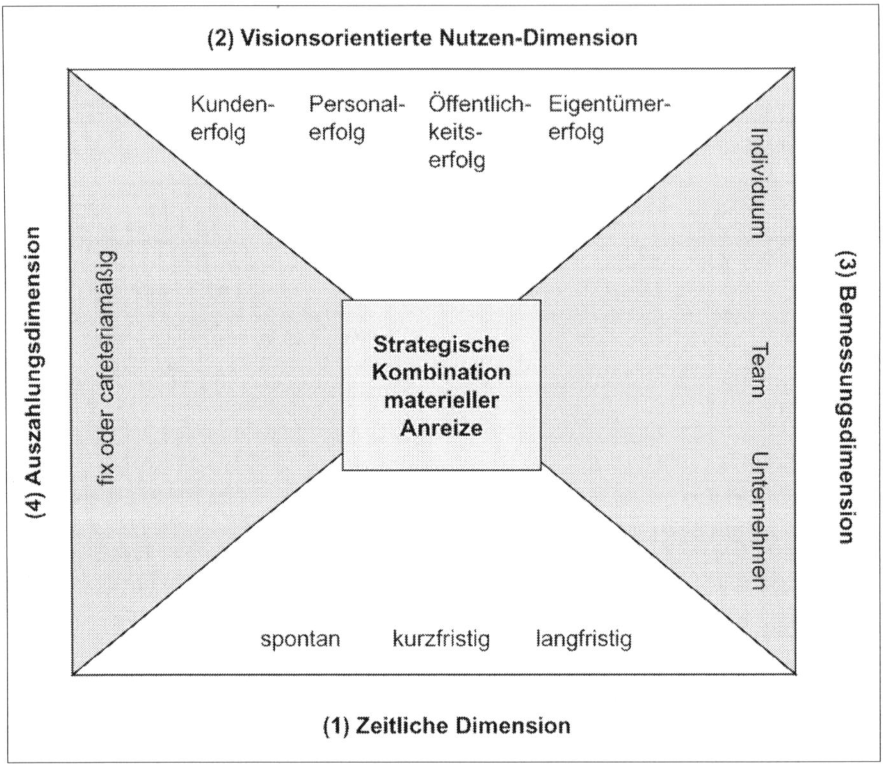

Abb. 39: Kombination materieller Anreize für Board, Management und Personal

Ein praktisches Beispiel finden Sie in Abbildung 40.

Bei der Einführung eines Bonus- und Incentive-Programms müssen die Unternehmensvision, die Kultur des Landes, die Steuersätze und der Entwicklungsstand des Geschäfts in Betracht gezogen werden. Die Prozentsätze in der Zielbetragsspalte in Abbildung 40 variieren von Niederlassung zu Niederlassung.

Für die langfristige Vergütung werden in vielen europäischen Ländern Aktien-Options-Programme[34] eingeführt, die seit langem in den USA als Anreizsysteme bekannt, neuerdings in Forschung und Praxis mehr und mehr umstritten sind. Die Begründung für die Einführung von Aktien-Options-Plänen in vielen europäischen Konzernen lautet: »Auf diese Weise sind Vorteile aus den Optionsrechten eng an den wirtschaftlichen Erfolg der Gesellschaft gebunden, der über den erhöhten Börsenkurs auch den Aktionären zugute kommt.«[35]

34 Vgl. hierzu die »guidelines for designing stockoptions« von Brandes et al. (2003).

35 Vgl. Healy (2003, S. 168 ff.).

Zielgruppe	Ziel	Berechnungsgrundlage (mit %-Anteil des Gesamtbonus)	Summe in %		
			1 Jahr	3 Jahre	Total
Board	Anerkennung des Beitrags des Boards zum Unternehmenserfolg	- Konzernerfolg: 60% - Board-Team-Leistung: 40 %	–	70 %	70 %
Konzernleitungsteam	Anerkennung des Beitrags der Konzernführung zum Erfolg der Division und des gesamten Konzerns	- Konzernerfolg: 30% - Divisionserfolg: 40% - Individuelle Leistung: 30%	20 %	40%	60%
Geschäftsleitungsteam der Niederlassung	Anerkennung des Beitrags des GL-Teams zum Geschäftserfolg der Niederlassung, der übergeordneten Einheit und des gesamten Konzerns	- Konzernerfolg: 10% - Divisionserfolg: 20% - Niederlassungserfolg: 40% - Individuelle Leistung: 30%	25%	25%	50%
Führungskräfte der Niederlassung	Anerkennung des Beitrags der Führungskräfte zum Erfolg der Abteilung, der Niederlassung und der übergeordneten Einheit	- Divisionserfolg: 10% - Niederlassungserfolg: 25% - Abteilungserfolg 35% - Individuelle Leistung: 30%	20%	5%	25%
Personal	Anerkennung des Beitrags jedes Mitarbeiters zum Erfolg der Abteilung und damit der Niederlassung	- Niederlassungserfolg: 20% - Erfolg des Abteilungsteams: 40% - Individuelle Leistung: 40%	10%	–	10%

Abb. 40: Beispiel eines kombinierten Bonus-Incentive-Programms für Boards, Konzernleitung, Geschäftsleitung, Führungskräfte und Personal

Allerdings ist in Europa vor der kurzatmigen Nachahmung der in den USA seit langem praktizierten Aktien-Options-Programmen aus folgenden Gründen zu warnen: Aktienoptionsbesitzer werden gegenüber Aktionären bevorzugt. Sie werden lediglich an Kurssteigerungen nicht aber an Kursverlusten beteiligt.

Im Einzelnen gilt:

- Aktienoptionsbesitzer haben in den meisten Fällen keinen direkten Einfluss auf die Kursentwicklung der Unternehmensaktie.
- Aktienoptionsbesitzer, die Aktienoptionen einlösen, können in bestimmten Fällen für Banken Insiderinformationen (die nicht einmal Aktionäre kennen) vermitteln und damit Spekulationen bewirken.

- Aktien-Options-Programme setzen voraus, »dass sich der steigende Unternehmenswert in steigenden Börsenkursen niederschlägt«. Dies trifft beschränkt zu, falls die Kapitalmärkte effizient sind.
- Aktien-Options-Programme sind ein Modell der amerikanischen habenorientierten Gesellschaft, in der bereits »1995 die Gesamtbezüge eines CEO ... durchschnittlich das 212fache des Gehalts eines durchschnittlichen amerikanischen Arbeiters betrugen«.

Die Folgerung ist dem Teil eines »Fortune«-Artikels zu entnehmen: »Incentive Stock options don't work. If CEOs want shares, let 'em buy some«.

Das Gleiche gilt für Non-Executive-Mitglieder des Board. Auch *Higgs* empfiehlt: »that they should not hold options, arguing that options are more likely to encourage holders to pay undue attention to share prices rather than to underlying performance.«[36] *Crawford*, einer der führenden kanadischen Board-Vertreter[37], empfiehlt: »Owing stocks is perhaps the best way to get directors to focus on the job.«[38]

Als Best Practice empfiehlt die »Canadian Coalition for Good Govermance« folgende Regelungen:

- »Require directors to own the equivalent of five years' annual fees in the form of shares or deferred share units after five years on the board.
- Stop stock option grants.
- Continue to invest a significant portion of annual compensation in shares once the required multiple is met (as appropriate to individual circumstances) ....«[39]

Eine Möglichkeit besteht in Publikationsaktiengesellschaften darin, im Rahmen unseres vorgestellten strategischen Anreizkonzepts, den variablen Anteil wahlweise voll oder teilweise in Aktien auszuzahlen. Gemäß Abbildung 41 besteht für nicht kotierte (Familien-)Gesellschaften (welche im Arbeitsmarkt konkurrenzfähige Vergütungspakete anbieten müssen) die Möglichkeit, reale oder z.T. virtuelle Aktien auszugeben.

36 Higgs in Merson (2003, S. 51).

37 Auszeichnung mit dem »The Conference Board of Canada's 2003 HonoraryAssociate Award«.

38 Gray (2002, S. 43), ferner Elson (2003, S. 73). Danach gibt es drei Gründe Aktienoptionen durch Aktien zu ersetzen: »First, we've got to link pay to performance. But most stock option plans are adopted for accounting reasons and are not geared for performance. Second, we want executives to hold on to equity positions longer. Executives paid in options can get out of their stock right away after they have exercised their options. Third, we want executives to bear some downside risk, and stock options, in the main do not do that

39 Beauty (2003, S. 10).

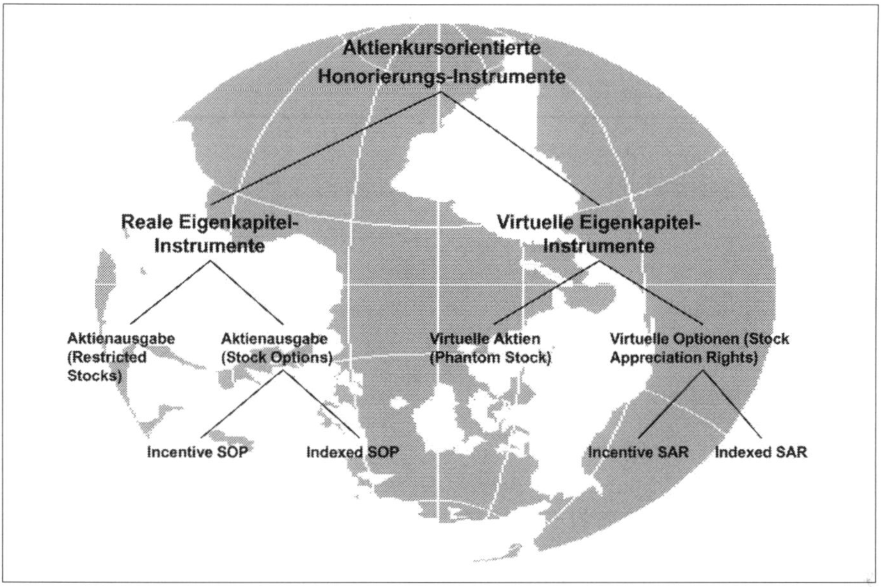

Abb. 41: Formen aktienorientierter Honorierung

Das Hauptproblem in vielen Unternehmen liegt gegenwärtig nicht in einer einseitigen Shareholder-Value-Ausrichtung, sondern primär in einem einseitigen Top-Executive-Value-Denken (auf Kosten der Shareholders, der Kunden, der Mitarbeitenden und der Gesellschaft).

Board-Praxisbeispiel 3

Die Honorare des Board-Präsidenten und des CEOs eines Finanzdienstleistungskonzerns werden in Presse und Öffentlichkeit kritisiert. Wir werden als Board-Berater vom Vergütungsausschuss beauftragt, ein Gutachten über die Verteilungsgerechtigkeit innerhalb des Board und der Konzernleitung zu erstellen. Unsere Analyse der firmeninternen-, markt- und erfolgsgerechten Vergütung von Board und GL ergibt, dass zwar die Gesamtsumme marktgerecht gestaltet, die interne und firmenerfolgsgerechte Fairness aber nicht vorhanden ist. Das Board nimmt die Empfehlungen auf, leitet Maßnahmen ab und veröffentlicht Auszüge aus dem Gutachten im Geschäftsbericht.

Wichtigste Erkenntnis aus diesem Board-Fall

Transparenz ohne ganzheitliches Vergütungskonzept kann in einem Unternehmen zu nachhaltigen Problemen führen. Ein Unternehmen benötigt ein integriertes Board-, GL- und Personal-Honorierungskonzept. Damit wird für alle Positionen eine Honorierung angestrebt, die gleichzeitig aus Sicht der Aktionäre, der Kunden, des Personals und der Gesellschaft als funktions-, markt- und unternehmenserfolgsgerecht betrachtet wird.

Dies hat auch bewirkt, dass in den meisten Ländern Transparenzregeln in Bezug auf die Honorierung von Board- und Geschäftsleitungs-Mitgliedern geschaffen wurden.

Zusammenfassend kann festgehalten werden, dass in vielen großen börsenkotierten Gesellschaften der variable Teil der Honorierung von Board-Mitgliedern in großen Publikumsgesellschaften auf Kosten des fixen Teils verstärkt werden muss. So kann die Vergütung der Leistung des Board Team und dem Erfolg des Unternehmens besser angepasst und damit verhaltenssteuernde Wirkungen erzielt werden. Aktien sind dabei Aktienoptionen vorzuziehen. Ein solches Konzept setzt voraus, dass die Honorierung als integrierter Bestandteil eines Board-Managementkonzepts betrachtet wird. Dies setzt die im Eingangskonzept dargestellten Bedingungen (bezüglich Board-Team, Kultur, -Struktur und Erfolgsmaßstäben) voraus und muss mit dem vorgelagerten Board Feedback (Kapitel 2.2.2) und den nachgelagerten Board-Fördermaßnahmen im folgenden Kapitel 2.2.4 integriert werden.

2.2.4 Gezielte Förderung von Board-Mitgliedern und CEO

Selbst- und Fremdevaluation von Boards[40] haben ergeben, dass die Nachfolgeplanung in vielen Boards noch zu selten thematisiert bzw. zu wenig professionell gehandhabt wird. Mit dem folgenden Ansatz strebt das Aufsichtsgremium an, dass bei der Besatzung von Schlüsselpositionen bei rund 80% der Vakanzen eigene Ressourcen berücksichtigt werden können.

Eine provokative These lautet: Je mehr Executive-Search-Firmen in einem Industrieland pro eine Million Einwohner tätig sind, desto unterentwickelter ist die Personalentwicklung in diesem Land. Dies gilt vor allem für die Besetzung von Positionen für Vorsitzende und Mitglieder von Geschäftsleitungen.[41]

Da für alle Positionen der direkte und nächsthöhere Vorgesetzte zuständig sein sollte, kommt dem Board bei der Besetzung von Geschäftsleitungsfunktionen eine zentrale Rolle, bei der CEO-Funktion sogar die Hauptrolle zu. Damit ergibt sich auch die Bedeutung, die ein Board dem Thema der Nachfolgeplanung beimessen muss.

Im Folgenden sollen aufgrund eines einfachen Bildmodells die wichtigsten Komponenten der Nachfolgeplanung auf Board-Ebene vorgestellt werden.

40 Vgl. Hilb (2004, Kap. 4.4)

41 Collins (2001, S. 10): »Ten of eleven good-to-great CEOs came from inside the company.«

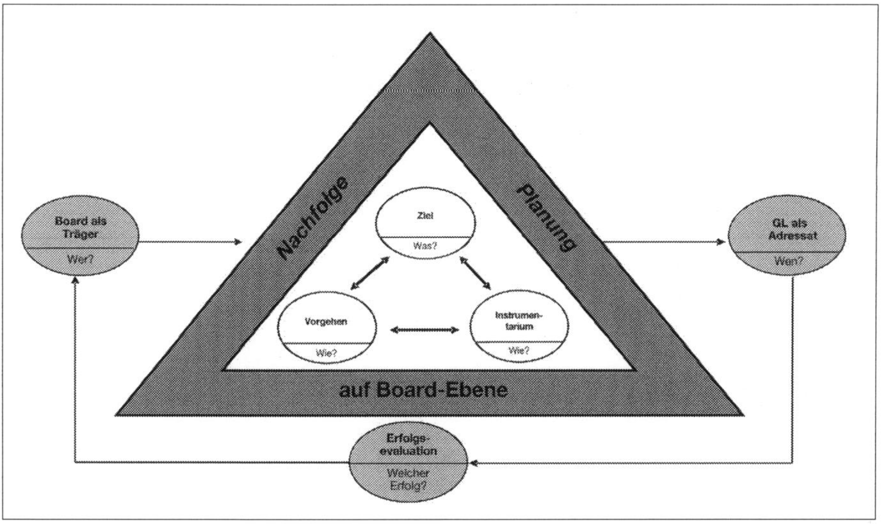

Abb. 42: Nachfolgeplanung auf Board-Ebene

Träger und Adressaten der Nachfolgeplanung auf Board-Ebene

Eine unentziehbare und unübertragbare Hauptaufgabe des Board ist gemäß dem Schweizer Aktienrecht[42] die Ernennung der mit der Geschäftsführung betrauten Personen. Für größere (meist börsenkotierte) Unternehmen ist die Bildung eine integrierten Nominierungs-, Feedback-, Kompensations- und Förder-Ausschusses zu empfehlen. Dabei hat der Ausschuss unter anderem die Aufgabe, die Grundsätze für die Auswahl von Kandidaten für Board- und Geschäftsleitungs- und eventuell weitere oberste Managementfunktionen festzulegen und die Auswahl nach diesen Kriterien zu Händen des Gesamt-Board vorzubereiten.

Ziel der Nachfolgeplanung auf Board-Ebene

Das Hauptziel der Nachfolgeplanung auf Board-Ebene besteht darin, dass jedes Board-Mitglied über das Leistungsverhalten und das Potenzial der potenziellen internen NachfolgekandidatInnen für alle Schlüsselpositionen fundiert informiert ist, um bei etwaigen Vakanzen rechtzeitig, in 80% der Fälle geeignete (d.h. kompetente, engagierte und integre) interne BewerberInnen berücksichtigen zu können.

Instrumente der Nachfolgeplanung auf Board-Ebene

Periodisch (z.B. einmal pro Jahr) werden an einer Board-Sitzung der CEO und alle Geschäftsleitungsmitglieder sowie eventuell zukünftige Inhaber von Schlüsselpositionen (z.B. alle Geschäftsführer und Niederlassungsleiter) anhand eines

42 Art. 716a Abs. 4 OR.

Management-Ressourcen-Programmes (vgl. Abbildung 43) vorgestellt und Folgemaßnahmen abgeleitet.

Streng vertraulich			Datum:				Organisationseinheit:			
Name des GL-Mitglieds	Funktionsbezeichnung	Lebensalter	Dienstalter	Anzahl Jahre in jetziger Position	Funktionsgrad	Leistungsbeurteilung	Potentialbeurteilung	Potentieller Nachfolger		Geplante Fördermassnahme
								heute	Nach 1 Jahr	

Beurteilungsmöglichkeiten

L Leistungsbeurteilung
- A = Hervorragende Gesamtleistung
- B = Sehr gute Gesamtleistung
- C = Gute Gesamtleistung
- D = Befriedigende Gesamtleistung
- E = Unbefriedigende Gesamtleistung

L Potenzialbeurteilung
- I = Heute beförderungswürdig (Ausarbeitung eines Aktionsplans)
- II = Innerhalb eines Jahres beförderungswürdig
- III = Innerhalb des Fachbereiches entwicklungsfähig
- IV = Potenzial durch die gegenwärtige Position weitgehend ausgeschöpft

Abb. 43: Management-Ressourcen-Programm für das Board

Vorgehen bei der Nachfolgeplanung auf Board-Ebene

Es wird empfohlen, auf dem operativen Nachfolgeplanungskonzept des Unternehmens aufzubauen. Dabei geht es darum, dass jährlich die Abteilungsleiter für ihre Mitarbeitenden anhand eines Personal-Planungs-Bogens (ähnlich wie in Abbildung 43 dargestellt) eine Leistungs-, Potenzial- und Nachfolgebeurteilung vornehmen. Diese wird mit dem Bereichsleiter besprochen, der dann wiederum die Abteilungsleiter zusätzlich beurteilt. Dieser Prozess wird kaskadenartig nach oben weitergeführt.

Der Personalverantwortliche koordiniert diese Sitzungen und legt am Schluss dem Unternehmensleiter das koordinierte gesamte Personal-Ressourcen-Programm zur Genehmigung vor. In einer alljährlichen Board-Sitzung, an der das Thema »Nachfolgeplanung« traktandiert wird, bittet der CEO jedes Geschäftsleitungsmitglied einzeln vor dem Board Schlüsselpositionsinhaber anhand des »Management-Ressourcen-Programmes« für das Board (gemäß Abbildung 43) vorzustellen.

Anschließend wird der CEO gebeten, seine GL-Mitglieder gleichermaßen vorzustellen und interne Nachfolgekandidaten für die eigene Position zu nennen. Danach werden im Board (bei Abwesenheit des CEO) die Nachfolgekandidaten für die CEO-Position und allfällige Fördermaßnahmen besprochen. Damit sollen im Rahmen eines umfassenden Risikomanagements auf Board-Ebene die personellen Gefahrenpotenziale erkannt und vakante Schlüsselpositionen rechtzeitig mit, wenn möglich internen, geeigneten Kandidaten besetzt werden.

Dabei kann die Auswahl aus den in Abbildung 43 aufgeführten internen potenziellen NachfolgerInnen wie folgt getroffen werden:

Phase 1:
Eindeutige Definition stellenspezifischer Anforderungskriterien

z.B. aufgrund der folgenden Systematik:

- Persönlichkeits-Kompetenz,
- Fach-Kompetenz,
- Führungs-Kompetenz,
- Sozial-Kompetenz.

Diese Hauptdimensionen sind stellenspezifisch weiter zu untergliedern und dienen als Zielangaben für die Auswahl der internen Kandidaten.

Phase 2:
Systematische Strukturierung des Auswahlverfahrens

Wie bei der externen Gewinnung von GL-Mitgliedern soll eine einfache Matrix (vgl. Abbildung 44) die Verbindung zwischen stellenspezifischen Anforderungskriterien und Beurteilern festlegen.

Dabei sollten verschiedene Beurteiler (z.B. der Personalverantwortliche der direkte und indirekte Vorgesetzte) die Kandidaten beurteilen.

Phase 3:
Ermittlung von konkretem früheren Verhalten, um künftiges Verhalten abzuschätzen

Die Eignung wird für jedes Anforderungskriterium anhand der sog. »Verhaltensdreiecksfragen« beurteilt (vgl. Abbildung 32).

Anforderungskriterien / Beurteiler	Personalverantwortliche	CEO	Board-Vorgesetzter	Bewertung
1 Persönlichkeitskompetenz				
1.1 Lernfähigkeit	X	X		
1.2 Leistungsmotivation	X	X		
1.3 Integrität	X		X	
1.4 Stressresistenz	X	X		
2 Fachkompetenz				
2.1 Fachkenntnis		X	X	
2.2 Marketing-Managementerfahrung mit Erfolgsausweis		X		
2.3 Unternehmertum	X	X		
2.4 Helikopterfähigkeit		X	X	
3 Führungskompetenz				
3.1 Zielsetzungsfähigkeit		X	X	
3.2 Problemlösungsfähigkeit		X	X	
3.3 Führungsvorbildlichkeit	X		X	
3.4 Ressourcenmanagementfähigkeit	X		X	
4 Sozialkompetenz				
4.1 Primärrolle: Coach	X	X		
4.2 Sekundärrolle: Förderer		X	X	
4.3 Zuhörfähigkeit	X		X	
4.4 Optimistischer Realismus		X	X	

Abb. 44: Beispiel einer Matrix zur Auswahl eines GL-Mitgliedes

Phase 4: Konsenssitzung der Beurteiler

Um den internen Auswahlentscheid im Konsens zu erzielen, wird folgende Vorgehensweise angewandt:

- Jeder Beurteiler bewertet die Eignung der internen Bewerber bezüglich der durch ihn beurteilenden Anforderungskriterien anhand einer 5er Skala:
  - ✓ 5 = weit überdurchschnittlich
  - ✓ 4 = überdurchschnittlich
  - ✓ 3 = durchschnittlich
  - ✓ 2 = unterdurchschnittlich
  - ✓ 1= weit unterdurchschnittlich
- Die Beurteiler tauschen in der kurzen Sitzung ihre Bewertungen und Informationen aus und belegen in Fällen unterschiedlicher Bewertung ihre Beurteilungen mit Verhaltensdreiecksbeispielen.

- Die Beurteiler einigen sich bezüglich der Anforderungskriterien auf eine gemeinsame Wertung (= Gruppenkonsenswertung).
- Aufgrund der Konsenswertung aller Anforderungskriterien wird eine Eignungsrangliste erstellt.
- Derjenige interne Kandidat, dessen Eignungsprofil dem Anforderungsprofil am besten entspricht, wird dem Gesamt-Board zur Ernennung vorgeschlagen.

Evaluation der Nachfolgenplanung auf Board-Ebene

Aufgrund der Personalplanung kann periodisch für die Geschäftsleitung und für das Gesamt-Personal (PC-gestützt) ein Personal-Portfolio (vgl. Abb. 45) erstellt werden. Die Einstufungen erfolgen anhand des im Unternehmen üblichen Leistungs- und Personalbeurteilungskonzeptes. Diese Matrix informiert das Board über den Ist-Zustand der Leistungsfähigkeit und das Begabungspotenzial der Geschäftsleitung und des Personals.

Anhand eines Vergleichs des je nach Unternehmenssituation zuvor festgelegten Soll-Zustandes mit diesem Ist-Zustand können Personalstrategien entwickelt werden, welche die Personalfördermaßnahmen (wie Beförderungen, Job Rotation, Job Enlargement, Job Enrichment und Projektgruppeneinsatz) sowie die Personalgewinnung beeinflussen.

	0%	2%	24%	64%	10%	100%
① Heute beförderungswürdig				2%	3%	5%
② Innerhalb der nächsten zwei Jahre beförderungswürdig			5%	18%	6%	29%
③ Innerhalb des bisherigen Fachbereichs entwicklungsfähig			14%	44%	1%	59%
④ Potenzial durch die gegenwärtige Position weitgehend ausgeschöpft		2%	5%			7%
Zukünftiges Potenzial / Gegenwärtige Gesamtleistung	Ⓔ unbefriedigend	Ⓓ befriedigend	Ⓒ gut	Ⓑ sehr gut	Ⓐ hervorragend	

Abb. 45: Ist-Personal-Portfolio (Ein Praxisbeispiel, das mit dem auf einer Klarsichtfolie vorgängig festgelegten Soll-Personal-Portofolio verglichen werden kann.)

Jim Collins hat in seinem Bestseller »From Good to Great«[43] eindrücklich darauf hingewiesen, dass die besten Firmen der Förderung interner Ressourcen eine zentrale Bedeutung beigemessen haben. Ob Unternehmen in Zukunft zu den Gewinnern oder Opfern des Wandels gehören, hängt unter anderem davon ab, ob es dem Board gelingt, alle Schlüsselpositionen mit (wenn möglich internen) kompetenten, engagierten und integren Persönlichkeiten zu besetzen.

2.3 HR-Erfolgsevaluation auf Board-Ebene

Wir gehen in unserem HR-Governance-Ansatz davon aus, dass erfolgreiche Unternehmen sowohl den Shareholder- als auch den Stakeholder-Ansatz anwenden. Für das Board empfiehlt sich die Anwendung des von *Stern & Stewart* entwickelten shareholder-orientierten Economic-Value-Added-Ansatzes. Weiterhin ist auch eine vereinfachte, auf Boards bezogene Version des von *Kaplan/Norton* in den Neunziger Jahren entwickelten Balanced-Scorecard-Ansatzes von Vorteil.

Der BSC-Ansatz[44] versucht alle erfolgsrelevanten Kategorien auszubalancieren:

- externe und interne Erfolgsperspektiven,
- kurz- und langfristige Erfolgsziele,
- monetäre und nicht-monetäre Erfolgskennzahlen,
- Input- und Output-Erfolgsfaktoren.

Neuerdings wird BSC auch als »Strategic Monitoring System« auf Board-Ebene eingeführt, wobei für die

- finanzwirtschaftliche,
- marktwirtschaftliche,
- leistungswirtschaftliche und
- personalwirtschaftliche

Dimension je zwei bis drei Kennzahlen für den Board verwendet werden. »Such models are needed to help directors cope with complexity and to ensure that they focus on the things that really matter.«[45]

Wir haben in diesem Zusammenhang für den Board und die Geschäftsleitung ein einfaches integriertes Diagnose-Instrumentarium[46] entwickelt, mit dem es möglich wird, gleichzeitig aus Sicht der Aktionäre, der Kunden, der Mitarbeitenden und der Öffentlichkeit periodische, möglichst objektive, systematische und zweckmäßige Erfolgsdiagnosen durchzuführen. Mit Kennzahlen gemessen

43 Vgl. Collins (2001, S. 10).
44 Vgl. Kaplan/Norton (1993, S. 134 f).
45 Carter/Lorsch (2004, S. 153).
46 Vgl. Hilb (2002) mit CD-Rom und Kartensätzen.

werden dabei die Erwartungen, die Zufriedenheit und die freiwillige Loyalität aller hier unternehmensrelevanten Anspruchsgruppen (vgl. Abbildung 46).

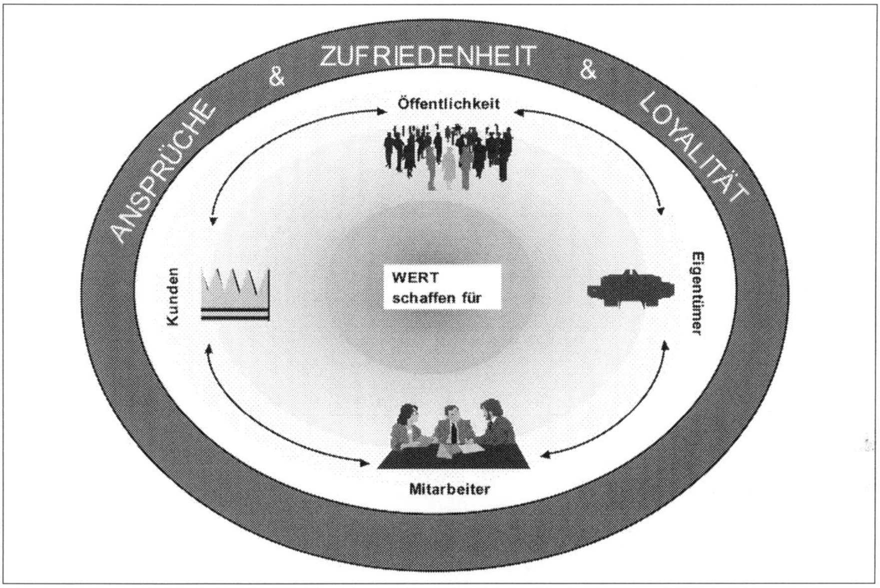

Abb. 46: Vier Dimensionen der Diagnose des Unternehmenserfolges[47]

In Abbildung 47 stellen wir darauf aufbauend das Board Cockpit, das an allen Board-Sitzungen den Mitgliedern als Erfolgsevaluationsinstrument dient, vor und anschließend zwei neue praxiserprobte Board-Audit-Instrumente.

Weite Verbreitung hat folgendes von uns entwickelte Board-Selbst- und Fremdevaluationskonzept gefunden. Es umfasst folgende Schritte:

(1) Ziele,

(2) Instrumente,

(3) Vorgehensschritte

(1) Ziele und Phasen der Evaluation von Boards

Bei der Selbst- und Fremdevaluation von Boards werden zwei zusammengehörende Ziele angestrebt:

- die periodische, möglichst objektive, systematische und zweckmäßige Diagnose der Stärken und entwicklungsfähigen Bereiche der Corporate-Governance-Politik und -Praxis eines Unternehmens,
- eine aufgrund der Diagnoseergebnisse partizipative Erarbeitung, Umsetzung und erneute Erfolgsevaluation von Aktionsplänen zur Weiterentwicklung der

47 Vgl. Kaplan/Norton (1993/2000).

Corporate-Governance-Politik und -Praxis sowie der Board- und Geschäftsleitungsteams.

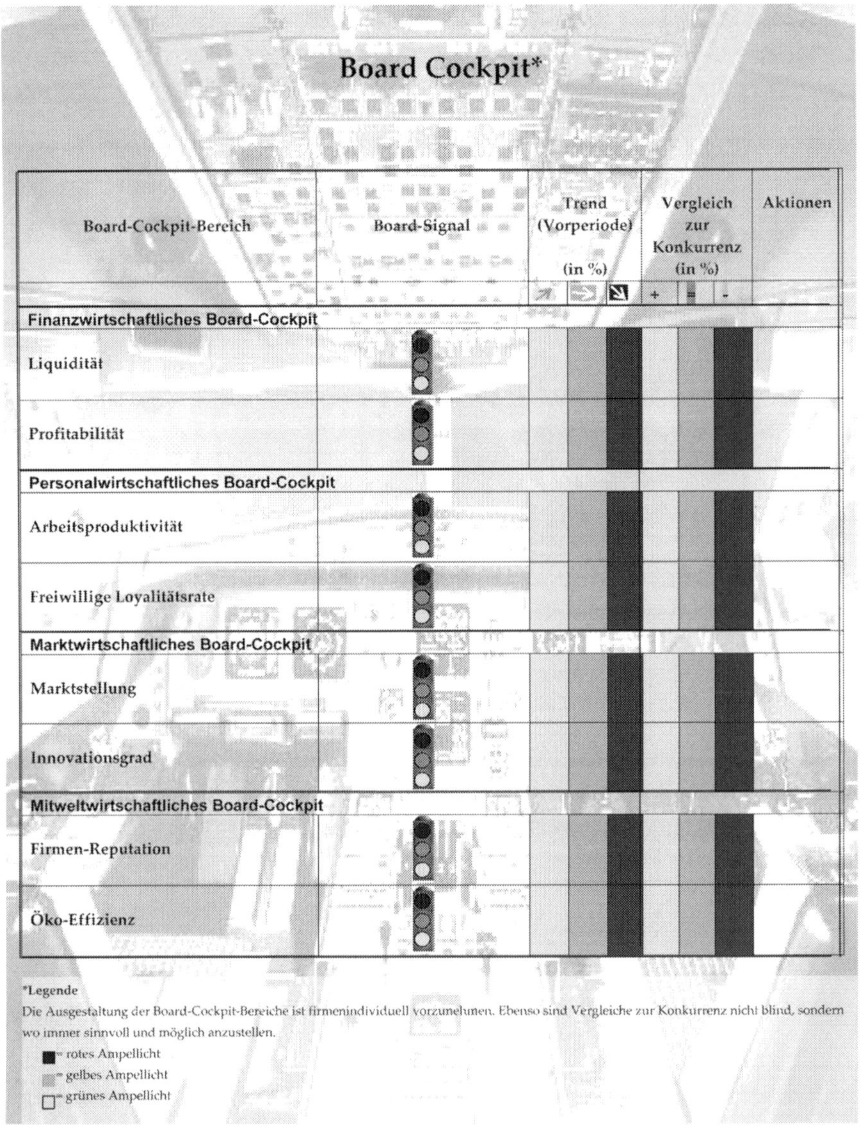

Abb. 47: Board Cockpit

Um die Effizienz von Board-Teams zu fördern, gehen wir von einem Spiralen-Ansatz der Phasen der Board-Entwicklung aus (Abbildung 48):

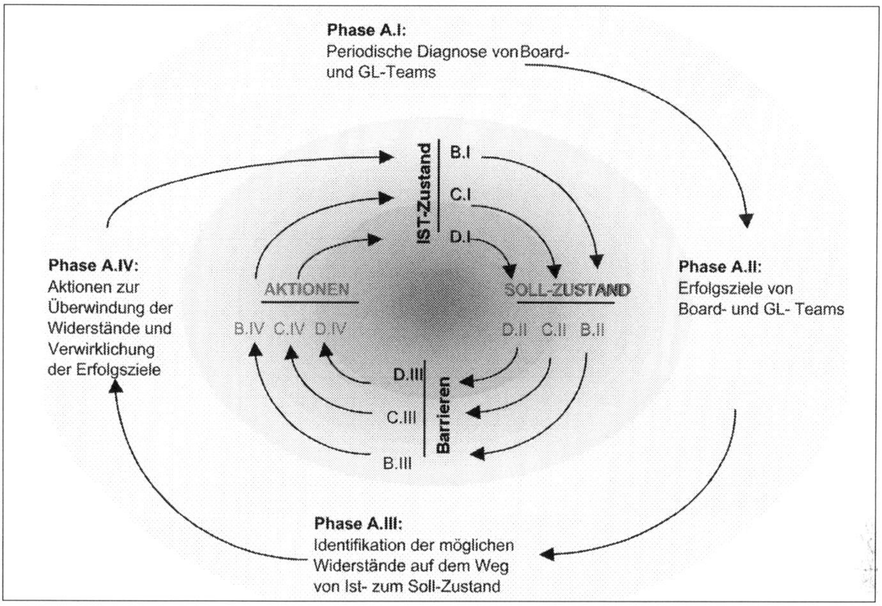

Abb. 48: Spiralen-Konzept der HR-Governance-Entwicklung

Dieser Kreislauf soll veranschaulichen, dass die Vernachlässigung einer Phase die Corporate- und HR-Governance- und Board-Entwicklung entscheidend beeinträchtigen kann. Sofern im Extremfall eine Phase ausgelassen wird, erfolgt allenfalls keine Entwicklung.

(2) Periodische Board-Kurzumfrage

Ausgangssituation

Eine Board-Kurzumfrage kann wie folgt durchgeführt werden:

- Grundgesamtheit:
  Wann immer möglich, sollte versucht werden, alle Mitglieder des Board, der Geschäftsleitung und allenfalls alle Hauptaktionäre zu befragen.
- Erhebungsmedium:
  Am einfachsten wird der Fragebogen während einer Board-Sitzung vom Board-Präsidenten an alle Mitglieder verteilt. Diese werden gebeten, den Bogen im frankierten Rückantwortumschlag ohne Namensangabe an unser neutrales Forschungsinstitut zum Auswerten und Kommentieren zuzustellen.
- Zwangsgrad:
  Mit dieser Methode wird sichergestellt, dass die Teilnahme an der Umfrage freiwillig und anonym ist.

- Umfrageorganisation:
  Die Projektleitung für die Board-Umfrage wird durch uns als externes Forschungsinstitut wahrgenommen.
- Datenauswertung:
  Unser neutrales externes Forschungsinstitut wird beauftragt, die Kurzfragebögen auszuwerten. Die Ergebnisse werden zunächst dem Board-Präsidenten und sodann dem gesamten Board präsentiert. Die Original-Fragebögen werden dabei von uns vernichtet.
- Fragebogenlänge:
  Der Fragebogen umfasst lediglich zwei Seiten, d. h. er ist kurz genug, um motivierend zu sein, und lang genug, um jene Daten zu ermitteln, aufgrund derer anschließend Verbesserungen angestrebt werden können.
- Standardisierungsgrad:
  Der Fragebogen ist zum großen Teil standardisiert, um die Auswertung und Vergleichbarkeit der Daten zu erleichtern. Er enthält zudem drei kurze offene Fragen, um eine freie Meinungsäußerung zu ermöglichen.
- Erhebungsvariablen:
  Um den situativen Gegebenheiten einzelner Unternehmen gebührend Rechnung tragen zu können, wird der Kurzfragebogen mit dem Board-Präsidenten und dem Board an das Unternehmen angepasst.
- Zeitkontext:
  Um den Erfolg der aufgrund der Umfrageergebnisse eingeleiteten Verbesserungsaktionen messen zu können, sollte die Umfrage regelmäßig, z. B. alle zwei Jahre, durchgeführt werden.
- Mitbewerberkontext:
  Der Kurzfragebogen eignet sich auch, um periodisch Board-Umfragevergleiche zwischen vergleichbaren Unternehmen durch unser neutrales Beratungsinstitut durchführen zu lassen.

Teilstandardisierter Fragebogen

Zunächst enthält der Fragebogen HR- und Corporate-Governance-relevante Faktoren. Das Board-Mitglied wird gebeten anzugeben, wie wichtig diese Kriterien für ihn sind. In einer weiteren Frage soll er seiner gegenwärtigen Zufriedenheit mit den aufgeführten HR- und Corporate-Governance-Faktoren Ausdruck verleihen.

IFPM-HSG Center for
Corporate Governance

Universität St.Gallen

VR-SELBST-EVALUATION	Wichtigkeit				Zufriedenheit			
	völlig unwichtig 1	unwichtig 2	wichtig 3	sehr wichtig 4	trifft voll zu 4	trifft eher zu 3	trifft eher nicht zu 2	trifft nicht zu 1
1. VR-Leitplanken								
1.1. Langfristige Erfolgsmassstäbe des VR								
1.2. Frühwarn-Kompetenz des VR								
1.3. Innovationsfreudigkeit des VR								
1.4. Strategische Führung durch den VR								
1.5. Professionelle Soll-Ist-Vergleiche durch den VR								
1.6. Finanzielle Führung (Finanzplanung) durch den VR								
1.7 Klarheit des VR über strategische Zielsetzungen								
1.8 Pflege der Grundwerte/-prinzipien gemäss Leitbild durch die GL								
Allfällige Anmerkungen zu 1.:								
2. VR-Kultur								
2.1. Teamfähigkeit des VR								
2.2. Vertrauenskultur innerhalb des VR-Teams								
2.3. Zuhörfähigkeit des VR gegenüber der GL								
2.4. Konstruktive Offenheit des VR in der Kommunikation mit der GL								
2.5. Partizipative Entscheidungsfindung im VR								
2.6. Orientierung des Gesamt-VR durch die Ausschüsse								
2.7 Offenheit für die Diskussion "heikler" Themen								
Allfällige Anmerkungen zu 2.:								
3. VR-Struktur								
3.1. Sicherung einer strategiegerechten Unternehmensstruktur durch den VR								
3.2. Delegation von Kompetenzen, Aufgaben und Verantwortung des VR an die GL								
3.3. Optimale Zahl von VR								
3.4. Wirksame Entscheidungsimplementierung								
3.5. Wirksames VR-Controlling der Entscheidungsumsetzung durch die GL								
3.6. Aufteilung in VR-Ausschüsse								
3.7. Kompetenzverteilung im VR								
3.8 Wirksamer Audit-Ausschuss								
3.9 Wirksamer Compensation-Ausschuss								
Allfällige Anmerkungen zu 3.:								
4. VR-Sitzungsmanagement								
4.1. Vorbildfunktion des VR-Präsidenten								
4.2. Professionelles Sitzungsmanagement des VR-Präsidenten								
4.3. Optimaler Einsatz relevanter Telekommunikationstechnologien								
4.4. Gestaltungsfunktion des VR-Präsidenten								
4.5. Controllingfunktion des VR-Präsident								
4.6. Unterlagen zur Sitzungsvorbereitung								
4.7 Optimale Zahl der VR-Sitzungen								
4.8 Optimale Zahl der Ausschuss-Sitzungen								
Allfällige Anmerkungen zu 4.:								

Abb. 49: Unser copyright-geschützter Board-Kurzfragebogen (© *M. Hilb*)

5. VR-Teamzusammensetzung aufgrund von Kernkompetenzen

5.1. Ausgewogene Zusammensetzung aufgrund des Funktions-Know-Hows (Marketing/Finanzen/Informatik/e-business/Operations/HRM)

5.2. Ausgewogene Zusammensetzung aufgrund des Märkte-Know-Hows

5.3. Ausgewogene Zusammensetzung aufgrund des Produkte-/Service-Know-Hows

5.4. Ausgewogene Zusammensetzung interner und externer VR-Vertreter

5.5 Unabhängigkeit und Freiheit der VR-Mitglieder von Interessenskonflikten

Allfällige Anmerkungen zu 5.:

6. VR- und GL-Management

6.1. Professionalität in der Selektion von VR-Mitgliedern

6.2. Professionalität in der Selektion von GL-Mitgliedern

6.3. Beurteilung der Leistungen der VR-Mitglieder

6.4. Beurteilung der Leistungen der GL-Mitglieder

6.5. Faire Honorierung der VR-Mitglieder

6.6. Leistungsgerechte Honorierung der GL-Mitglieder

6.7. Optimale Förderung der VR-Mitglieder

6.8. Optimale Förderung der GL-Mitglieder

6.9. Coaching der GL

6.10 Sicherstellung des Management-Nachwuchses

Allfällige Anmerkungen zu 6.:

7. VR-Verantwortung gegenüber Anspruchsgruppen

7.1. Vertretung der Interessen des Hauptaktionärs

7.2. Vertretung der Interessen der Kleinaktionäre

7.3. Vertretung der Interessen des Personals (inkl. Kader)

7.4. Involvierung des VR bei der Gestaltung der Öffentlichkeitsarbeit

7.5. Umfassendes Risiko-Management

7.6. Kenntnis der Schlüsselkunden

7.7 Zusammenarbeit mit der externen Revisionsstelle

Allfällige Anmerkungen zu 7.:

8. VR-Erfolgsevaluation

8.1. Umfassende Evaluation des Unternehmenserfolgs durch den VR

8.2. Selbstüberprüfung des VR

8.3 Evaluation der internen Controllingprozesse

8.4 Berichterstattung an die Aktionäre

Allfällige Anmerkungen zu 8.:

Zum Schluss noch zwei offene Fragen (fakultativ):

9. Worin liegt Ihrer Ansicht nach die grösste Stärke Ihres VR?

10. Worin liegt Ihrer Ansicht nach der grösste entwicklungsfähige Bereich des VR?

11. Was schlagen Sie als wichtigste Maßnahme zur Weiterentwicklung Ihrer Board-Praxis vor=

Abb. 49: Unser copyright-geschützter Board-Kurzfragebogen (Fortsetzung) (© *M. Hilb*)

Um individuelle Eindrücke und Bedürfnisse artikulieren zu können, sind drei offene Fragen eingeflochten. Für spezifische Kategorien, wie das Hauptaktionariat, sind separate Fragebögen zu entwickeln. Diese unterscheiden sich darin, dass einzelne, für diese Zielgruppe irrelevante Faktoren (z. B. Sitzungsmanagement des Verwaltungsrates), weggelassen werden und einzelne relevante Faktoren (z. B. Vertretung der Aktionärsinteressen) zusätzlich aufgeführt sind.

Folgemaßnahmen

Die Ergebnisse werden zunächst dem Board-Präsidenten, anschließend dem Board-Team und allenfalls sodann der GL und den Hauptaktionären präsentiert und mit ihnen diskutiert.

Dies geschieht nach folgendem Programm:

- Umfrageziele,
- Umfragemethode,
- Umfrageergebnisse,
- Verbesserungsaktionsplan.

Was die Ergebnispräsentation betrifft, so weist unsere Defizit-Methode den Vorteil auf, den Board-Mitgliedern graphisch sehr eindrücklich Resultate aufzeigen zu können:

Soll- (= Wichtigkeits-) Profil ·/· Ist- (= Zufriedenheits-) Profil = Defizit-Profil

Mit dieser Methode werden Abweichungen von einzelnen Board-Mitgliedern im Verhältnis zum Durchschnitt aller Board-Mitglieder aufgezeigt. Ferner manifestieren sich Abweichungen im Vergleich zu den letzten Umfrageresultaten für die Kategorien Wichtigkeit, Zufriedenheit und Verbesserungsbedarfe.

Eine partizipative Entwicklung und Realisierung eines Verbesserungsaktionsplanes entscheidet im Wesentlichen über Erfolg oder Misserfolg der HR- und Corporate-Governance-Umfrage. Boards, die nicht die notwendige Veränderungsbereitschaft aufweisen, sollten lieber auf die Durchführung solcher Board-Umfragen verzichten. Wird lediglich diagnostiziert, ohne eine Verbesserung der Situation anzustreben, so kann dies negative Folgen haben: Nicht erfüllte Erwartungen können zu Frustrationen der Board-Mitglieder führen.

In Abbildung 50 zeigen wir die Ergebnisse einer Selbstevaluation und Fremdevaluation einer Geschäftsleitung durch den Board. Für diese Art der Selbstevaluation haben wir auch ein e-Tool entwickelt.[48]

(3) Vorgehen bei der Selbst- und Fremdevaluation von Boards

Das Vorgehen basiert auf unserem 8-W-Konzept der Board-Evaluation (vgl. Abbildung 51) und umfasst einerseits die Board-Politik mit:

(1) Board-Leitplanken (Wohin?),

(2) Board-Kultur (Wie?),

(3) Board-Struktur (Womit?),

(4) Board-Sitzungsmanagement (Warum?),

(5) Board Diversity (von Wo?)

sowie andererseits die Board-Bestimmungsfaktoren mit:

(6) Board-Träger (Wer?),

(7) Board-Anspruchsgruppen (Wen?),

(8) Board Feedback (mit welchem Erfolg?).

48 Hilb et al. (2003).

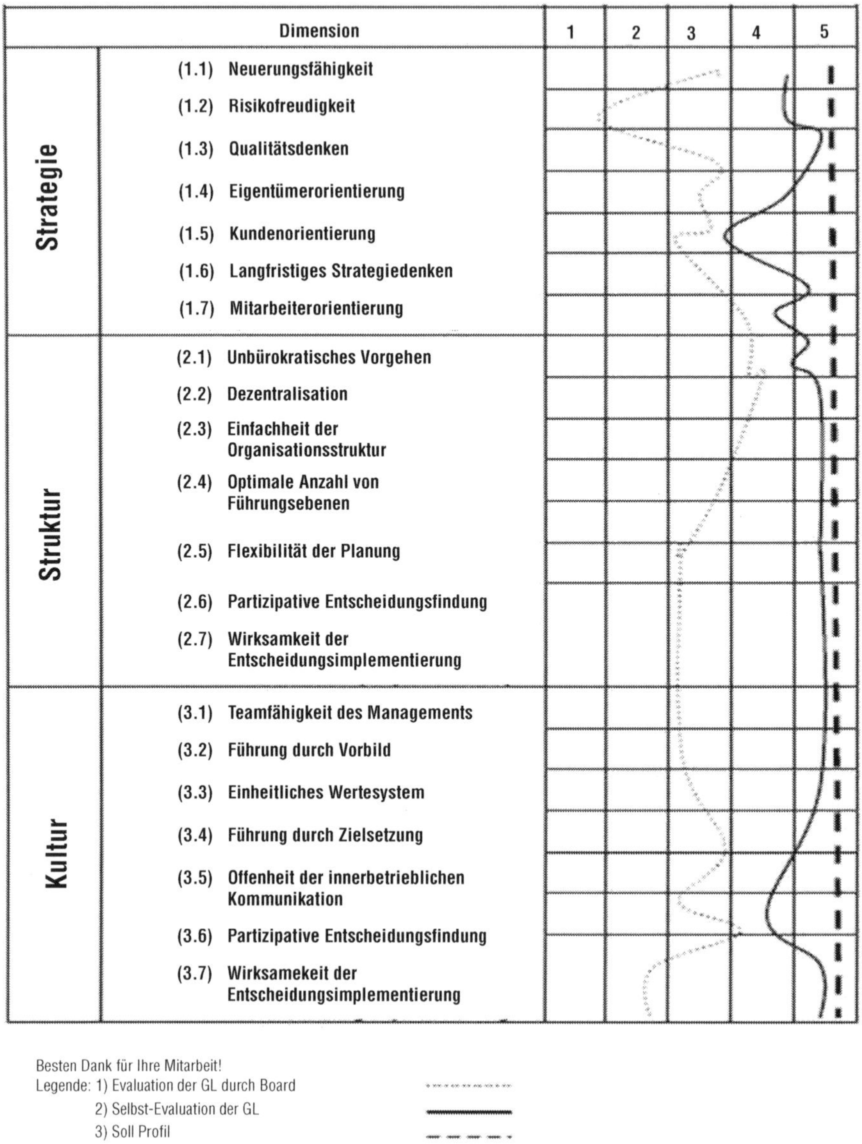

Abb. 50: Kurz-Fragebogen zur Selbst- und Fremdbeurteilung der Geschäftsleitung

Diese Komponenten sollen die acht zentralen Fragen (in Klammern aufgeführt) des Board Management beantworten.

Aufgrund dieses Konzepts haben wir ein einfaches Evaluationskonzept entwickelt und in der Board-Praxis erprobt und weiterentwickelt.

Unsere beiden bereits vorgestellten Instrumente umfassen drei Teilschritte:

- Defiziterfassung aufgrund des Vergleichs von Wichtigkeit und von Zufriedenheit mit einzelnen für den Board-Erfolg relevanten Faktoren.
- Individuelle Selbstevaluation der einzelnen Board-Mitglieder auf durchsichtigen Evaluationsbögen und Fremdevaluation des gesamten Board-Team auf grünem Evaluationsbogen.
- Kurze Ergebnispräsentation und -diskussion zunächst mit dem Präsidenten des Verwaltungsrates und sodann vor dem gesamten Board sowie gemeinsame Entwicklung eines Aktionsplans.

Board-Praxisbeispiel 4

Ein weltweit tätiges Dienstleistungsunternehmen wurde unter anderem von zwei angloamerikanischen Private-Equity-Firmen aufgekauft. Ein neu ernannter Board-Präsident bat uns, periodisch Board-Evaluationen aus Sicht des Board, der Konzernleitung und der Hauptaktionäre durchzuführen. Jedes mal stellten wir zunächst dem Board-Präsidenten und sodann dem gesamten Board Stärken, Schwachstellen und Verbesserungsvorschläge vor. Daraus wurden Aktionspläne abgeleitet und umgesetzt. Die erneute Evaluation ergab jedes mal signifikante Verbesserungen der Corporate-Governance-Praxis dieses Unternehmens. Nach sechs Jahren wurde das Unternehmen zum fünffachen Wert des einstigen Kaufpreises an eine internationale Investorengruppe verkauft.

Wichtigste Erkenntnis aus diesem VR-Fall:

Die periodische VR-Selbst- und -Fremdbeurteilung durch GL und Eigentümer kann mithelfen, eine nachhaltige Wertsteigerung eines Unternehmens zu erreichen.

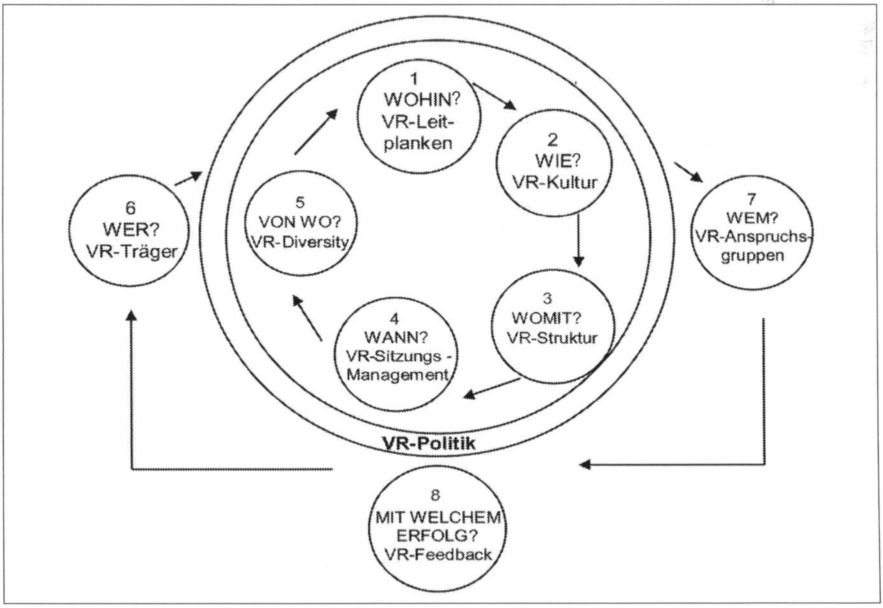

Abb. 51: Selbst- und Fremd-Board-Evaluations-Konzept

Wie wird ein solches Instrument in der Board-Praxis eingesetzt?

Es empfiehlt sich alle zwei Jahre während einer Board-Sitzung (z. B. zu Beginn einer ordentlichen Board-Sitzung) folgendes Vorgehen:

- Jedes Board-Mitglied erhält ein Evaluationsbogen-Set (einen grünen Bogen mit einem Durchschlags-Klarsichtbogen).
- Es wird zunächst im Board abgeklärt, ob dieses Jahr allenfalls noch zusätzliche firmenspezifische Faktoren beurteilt werden sollen, und man trägt mögliche weitere Faktoren in die entsprechend passenden freien Rubriken ein (vgl. Abbildung 49).
- Anschließend füllt jedes Board-Mitglied den Evaluationsbogen aus und kreuzt zunächst die Wichtigkeit der einzelnen Faktoren an. Sodann werden die Zufriedenheit mit den einzelnen Faktoren frei angekreuzt und die offenen Fragen beantwortet (vgl. Fragebogenbeispiel in Abbildung 49).
- Nun wird der grüne Bogen vom (Durchschlags-)Klarsichtbogen abgetrennt und in eine Box eingeworfen.
- Während wir als externer Berater die grünen Bögen außerhalb des Board-Sitzungszimmers sofort auswerten, werten die Board-Mitglieder ihren Klarsichtbogen selbst aus, indem sie zwischen den als »sehr wichtig« bezeichneten Faktoren und dem entsprechenden Zufriedenheitsbereich jeweils einen Strich ziehen. Je länger der Strich, desto größer ist das Defizit, das das einzelne Board-Mitglied annimmt. Jedes Board-Mitglied notiert für sich selbst auf einem separaten Blatt seine periodische Board-Defizit-Rangliste.
- Nach dem (Abend- oder Mittag-) Essen präsentieren wir als externe Berater nach einer Sitzung mit dem Board-Präsidenten die Ergebnisse der Board-Selbst- und Fremdevaluation, indem wir
  - eine Wichtigkeits-Rangliste,
  - eine Zufriedenheits-Rangliste und
  - eine Defizit-Rangliste

  der Board-Mitglieder und der Geschäftsleitungsmitglieder vorstellen. Anschließend verteilen wir jedem Board-Mitglied auf rotem Papier die beiden Profile der Durchschnitts-Wichtigkeit und -Zufriedenheit aus Sicht der Board-Mitglieder und auf blauem Papier die beiden Profile der Durchschnitts-Wichtigkeit und -Zufriedenheit aus Sicht der Geschäftsleitung.
- Jedes Board-Mitglied vergleicht nun die Durchschnitts-Profile mit seinen eigenen auf dem Klarsichtbogen eingetragenen Profilen der Wichtigkeit und Zufriedenheit. Ferner vergleicht jeder das Durchschnitts-Board-Defizit-Profil mit seinem selbst wahrgenommenen Board-Defizit-Profil und mit dem Durchschnitts-Defizit-Profil aus Sicht der Geschäftsleitung.
- In der anschließend vom Board-Präsidenten geleiteten Diskussion werden aufgrund eines Aktionsplans die Verbesserungsmaßnahmen festgelegt: Wer macht bis wann was, um die größten Defizite der gegenwärtigen Board-Pra-

xis zu beheben. Mit welchen möglichen Hindernissen muss dabei gerechnet werden, und wie können diese überwunden werden.

- Die Board-Umfrage wird alle zwei Jahre wiederholt, um eine gezielte Erfolgsevaluation der eingeleiteten Verbesserungsmaßnahmen vornehmen zu können.
- Die Board-Selbstevaluation ist die wertvollste Bewertung. Je nach Situation können neben der Geschäftsleitung mit demselben Instrument im Sinne eines 360°-Feedbacks weitere Beteiligte zur Beurteilung zugezogen werden (vgl. Abbildung 52).

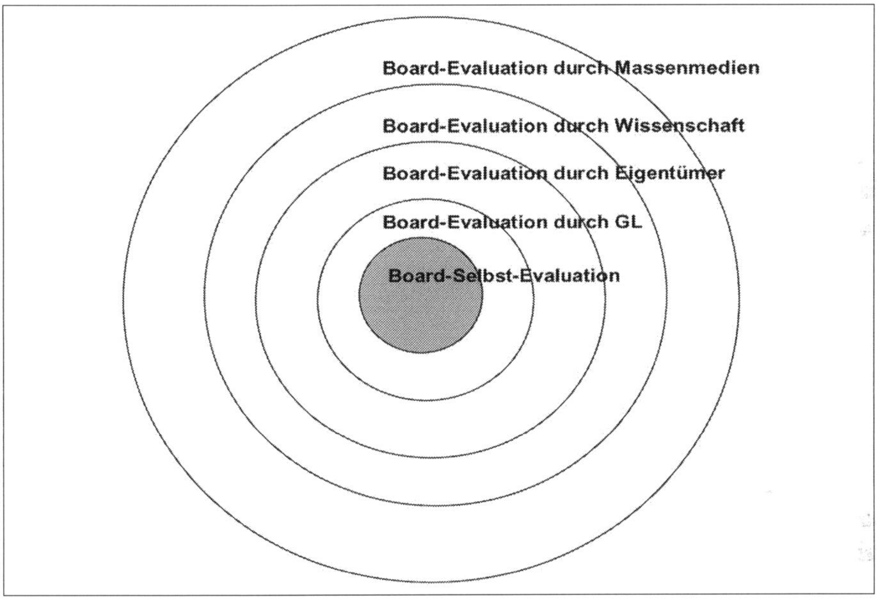

Abb. 52: 360°-Board-Feedback-Möglichkeiten

Für die Board-Entwicklung gilt folgende Formel:

	A		B		C		D
Board-Entwicklung =	Diagnose der gegenwärtigen Stärken und Schwächen der CG-Praxis	×	Angestrebte Ziele der CG-Politik	×	Identifikation der Widerstände auf dem Weg von (A) zu (B)	×	Aktionsschritte, um (B) zu erreichen

Sofern im Extremfall jeweils einer dieser vier Faktoren nicht vorhanden ist (= 0), erfolgt allenfalls keine Board-Entwicklung. Das heißt z. B.: Selbst wenn die Unzufriedenheit eindeutig diagnostiziert ist und der Idealzustand bekannt ist, liegt keine Entwicklung vor, wenn kein echter Verbesserungsschritt unternommen wird.

Die Bedeutung dieses letzten Faktors (Aktion) kann am Beispiel der »Drei-Frösche-Geschichte« veranschaulicht werden. Drei Frösche fallen in einen Rahmkrug:

- Der erste ist ein Pessimist (ein »Negaholiker«). Seine Reaktion: »Da kann man ja doch nichts machen!« Er tut nichts und – ertrinkt.
- Der zweite ist ein übertriebener Optimist (ein »Positoholiker«). Seine Einstellung: »Kein Problem!« Er tut allerdings ebenfalls nichts und – ertrinkt.
- Der dritte ist (wie wir es nennen) ein optimistischer Realist (ein »Halb-Glas-Voll-Vertreter«). Seine Reaktion: »Man weiß nie, was kommt. Das wichtigste ist, sich ein Ziel zu setzen und etwas zu tun!« Er will rauskommen und strampelt – zwei Stunden lang. Aus dem Rahm wird Butter und er kann herausspringen …

3 Wirksames HR Management auf Geschäftsleitungsebene

von Marcel Oertig

HR Governance kann nur erfolgreich sein, wenn sie – wie eingangs beschrieben – als integrierter Prozess von Board und Geschäftsleitung verstanden wird (vgl. dazu die Übersicht in Abbildung 52). Der Geschäftsleitung und im Besonderen dem Personalleiter kommt die Aufgabe zu, die strategischen HR-Themen im Sinne des Board zu gestalten und nach innen zu führen. In diesem Kapitel sollen daher die für ein strategisches Human Resources Management bedeutsamen Themen aus Sicht der Geschäftsleitung beschrieben werden. Zunächst ist dies die Entwicklung der HR-Strategie und Roadmap in Abstimmung mit den gesetzten Leitplanken und strategischen Vorgaben des Board. Das HR-Geschäftsmodell klärt die Rollen und Verantwortlichkeiten von zentralen und dezentralen HR-Funktionen und bildet damit die Grundlage für eine effektive und effiziente HR-Organisation. Bei den HR-Kernprozessen werden aus strategischer Sicht folgende Themen vertieft behandelt:

- Arbeitgeberpositionierung (Employer Branding) und Personalmarketing,
- demografischer Wandel, Globalisierung und gesellschaftliche Verantwortung als Herausforderungen für das HR Management,
- strategisches Kompetenz- und Talent-Management,
- wertsteigernde Entlohnungs- und Incentivierungs-Konzepte,
- Restrukturierungs- und -Trennungsmanagement.

Abschließend werden für die strategische Steuerung des Human Resources Management die Themen der HR Scorecard und des HR Risk Management näher beleuchtet.

3.1 Überblick zum Strategischen HR Management

Für viele Unternehmen wird die erfolgreiche Umsetzung strategischer Initiativen verstärkt durch den »Engpassfaktor« Human Resources entschieden. Einerseits erfordert die zunehmende Dynamisierung und Globalisierung der Wirtschaft höher qualifizierte und mobilere Mitarbeitende und Führungskräfte, andererseits zeichnet sich durch die demografische Entwicklung und abnehmende Bindung eine Verknappung wichtiger Know-how-Träger ab. Die Realisierung mitarbeiterbezogener Wettbewerbsvorteile wird vor diesem Hintergrund zu einer erfolgskritischen Aufgabe des Management. Für ein wirksames HR Management bedarf es dazu – neben der Aufsicht auf Board-Ebene – einer bewussten Führung und Steuerung der HR-Funktion auf Geschäftsleitungsebene.

In einer Studie des Weltverbandes der Vereinigungen für Personalführung und der Boston Consulting Group wird dieser Zusammenhang deutlich aufgezeigt. Dabei stehen drei Kategorien von HR-Herausforderungen im Vordergrund:[1]

1 The Boston Consulting Group, Inc./World Federation of Personnel Management (2008, S. 6).

- *Entwicklung und Bindung der besten Mitarbeitenden*
  Die erste Kategorie umfasst die Herausforderungen im Zusammenhang mit Talent-Management, Verbesserung der Leadership-Qualitäten und Work-Life-Balance.
- *Vorbereitung auf Veränderungen*
  Die zweite Kategorie umfasst Demografiemanagement, Change Management und Transformation der Unternehmenskultur sowie Globalisierungsmanagement.
- *Schaffung der Voraussetzungen in der Organisation*
  Die dritte Kategorie umfasst die Entwicklung zur »Learning Organization« und HR als strategischen Partner.

Unternehmen, die diesen Herausforderungen erfolgreich begegnen können, schaffen nach Einschätzung der Studie für sich einen nachhaltigen Wettbewerbsvorteil. Dies dürfte sich auch in einer rezessiveren Phase nicht grundlegend ändern. Allenfalls werden Aspekte des Change Management verbunden mit Restrukturierungen und Fragen des optimalen Ressourceneinsatzes ein noch stärkeres Gewicht erhalten.

Um sich glaubwürdig als strategischer Partner zu positionieren, muss HR proaktiv zum Aufbau dieser mitarbeiterbezogenen Wettbewerbsvorteile beitragen. Dazu ist einerseits ein professioneller HR-Strategieprozess zu führen, der die strategischen HR-Initiativen abgestimmt auf die Geschäftsstrategie definiert. Andererseits gilt es den eigenen HR-Transformationsprozess voranzutreiben, der die Rollen, Kompetenzen, Organisation und Prozesse des HR-Bereiches konsequent auf die neuen Anforderungen hin ausrichtet.

Zusammen mit der Geschäftsleitung ist der HR-Leiter gefordert, einen wirkungsvollen HR-Strategieprozess zu initiieren und voranzutreiben[2]: Von der Analyse der Trends und der strategischen Herausforderungen, der Ableitung wirkungsvoller HR-Initiativen, der Ausgestaltung einer effizienten und effektiven HR-Organisation bis zum Controlling des Umsetzungserfolges und dem Strategie-Review (vgl. Abbildung 53). Während in der ersten Phase bis zur HR Roadmap die thematische Erarbeitung der HR-Stoßrichtungen für die nächsten Jahre im Vordergrund steht, wird in der zweiten Phase die Frage nach der Rolle und Ausgestaltung der HR-Funktion an sich geklärt. Hier kommt der Aspekt der HR-Transformation – der strategischen, strukturellen aber auch kulturellen Neuausrichtung des Human-Resources-Bereiches – zum Tragen.

2 Vgl. Oertig (2009, S. 70 f.).

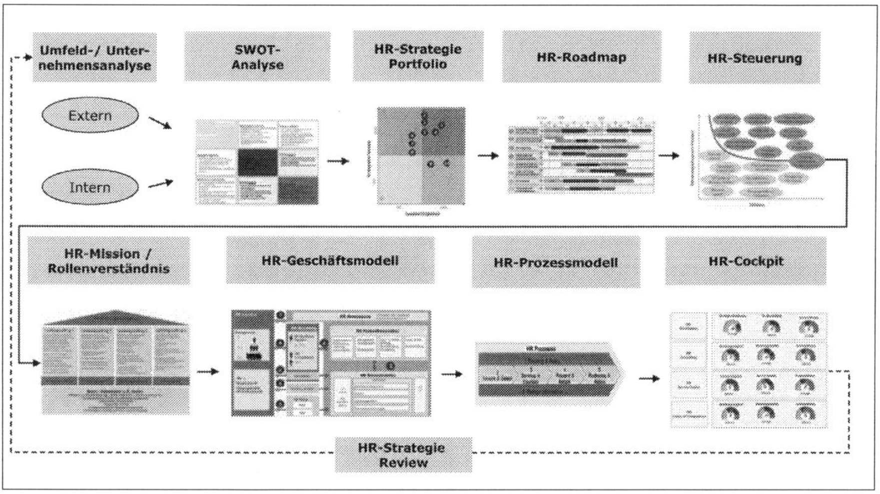

Abb. 53: HR-Strategieprozess: Von den Trends und Business Anforderungen zur HR Roadmap und dem HR-Geschäftsmodell[3]

Im Einzelnen beinhaltet der HR-Strategieprozess folgende Schritte:

- *Umfeld- und Unternehmensanalyse*
  Erarbeitung von internen und externen Einflussfaktoren und Konsequenzen für das Human Resources Management, d.h. Berücksichtigung der Anforderungen aus der Unternehmensstrategie und interner Rahmenbedingungen, z.B. Ressourcenfragen sowie externe Trends und Rahmenbedingungen mit Fokus auf HR, z.B. demografischer Wandel.
- *SWOT-Analyse*
  Umsetzung der internen und externen Einflussfaktoren in Chancen, Risiken, Stärken, Schwächen sowie Erarbeitung von strategischen Optionen, z.B. Nutzen der Stärken, um Gefahren abzuwehren und Chancen zu nutzen.
- *HR-Strategie-Portfolio*
  Priorisierung der strategischen Initiativen anhand der strategischen Relevanz und der operativen Dringlichkeit.
- *HR Roadmap*
  Ableitung einer HR Roadmap mit HR-Projekten und HR-Initiativen, inklusive Verantwortlichkeiten, Zeitplan und Ressourcenabschätzung.
- *HR-Steuerung*
  Erarbeitung der Aufgabenteilung (z.B. zentral, dezentral) und Steuerung der HR-Funktion innerhalb des Konzerns.
- *HR-Mission/-Leistungsauftrag*
  Definition der HR-Mission (ausgehend vom Leistungsauftrag) sowie Festlegung des HR-Rollenverständnisses.

3 Oertig (2009, S. 70).

- *HR-Geschäftsmodell*
  Ausarbeitung des auf die strategische Ausrichtung abgestimmten HR-Organisationsmodells, um eine optimale HR-Leistungserbringung sicherzustellen. Dies beinhaltet u.a. auch die entsprechenden Rollendefinitionen und Kompetenzprofile.
- *HR-Prozessmodell*
  Erarbeitung eines auf das HR-Geschäftsmodell abgestimmten HR-Prozessmodells als Grundlage für die unternehmensweite Prozessharmonisierung. Dabei erfolgt eine Aufteilung der einzelnen Prozessschritte nach zentraler und dezentraler Leistungserbringung.
- *HR Cockpit*
  Aufbau und Implementierung eines HR Cockpit zur Messung der HR-Beratungs- und -Servicequalität, z.B. hinsichtlich Leistungsangebot und -qualität, Kosteneffizienz oder Strategieorientierung.

3.2 HR-Strategie und HR Roadmap

Best-Practice-Unternehmen in HR weisen gemäß einer aktuellen Studie von *Kienbaum* (2009) gegenüber den anderen eine bedeutend stärkere Einbindung des Personalleiters in den Unternehmensstrategieprozess (90% vs. übrige: 42%) auf. Um dies sicherzustellen und zu unterstützen, haben 80% dieser Unternehmen (übrige: 29%) einen jährlichen HR-Strategieprozess implementiert.

3.2.1 Umfeld- und Unternehmensanalyse und Konsequenzen für HR

Bei der Analyse der Trends (vgl. Abbildung 54) – wie auch in den nachfolgenden Schritten – empfiehlt sich der Beizug von ausgewählten Linienmanagern und Fachspezialisten (z.B. Unternehmensentwicklern). Dies ermöglicht eine breitere Perspektive über den HR-Bereich hinaus und gewährleistet von Beginn an die Fokussierung auf businessrelevante Auswirkungen der HR-Trends. Hilfreich kann in der Vorbereitung auch der Beizug von HR-Trendstudien von Hochschulen und Beratungsunternehmen sein.[4]

Mögliche Konsequenzen, die sich aus den analysierten externen Einflussfaktoren für HR ableiten lassen:

Arbeitsmarkt: Demografischer Wandel, Migration, Diversity

- Personalpolitik entsprechend ausformulieren und umsetzen (z.B. Grundsätze zum alternsgerechten Personalmanagement).
- Suchkanäle, Kriterien und Prozesse in der Personalgewinnung anpassen (z.B. Internationalisierung der Rekrutierung).

4 Vgl. bspw. Cranet Studie (2008), BCG/WFPM (2008), Cagemini (2009), Kienbaum (2009).

- Konsequente Nachfolgeplanung durchführen inkl. Talent Management (international, organisationsübergreifend und auf unterschiedlichen Stufen).
- Bogenkarrieren und gestaffelte Pensionierungsmodelle (z.B. mittels Lebensarbeitszeitmodellen) einführen.
- Flexible Arbeitsbedingungen schaffen.
- (Proaktives) Gesundheitsmanagement konsequent umsetzen.
- Diversity Management (u.a. Frauenförderung) umsetzen.

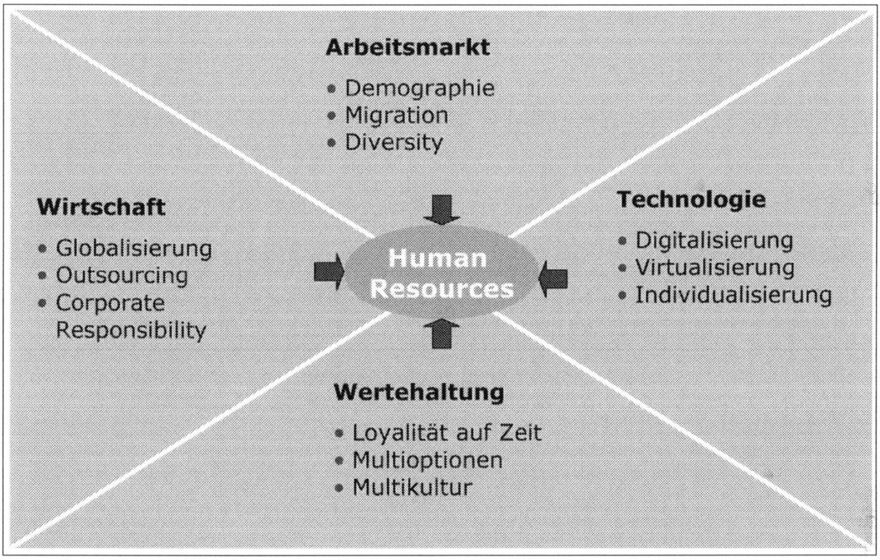

Abb. 54: Beispiel von externen Einflussfaktoren auf HR

Technologie: Digitalisierung, Virtualisierung, Individualisierung

- Neue Technologien im Personalmarketing (z.B. Web 2.0) anwenden.
- Neue Arbeitsformen (Remote Office ort- und zeitunabhängig) schaffen.
- Systematisches Wissensmanagement aufbauen.
- Permanente Entwicklung neuer Fähigkeiten und Berufsbilder entwickeln.
- Wissenstransfer von den »Alten« zu den »Jungen« und umgekehrt ermöglichen.
- Systematisch Wissensmedien und Kommunikationsformen (z.B. e-Learing) einsetzen.
- Veränderungsfähigkeiten sicherstellen.

Wirtschaft: Globalisierung, Outsourcing, Corporate Responsibility

- Think globally, act locally – auch im HR.
- HRM zur internationalen State-of-the-Art entwickeln.
- Interkultureller Kompetenz fördern.
- Internationale Vergleichbarkeit von Qualifizierungslevels sicherstellen.
- Beratungs- und Know-how-intensive HR-Leistungen fokussieren, operative Tätigkeiten in Shared-Service-Centern bündeln bzw. auslagern.
- Corporate-Responsibility-Programme initiieren und Controlling/Reporting gewährleisten.
- Code of Conduct / Ethische Standards einführen und umsetzen.

Wertehaltung: Multioptionen, Multikultur, Loyalität auf Zeit

- Eine Unternehmenskultur, die einem Wertepluralismus entspricht, entwickeln.
- Neue Arbeitsmodelle, die Patchwork-Karrieren ermöglichen, entwickeln.
- Von hierarchischen zu Netzwerk-Organisationen (Projektmanagement, Crossfunctional/Virtual Teams) übergehen.
- Entsprechendes Führungsverständnis entwickeln.
- Freiräume für unternehmerisches Handeln schaffen.

Die Sichtweise der externen Einflussfaktoren und deren Konsequenzen für HR ist durch die interne Analyse zu ergänzen. Idealerweise können dafür bestehende Dokumente aus dem Unternehmensstrategieprozess – bei denen der HR-Leiter schon mitgewirkt hat – beigezogen werden. Unter Umständen ist aber auch eine zusätzliche Analyse von strategischen, strukturellen und kulturellen Herausforderungen über die nächsten Jahre – mit besonderer Berücksichtigung der Auswirkungen auf HR – vorzunehmen. Eine bewährte Möglichkeit bietet etwa die Aufnahme eines Strategie-Struktur-Kultur-Profils anhand verschiedener (je nach Unternehmen zu ergänzender) Dimensionen.[5] In der nachfolgenden Abbildung 55 findet sich ein Beispiel eines mittelständischen Unternehmens aus der Technologiebranche, das in den letzten Jahren rasant gewachsen ist und Aspekte der Mitarbeiterorientierung, internen Zusammenarbeit und Kulturgestaltung vernachlässigt hat.

5 Ausführlicher – aber in der Anwendung auch komplexer – zu den einzelnen Dimensionen von Strategie, Struktur und Kultur ist das St. Galler Management Konzept nach Bleicher (2004).

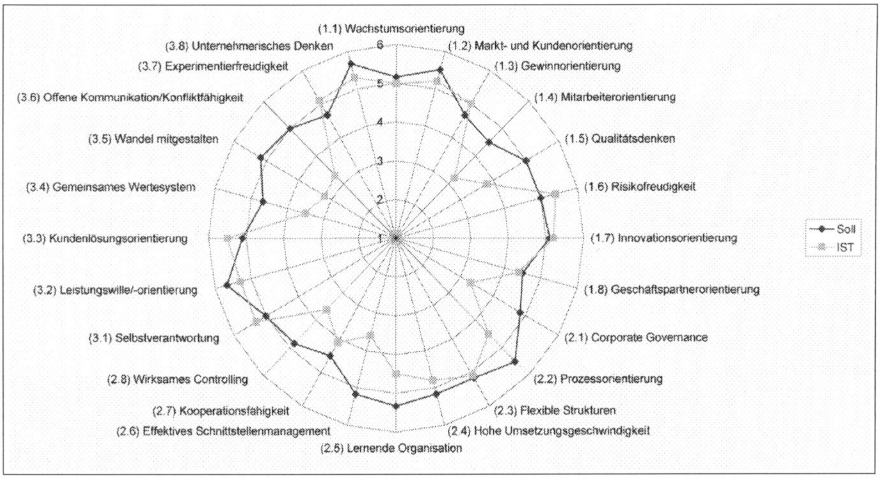

Abb. 55: Beispiel einer Unternehmensanalyse nach den Dimensionen Strategie–Struktur–Kultur (vgl. Hilb 2009b)

3.2.2 Ableitung von Stärken/Schwächen und Chancen/Gefahren bezogen auf HR (SWOT-Analyse)

In der SWOT-Analyse[6] (Abbildung 56) werden die innerbetrieblichen Stärken und Schwächen (Strength-Weakness) den externe Chancen und Gefahren (Opportunities-Threats) gegenübergestellt. Aus der Kombination der Stärken/Schwächen-Analyse und der Chancen/Gefahren-Analyse werden strategische Optionen erarbeitet.

- *S-O-Strategien:*
  Wie können wir unsere Stärken nutzen, um mögliche Chancen zu realisieren?
- *S-T-Strategien:*
  Wie können vorhandene Stärken eingesetzt werden, um den Eintritt möglicher Gefahren abzuwenden?
- *W-O-Strategien:*
  Wie können Schwächen eliminiert werden, um mögliche Chancen zu realisieren?
- *W-T-Strategien:*
  Welche Möglichkeiten bestehen, um vorhandene Schwächen nicht zur Bedrohung werden zu lassen?

6 Die Ursprünge der SWOT-Analyse gehen auf ein Forschungsteam des Standford Research Institute zwischen 1960-1970 zurück. Im Auftrag der Fortune 500 Unternehmen wurde der Frage nachgegangen, warum die Unternehmensplanung bisher wenig wirkungsvoll war.

Externe Analyse (mit Impact auf HR) / Interne Analyse (mit Fokus HR)	Opportunities (Chancen) - Aktuelle Lage auf dem Arbeitsmarkt - Trend zu neuen HR-Geschäftsmodellen - E-HR-Entwicklung	Threats (Gefahren) - Verknappung Fach- und Führungskräfte - Demografische Entwicklung - Finanzkrise (Auswirkung auf Pensionskasse) - Einfluss von Gewerkschaften
Strengths (Stärken) - Effiziente HR-Administration - Hohes Fach-Know-How in operativen HR-Themen - gutes Angebot in Aus- und Weiterbildung - Kompetenzen in Personalentwicklung	*S-O-Strategien*: - Ausbau Personalmarketing und Stärkung Arbeitgeberimage - Operational Excellence	*S-T-Strategien*: - Aufbau Talent Management/ Nachwuchsplanung
Weaknesses (Schwächen) - Fehlende Einbezug in strategische HR-Themen und Change-Projekten - Mangelhafte Leistungsbeurteilung - Schwaches HR Controlling	*W-O-Strategien*: - HR-Strategie und Roadmap - HR-Transformation (Aufbau HR Business Partner Modell)	*W-T-Strategien*: - Aufbau HR-Controlling und Risk Management - Performance Management (BSC-Koppelung)

Abb. 56: Praxisbeispiel einer HR-SWOT-Analyse[7]

In der Durchführung der HR-SWOT-Analyse soll bewusst ein Fokus bezüglich HR-relevanter Stärken/Schwächen bzw. Chancen/Gefahren gelegt werden. Dies erlaubt eine Eingrenzung der Themen und die Ableitung von strategischen HR-Initiativen.

3.2.3 Priorisierung im HR-Strategie-Portfolio und Planung in der HR Roadmap

Durch die Prüfung der einzelnen HR-Initiativen auf ihre strategische Bedeutung und operative Dringlichkeit werden die Themen nach Wichtigkeit priorisiert (Abbildung 57). HR-Initiativen mit Priorität A gilt es besonders im Auge zu behalten und bei der Ressourcensteuerung entsprechend zu berücksichtigen. HR-Initiativen im Feld B können längerfristig geplant werden. HR-Initiativen im Feld C können zeitlich kritisch sein und müssen deshalb rasch angegangen werden. Je nach Thema und Ressourcensituation eignen sich diese auch für ein Outsourcing.

Im nächsten Schritt werden die priorisierten HR-Initiativen in einer HR Roadmap zeitlich geplant (Abbildung 58). In der Regel werden hier Projektphasen nach Grobkonzept, Detailkonzept und Implementierung unterschieden. Die HR Roadmap ist das Steuerungsinstrument für die Umsetzung der HR-Initiativen.

7 Illustration eines Praxisbeispiels von der HR-SWOT zur HR Roadmap nach Avenir Consulting.

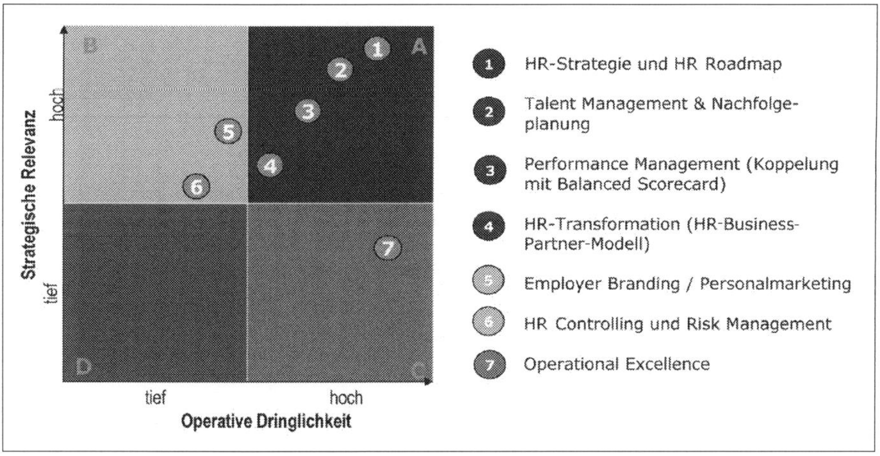

Abb. 57: Praxisbeispiel zum HR-Strategie-Portfolio

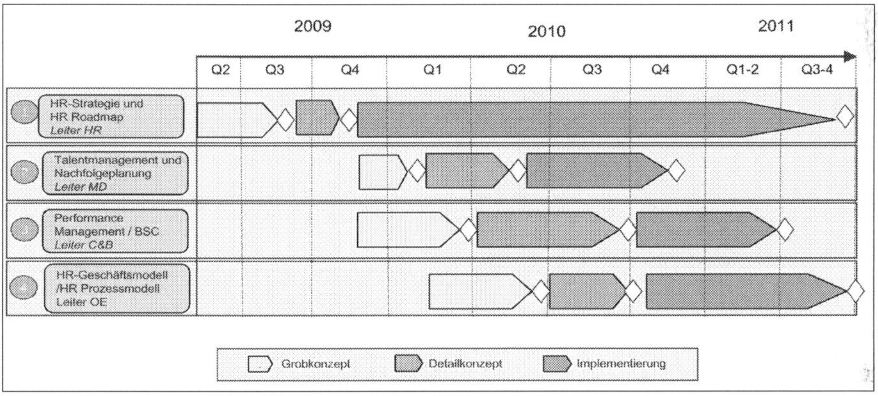

Abb.58: Praxisbeispiel zur HR Roadmap

Zur praxisnahen Illustration wird die Erarbeitung der HR-Strategie und des HR-Geschäftsmodells der Schweizerischen Bundesbahnen SBB dargestellt.

SBB CFF FFS

Strategische Neuausrichtung des HR Management bei der SBB: Von der HR-Strategie zum HR-Geschäftsmodell

Markus Jordi, Leiter Human Resources, Mitglied der Konzernleitung

Unternehmen

Die Schweizerischen Bundesbahnen SBB sind das größte Reise- und Transportunternehmen der Schweiz. Über 322 Millionen Fahrgäste und knapp 54 Millionen Nettotonnen Güter sind jedes Jahr mit der SBB unterwegs. Mit rund 28.000 Mitarbeitenden erwirtschaftet die SBB einen Umsatz von knapp 8 Mrd. Schweizer Franken.

Ausgangslage

Basierend auf den strategischen Zielen der SBB hat das HR der SBB seiner Arbeit erstmals eine HR-Strategie zu Grunde gelegt. Die HR-Strategie wurde für die nächsten fünf Jahre definiert und soll die HR-Arbeit auf gemeinsame Ziele und strategische Stoßrichtungen fokussieren.

Wie die Kernbereiche der SBB wird auch HR künftig seine Tätigkeit konsequent an den SBB-Zielen ausrichten:

- Effizienz steigern,
- Exzellenz fördern,
- Geschäfte entwickeln.

Umsetzung

Auf der Basis der anstehenden Herausforderungen und den normativen Grundlagen (HR-Vision, HR-Werte und Rollenverständnis HR) wurden sieben strategische Stoßrichtungen formuliert.

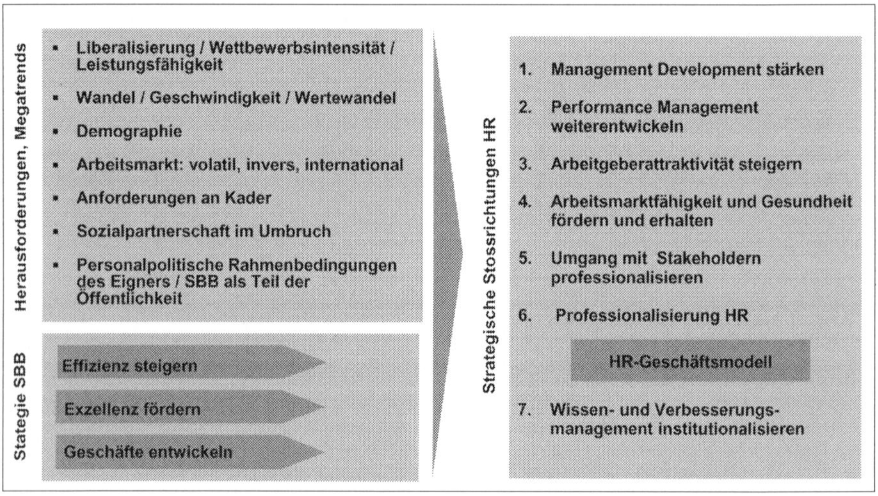

Abb. 59: Strategische Stoßrichtungen HR der SBB

Das neue HR-Geschäftsmodell ist nicht nur ein wichtiger Bestandteil der HR-Strategie, sondern auch eine Bedingung, um die HR-Strategie überhaupt erfolgreich umzusetzen. Dank der klaren Rollenteilung der Akteure werden wir mit dem neuen Modell exzellenter, kompetenter und effizienter. Neben den heute bereits bestehenden Service Centers, die als Profitcenters Aufgaben für interne und externe Kunden erfüllen, z.B. Diagnostik oder das Centre Löwenberg (Ausbildungs-Center) wurden im neuen Modell drei Rollen definiert:

- liniennahe Beratungseinheiten (HR-Beratende und Business-Partner/innen),
- gebündelte Spezialistenfunktionen (Kompetenzcenters) und
- Shared Services (Shared Service Center).

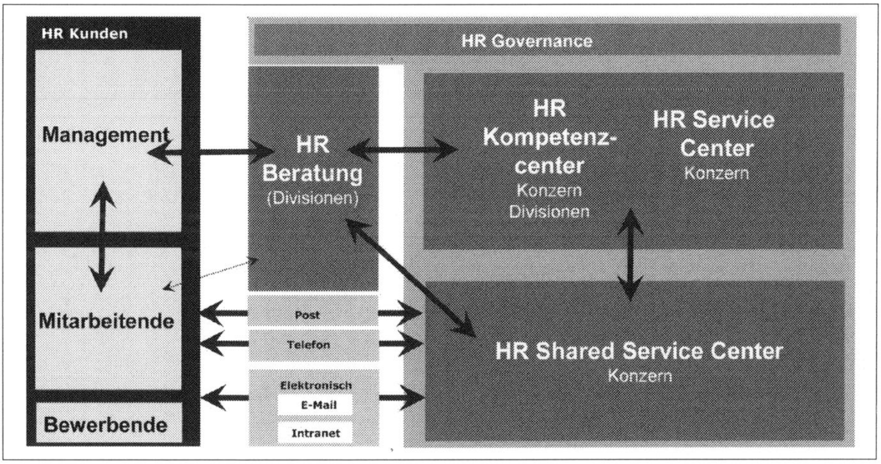

Abb. 60: Das neue HR-Geschäftsmodell SBB

Während ein Großteil der Kompetenzcenter zentralisiert wurden, verbleiben die HR-Beratenden in den Bereichsorganisationen, um so die Nähe zum Geschäft sicherzustellen. Das Shared Service Center wurde von ehemals 13 Einheiten an acht Standorten auf eine einzige Führungseinheit an zwei Standorten zusammengezogen. Das Shared Service Center mit aktuell rund 125 FTEs trägt einen wesentlichen Teil zur Effizienzsteigerung bei, indem die administrativen, transaktionalen Prozesse vereinheitlicht werden und Skaleneffekte erzielt werden können. Des Weiteren werden die Prozesse schneller und besser, da die Automatisierung – wo sinnvoll und möglich – erhöht wird. Die HR-Beratenden und Business-Partner/innen wurden auf Grund der Kundensegmentierung in vier Ebenen eingeteilt, und sowohl die Rollen als auch die Aufgaben und Anforderungen wurden ebenfalls entsprechend definiert. In einem mittelfristig angelegten Entwicklungsprogramm werden die Betroffenen nun persönlich, fachlich und methodisch entwickelt, damit sie ihre neue Rolle erfolgreich wahrnehmen können.

Die Zusammenarbeit der verschiedenen Akteure – insbesondere zwischen Konzern und dezentralen Bereichen – wird in einer HR-eigenen Geschäfts- und Zuständigkeitsordnung (HR Governance) festgehalten. Der Leiter HR ist auch fachlicher Vorgesetzter für den gesamten HR-Bereich der SBB und trägt in dieser Rolle konzernweit die Prozess- und Architekturverantwortung für den HR-Bereich und definiert die Standards und personalpolitischen Grundsätze im Konzern.

Strategische HR-Entscheide werden – soweit sie nicht in der Konzernleitung genehmigt werden müssen – im sogenannten HR Board gefällt. Die Konzernleitung hat das HR Board mit den entsprechenden Kompetenzen ausgestattet. Teilnehmende im HR Board sind sowohl die Leitenden HR der Divisionen als auch die Leitenden des Kompetenzcenters sowie der Leiter des Shared Service Centers.

Linienkräfte und Vertretende der Personalkommission wurden über verschiedene Wege ins Projekt eingebunden, um auch die Bedürfnisse der Kunden in die Umsetzung einfließen zu lassen. So wurde während der gesamten Projektdauer ein Sounding Board mit Linien- und Personalkommissions-Vertretenden geführt. Die obersten Kader der SBB hatten anlässlich eines Kaderanlasses die Gelegenheit, Inputs zur Ausgestaltung der HR-Beratung abzugeben und bezüglich der künftigen Qualifikation der HR-Beratenden wurden diverse Interviews mit Linienkräften geführt.

Wichtigste Lessons learned

Wesentliche Erkenntnisse aus der Umsetzung der HR-Strategie und der Implementierung des neuen HR-Geschäftsmodells sind in den folgenden Statements zusammengefasst:

- Der Fokus auf die Kunden darf während der Umsetzungsphase nicht verloren gehen. Das HR bewegt sich auf einem schmalen Grat zwischen konsequenter Umsetzung des eigenen Modells und dem Fokus auf die Anliegen des Kunden, dessen Geschäft während der HR-Transformation nicht stehen bleibt.
- Die fundierte Ressourcendiskussion ist äußerst wichtig. Die betroffenen HR-Leitenden müssen die Ressourcierung verstehen und mittragen.
- Die Erarbeitung eines Business Case für das neue HR-Geschäftsmodell gab nicht nur einen Rahmen für das HR. Der Business Case konnte auch der Konzernleitung ein transparentes Bild über die Ziele und den Nutzen der Veränderung im HR vermitteln.
- Für viele Betroffene ist der Change-Prozess mit der Stellenbesetzung abgeschlossen. Die Verantwortlichen müssen unbedingt bis zur definitiven Umsetzung den Handlungsdruck für die Veränderung aufrechterhalten. Andernfalls läuft das Projekt Gefahr, vor dem effektiven Abschluss zu versanden.
- Der Upskilling-Prozess muss konsequent verfolgt werden. Dies gilt einerseits bei der Besetzung der Funktionen im neuen HR-Geschäftsmodell. Andererseits benötigen auch die Mitarbeitenden eine angemessene Entwicklung und Vorbereitung auf die neuen Aufgaben. Nur so können die Kunden von HR von effizienten und kompetenten Leistungen profitieren.

Je näher der Umsetzungszeitpunkt rückt, desto stärker müssen die Anliegen der Linienkräfte – unserer Kunden – berücksichtigt werden. Für die Linie müssen die Veränderungen transparent gemacht und der Mehrwert klar aufgezeigt werden.

Die Definition der neuen Organisation vor der detaillierten Überarbeitung der HR-Prozesse erleichtert einerseits die Diskussion um die Ressourcierung, erschwert andererseits aber die nachträgliche Zuteilung von neuen Aufgaben auf die bestehenden Bereiche.

3.3 HR-Geschäftsmodell und Führung der HR-Funktion

»Structure follows Strategy« dieser Grundsatz von Alfred Chandler muss auch für die Entwicklung der HR-Strukturen gelten. Im Sinne einer erweiterten Sichtweise wird ein HR-Geschäftsmodell skizziert, das sowohl dem Anspruch an die Wertschöpfung von HR als auch an die Kostenoptimierung erfüllt. Dies stellt für HR – insbesondere in der Transformationsphase – ein schwieriger Balanceakt dar. Umso wichtiger ist das klare Commitment der Geschäftsleitung für die strategische Neuausrichtung. Die wirksame Führung der HR-Funktion erfordert neben einer konsequenten Ausrichtung an den Geschäftszielen eine Klärung von Rollen und Kompetenzen bezüglich zentraler und dezentraler HR-Arbeit.

3.3.1 Verändertes HR-Rollenverständnis

Erhöhte strategische Anforderungen an HR und das veränderte Rollenverständnis wirken sich auch auf die organisatorische Gestaltung des Personalbereiches aus. Die Steigerung von Effektivität und Effizienz der Personalarbeit erfordert eine nachhaltige Verlagerung von mehrheitlich administrativen Tätigkeiten zu mehr wertschöpfenden, strategisch ausgerichteten HR-Aktivitäten (Abbildung 61).

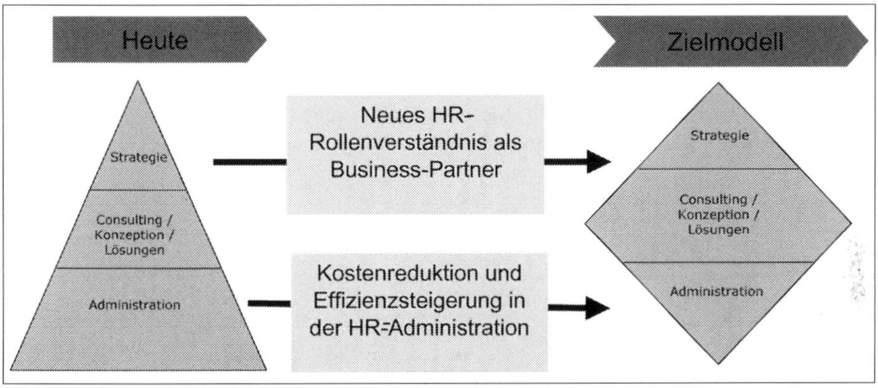

Abb. 61: Von der Administration zum Business Partner

Einerseits müssen substanzielle Effizienzsteigerungen und Kostenreduktionen durch Prozessautomatisierung und -standardisierung sowie der Zusammenfassungen von administrativen Tätigkeiten über z.B. Pooling bis hin zu Shared Service Center (je nach Größe des Unternehmens) realisiert werden. Andererseits wird vom HR Management ein verstärkter Beitrag in der Entwicklung und insbesondere in der Umsetzung der Unternehmensstrategie erwartet. Beispielsweise bei der – quantitativen und qualitativen – Personalplanung im Rahmen einer veränderten Geschäftsstrategie oder der Ausgestaltung von Kompetenzmodellen, die zur Umsetzung der Unternehmensstrategie notwendigen Fähigkeiten über die nächsten Jahre sicherstellen. Daneben ist HR vor allem im Change Management stark gefordert. Großflächige Veränderungsprojekte wie beispielsweise Firmenzusammenschlüsse oder Restrukturierungen mit größerem Personalabbau bedingen ein professionelles Change Management. Die Entsprechung dieser Anforderungen ist zumeist mit einem fundamentalen Wechsel im Rollenverständnis des HR Management verbunden.

In Theorie und Praxis werden in Anlehnung an *Dave Ulrich*[8] die Rollen von HR häufig in vier Hauptrollen unterteilt:

- HR unterstützt als Strategischer Partner die erfolgreiche Umsetzung der Geschäftsstrategie (mit Fokus auf Organisationsentwicklung und Human Resources Management).

8 Ulrich (1997, S. 24 f.)

- HR unterstützt als Change Agent die Neuausrichtungs- und Veränderungsaktivitäten von Individuen, Teams und Organisationen.
- HR unterstützt als Performance Coach die Leistungserbringung auf individueller und Teamebene.
- HR unterstützt als Administrativer Experte den Einsatz von effektiven und effizienten HR-Prozessen und -Kennzahlen.

Viele Unternehmen haben in der Umsetzung dieses HR-Rollenverständnisses bereits wesentliche Fortschritte erzielt. Insgesamt zeigen sich aus unserer Erfahrung aber gerade in den Rollen als strategischer Partner und Change Agent deutliche Kompetenzlücken. Wird die Einschätzung des Linienmanagements eingeholt (was leider noch viel zu selten vorkommt), zeigt sich bei vielen Unternehmen noch die in Abbildung 62 dargestellte Situation.

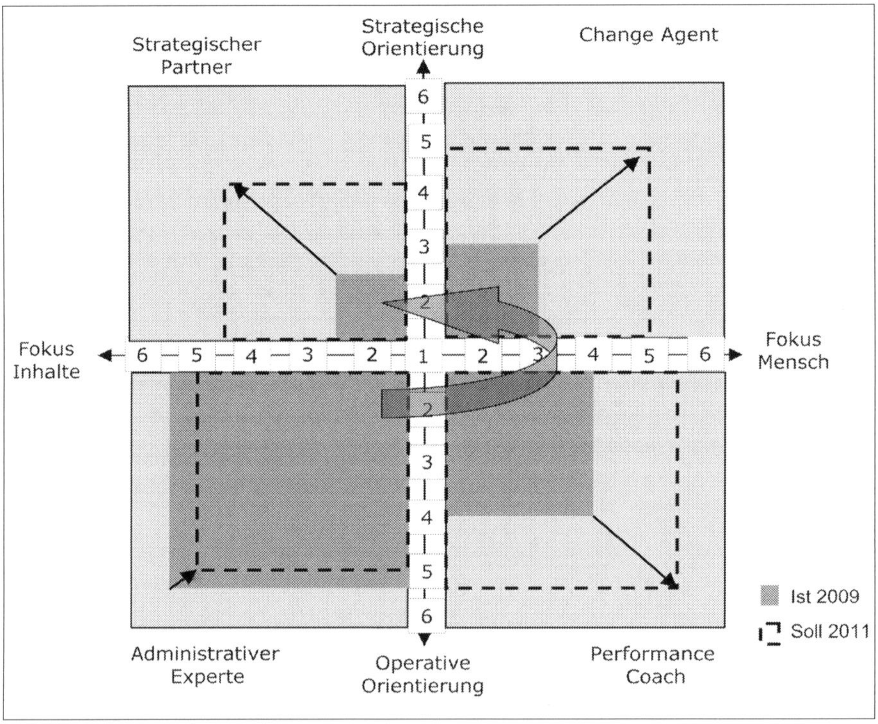

Abb. 62: Praxisbeispiel zur Einschätzung der HR-Rollen durch das Linienmanagement

- Gefordert ist zumeist eine deutliche Stärkung der Rolle als Strategischer Partner. Der HR-Business-Partner muss sich als strategischer Partner der Linie erst noch etablieren. Hier gilt es die strategische (Methoden-)Kompetenz und das Geschäftsverständnis weiter auszubauen, um als Sparring-Partner ernst genommen zu werden. Vielfach muss auch die Rollenanforderung in der Linie noch besser geklärt werden. Hier ist eine glaubwürdige top-down-Unterstützung der Geschäftsleitung sehr wichtig.

- In Zeiten von starken Veränderungsprozessen und Restrukturierungen kommt der Rolle des Change Agent eine immer stärke Bedeutung zu. In der Regel ist HR in Bezug auf die individuelle Begleitung von Mitarbeitenden recht gut vorbereitet, hingegen sind die Unterstützung von großflächigen Veränderungsprozessen und die Führung von komplexen Change-Projekten nur in wenigen Fällen genügend abgedeckt.
- Bereits gut ausgeprägt ist in der Regel die Rolle als Performance Coach, das heißt die Unterstützung der Führungskräfte in der Umsetzung der operativen HR-Prozesse von der Gewinnung, Beurteilung, Entwicklung, Honorierung bis zur Trennung. Handlungsbedarf kann hier in der Integration von Einzelmaßnahmen liegen.
- Die Rolle des Administrativen Experten ist zumeist sehr gut ausgeprägt. In einigen Fällen liegt der Fokus sogar zu stark auf diesem Bereich. Die operative Effizienz kann hingegen durch weitere IT-Unterstützung, Prozessoptimierung und gezielte Outsourcing-Überlegungen weiter erhöht werden.

Testen Sie sich selbst in der Rolle als strategischer HR-Partner. Könnten Sie die nachfolgend aufgelisteten Fragen zu Ihrem Unternehmen beantworten?

Fragen an den strategischen HR-Partner

- *Investoren/Finanzen*
  Welches sind die wichtigsten Investoren Ihres Unternehmens? Welches sind die wichtigsten finanziellen Kenngrößen Ihres Unternehmens (EBIT, ROI etc.)? Wie hoch waren die Ergebnisse in der letzten Periode? Wie viel hat Ihr Unternehmen im letzten Jahr an Wert (nach Abzug der Kapitalkosten) geschaffen (Economic Value Added)?
- *Kunden/Produkte*
  Welches sind die wichtigsten Kunden Ihres Unternehmens? Wieviel Umsatz genieren diese mit welchen Produkten auf welchen Märkten?
- *Mitarbeitende*
  Welches sind in Ihrem Unternehmen die erfolgskritischen Mitarbeitergruppen? Wie hoch ist deren vermeidbare Fluktuation? Welche Kosten verursacht dies (Wiederbeschaffung/Verlust von Geschäftsmöglichkeiten)?
- *Interne Prozesse*
  Welche Geschäftsprozesse sind für Ihr Unternehmen erfolgskritisch?
- *Mitbewerber*
  Welches sind Ihre jetzigen und möglichen zukünftigen wichtigsten Mitbewerber (auf Absatzmarkt, Beschaffungsmarkt, Arbeitsmarkt etc.)?

Das skizzierte Rollenverständnis des HR-Business-Partners sowie das professionelle Kundenmanagement erfordern hohe persönliche, fachliche und methodische Kompetenzen. In der folgenden Abbildung 63 ist ein Kompetenzprofil dargestellt, das die Werthaltung mit Mut, Integrität und Verantwortungsbewusstsein als Basis legt.[9] Der HR-Business-Partner muss in der Rolle als Sparring-Partner gegenüber dem Linienmanager Zivilcourage und Mut aufbringen, Aufträge kritisch zu hinterfragen und proaktiv eigene Ideen einzubringen. Die Kompetenzen in den Bereichen Beratung, Coaching, Change Management, Projektmanagement sowie die Businessorientierung befähigen den HR-Business-Partner zur Begleitung von strategisch verankerten Veränderungsprozessen. Die Skills im Sinne der HR-Fachkompetenzen in den Bereichen HR-Strategie und -Politik, HR-Prozessen, HR-Systemen und HR Controlling erlauben die spezifischen HR-Anforderungen mit hoher Glaubwürdigkeit abzudecken. Überzeugt ein HR-Business-Partner mit der persönlichen, fachlichen und methodischen Kompetenz wird er Akzeptanz und Vertrauen gewinnen und dadurch auch Macht und Einfluss haben. Die Wertschätzung und Anerkennung als Business-Partner ergeben sich letztlich aber aus dem konkreten Wertbeitrag und der Wirkung von HR auf die Geschäftsergebnisse.

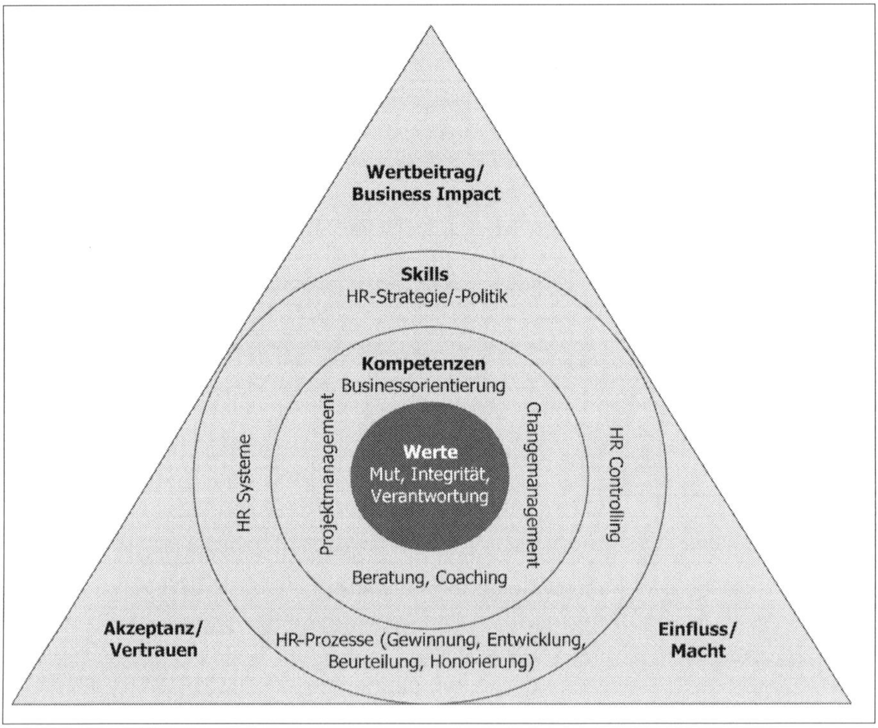

Abb. 63: Kompetenzprofil des HR-Business-Partners

9 Vgl. Oertig (2009, S. 75 f.).

3.3.2 Integriertes HR-Geschäftsmodell zur Umsetzung der HR-Strategie

In einem integrierten HR-Geschäftsmodell[10] werden sowohl die automatisierten »Massenprozesse« wie die individualisierten, persönlichen Beratungskontakte in ihrer Gesamtheit erfasst und die Schnittstellen verlässlich geregelt. Ausgangspunkt muss dabei die strategische Orientierung und der Kundenfokus sein. Unter diesem Primat wird eine kostenoptimierte Standardisierung gesucht – diese kann je nach Unternehmensanforderung – auch unterschiedlich ausgestaltet werden.

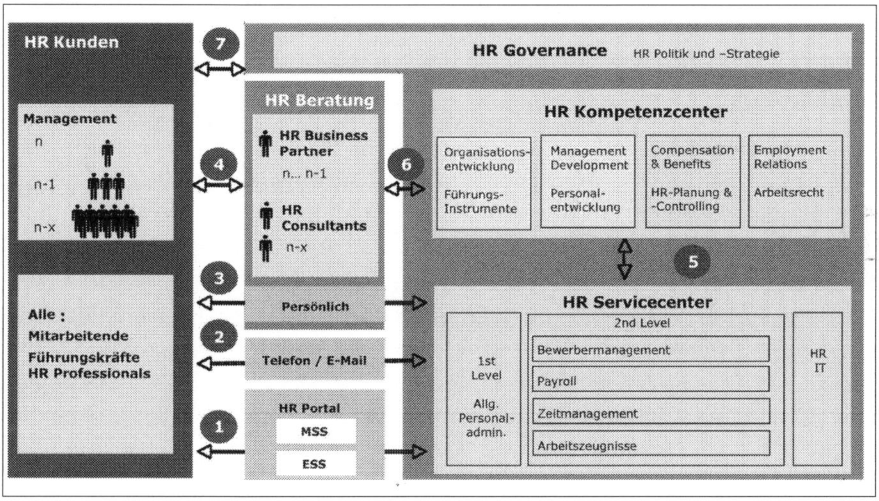

Abb. 64: Integriertes HR-Geschäftsmodell (nach Oertig)

HR-Servicecenter

Das HR-Servicecenter (oder HR Shared Service Center) fasst die operativen, stark standardisierten HR-Prozesse und -Transaktionen zusammen. Dazu gehören insbesondere die Personaladministration mit den Mutationen sämtlicher Personaldaten, die Lohnverarbeitung, die standardisierten Rekrutierungsprozesse, die Erfassung von Beurteilungen oder Mitarbeiterumfragen. Im Vordergrund stehen Kosteneinsparungen über die Realisierung von Skaleneffekten und Prozessstandardisierung bei klar definierten Qualitätsstandards, die in der Regel über Service Level Agreements vereinbart werden.

Zur effizienten Organisation des HR Shared Services ist die Unterscheidung der interaktiven Zugangskanäle von hoher Bedeutung. Die Schnittstellen 1–3 im HR-Geschäftsmodell sind nach Service-Levels auszudifferenzieren:

10 Vgl. ausführlich dazu Oertig (2007). Hier finden sich auch verschiedene Umsetzungsbeispiele und Lernerfahrungen großer Konzerne der Schweiz und Deutschlands.

- Service-Level O: Self-Service über e-HR
- Service-Level 1: Beratung durch Service Agents des Contact Centers (1st Level)
- Service-Level 2: Bearbeitung und Beratung durch HR-Spezialisten (2nd Level)
- Service-Level 3: Bearbeitung und Beratung durch Spezialisten des Expertise Centers

Für administrative HR-Anfragen gilt diese Zugangslogik ebenso wie für die Führungskräfte und HR Professionals.

HR-Beratung

In der HR-Beratung sind die HR-Business-Partner und HR Consultants der Linie zusammengefasst. Diese sind auf die Bedürfnisse und die Strukturierung der Geschäftsbereiche ausgerichtet und in deren Managementteams integriert. Während die HR-Business-Partner in der Regel auf der obersten Ebene einem Geschäftsbereich direkt zugeteilt sind, können die HR Consultants bei größeren Unternehmen für die Betreuung der stärker operativen HR-Prozesse auch geografisch organisiert werden. Grundsätzlich können die HR-Business-Partner direkt der Linie unterstellt oder als »Berater-Gruppe« innerhalb des HR-Bereichs disziplinarisch verankert werden. Im hier vorgestellten Modell wird die Verankerung im HR-Bereich aus Gründen der erhöhten Unabhängigkeit, aber auch um die Anwendung einheitlicher Beratungsmethoden und die gemeinsame Kompetenzentwicklung sicherzustellen, vorgezogen.

Die HR-Beratung stellt das wichtigste Bindeglied zum Linienmanagement dar (Schnittstelle 4). Der Fokus der HR-Business-Partner liegt auf den strategischen HR-Aufgaben, dem Talent Management und der professionellen Begleitung der Veränderungsprozesse. Die Linie agiert als Auftraggeber. Ein klares Contracting mit Jahres- und Projektzielen sowie deren Messung sind wichtige Instrumente der Zusammenarbeit zwischen dem Linienmanager und seinem HR-Business-Partner. Die Erfüllung der Jahresvereinbarung und der Contracts sollte in der Zielvereinbarung des HR-Business-Partner von der Linie beurteilt werden und maßgeblich im Leistungslohn Einfluss finden. Ein Beispiel einer Rollenbeschreibung für den HR-Business-Partner findet sich im Anhang.

Eine weitere wesentliche Schnittstelle bildet die Zusammenarbeit der HR-Business-Partner mit den Experten der Kompetenzzentren (Schnittstelle 6). Die HR-Business-Partner »übersetzen« die Anforderungen der Linie und binden die Ressourcen und das spezialisierte Know-how der Kompetenzzentren in ihren Projekten ein. Dabei wird auf Basis eines Auftrages und mit entsprechender Leistungsverrechnung gearbeitet.

In ähnlicher Weise können die stärker operativ ausgerichteten Tätigkeiten der HR-Beratung auf mittlerer und unterer Führungsstufe durch HR Consultants übernommen werden. Diese unterstützen die Führungskräfte dieser Stufe über alle HR-Prozess von der Gewinnung, Beurteilung, Entwicklung, Honorierung bis zur Trennung. Wesentlicher Treiber für die Organisation innerhalb der HR-Beratung wird die Größe eines Unternehmens sein.

HR-Kompetenzzentrum

Im HR-Kompetenzzentrum (oder HR Center of Expertise) wird das spezialisierte HR-Fach- und -Methoden-Know-how zusammengefasst. Darunter fallen beispielsweise Personal- und Managemententwicklung, Organisationsberatung und -entwicklung, Vergütungssysteme und Performance Management, Umfragen und deren statistische Auswertung und Interpretation sowie Arbeitsrecht und Fragen der Sozialpartnerschaft. Geleitet wird die Bildung der Kompetenzzentren vom Hintergrund der Synergienutzung und der Professionalität. Die HR-Experten beraten einerseits die HR-Business-Partner bzw. sind in deren Linienprojekte integriert und anderseits können sie im HR-Serviceprozess bei komplexen Fragen auf Level 3 des HR-Servicecenter einbezogen werden (Schnittstelle 5).

HR Governance (hier im Sinne der Steuerung der HR-Funktion auf den verschiedenen Stufen bzw. in den verschiedenen Ländern eines Konzerns)

Der HR Governance (Schnittstelle 7) kommt die politische und strategische Führung und Steuerung der HR-Funktion zu. Diese kann in größeren Unternehmen einerseits über ein HR Committee (Personalausschuss) auf Board-Ebene und andererseits über einen HR-Fachausschuss (HR Council) wahrgenommen werden. Darin sind Angebots- und Nachfragesteuerung abzustimmen, größere Investitionsentscheide und strategische HR-Projekte zu bewilligen sowie die HR-Sourcingpolitik und -Strategie zu verabschieden.

3.3.3 Steuerung der HR-Funktion innerhalb des Konzerns[11]

Zur Klärung der Frage, welche HR-Themen stärker zentral, das heißt von Corporate HR, und welche eher dezentral über das HR der einzelnen Bereiche (Divisionen/Business Units/Niederlassungen) verantwortet werden sollten, ist eine konstruktive Auseinandersetzung über Steuerungsnotwendigkeit und Effizienzfragen zu führen.[12] Als Orientierung in diesem anspruchsvollen Prozess der Verantwortungsklärung dient die Vorgabe der Corporate Governance.

11 Die Steuerung der HR-Funktion innerhalb eines Konzerns wird auch als funktionale HR Governance bezeichnet (vgl. bspw. Mercer 2003). Im Sinne des ganzheitlichen Veständnisses wenden wir den Begriff HR Governance umfassender für die Gesamtheit der HR-Steuerungs- und Führungsfunktionen auf Board- und GL-Ebene an.

12 Vgl. Oertig (2008, S. 155 f.).

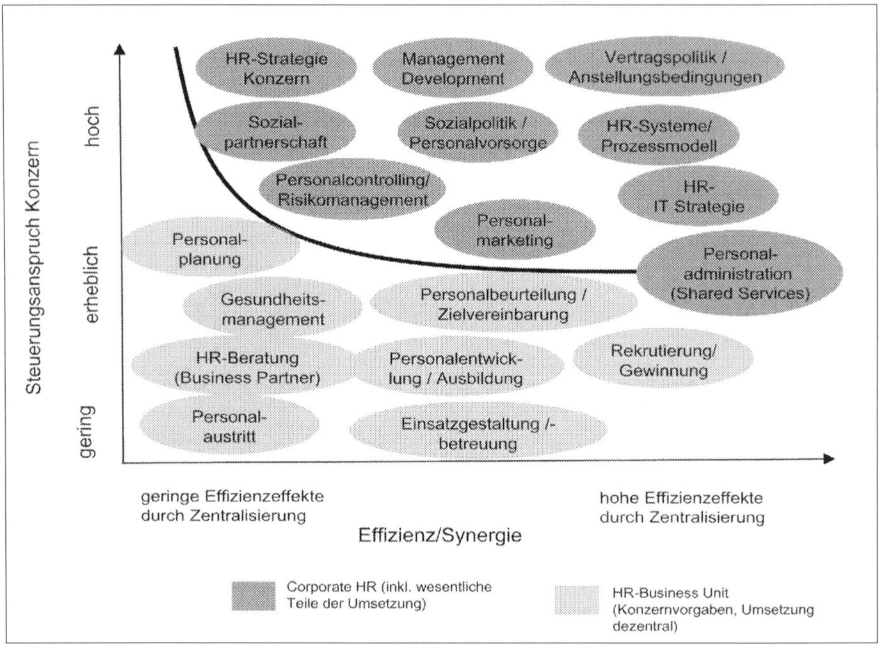

Abb. 65: Praxisbeispiel zur Steuerung der HR-Themen innerhalb eines Konzerns[13]

Ob ein HR-Thema zentral oder dezentral gesteuert wird, hängt einerseits vom politischen oder strategischen Steuerungsanspruch der Geschäftsleitung ab, andererseits kann es aber auch bei HR-Themen, die strategisch weniger relevant sind, z.B. aus Effizienzgründen, sinnvoll sein, eine Zentralisierung vorzunehmen. Der Zentralisierungsgrad kann dabei nach verschiedenen Dimensionen differenziert werden (vgl. Abb. 66): Entwicklung von Politik bzw. Strategie (1), davon abgeleiteten Rahmenbedingungen und Vorgaben (2), Expertenberatung (3), Entwicklung von Systemen und Instrumenten (4), Umsetzung (5) und Controlling (6). Am Beispiel des Management Development bzw. der Personalentwicklung soll die unterschiedliche Ausprägung der Dimensionen kurz aufgezeigt werden (vgl. Abbildung 66). Während beim Management Development ein hoher Steuerungsanspruch der Geschäftsleitung besteht und damit auch die meisten Dimensionen des Prozesses durch Corporate HR gesteuert werden, ist die Personalentwicklung – unter Berücksichtigung der übergeordneten strategischen Vorgaben – stärker dezentralisiert. Allenfalls stellt ein PE-Kompetenzzentrum auf Konzernstufe eine Expertenberatung sowie gewisse PE-Systeme und Instrumente zur Verfügung

In vielen Fällen empfiehlt sich eine detaillierte Klärung der HR-Zuständigkeiten und Verantwortlichkeiten der verschiedenen Führungsinstanzen in einer HR-Kompetenzordnung (vgl. Anhang 2, Nr. 2). Dabei werden für die wichtigsten

13 Oertig (2008, S. 156).

HR-Führungs- und Kernprozesse die Kompetenzen (Planung, Mitsprache, Entscheid, Information) genau festgelegt. In der Umsetzung zeigt sich aber, dass die Qualität der Zusammenarbeit weniger von der formalen Governance abhängt als vielmehr vom Willen und der Kultur der gemeinsamen Zusammenarbeit.

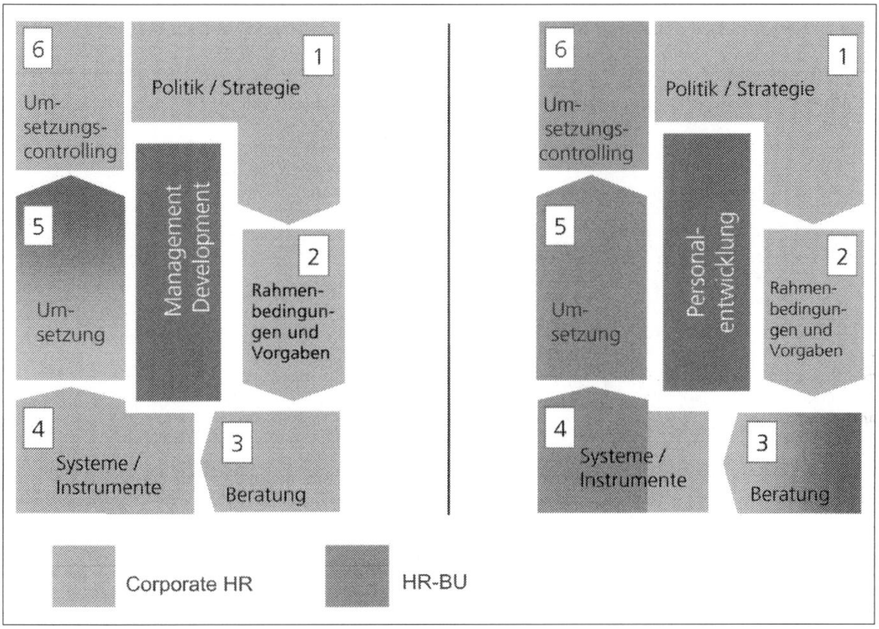

Abb. 66: Beispiel zur Differenzierung der HR-Steuerung (funktionale HR Governance)

Um den Stand der Umsetzung der HR-Steuerung bzw. funktionalen HR Governance innerhalb des Unternehmens genauer aufzuzeigen, werden im Folgenden einige Resultate einer aktuellen Umfrage aufgezeigt:[14]

Bei der Hälfte der untersuchten Unternehmen ist HR direkt in die oberste Führung eingebunden. Von denjenigen, die nicht im obersten Gremium direkt eingebunden sind, sind 50% Mitglied einer erweiterten Geschäftsleitung und 77,5% rapportieren direkt dem CEO. Auch wenn bezüglich der erhöhten direkten Einbindung auf oberster Stufe immer noch Potenzial besteht, hat sich die strategische Stellung von HR in den letzen Jahren doch verbessert. Bei 60% der Unternehmen findet sich in der Unternehmensstrategie ein spezifisch ausformulierter Teil zum Thema Human Resources. 74% verfolgen eine aus der Unternehmensstrategie abgeleitete und ausformulierte HR-Strategie. Unter den wichtigsten HR-Themen, die bei vielen Unternehmen »vollständig zentral« geführt werden finden sich: HR-Politik, HR-Strategie, HR IT (vgl. Abbildung 67).

14 Vgl. dazu Kienzler (2009), der aufbauend auf einem Fragebogen der Autoren in einer Umfrage bei 80 Unternehmen der Schweiz, Deutschlands und Österreichs die Frage der (funktionalen) HR Governance untersuchte.

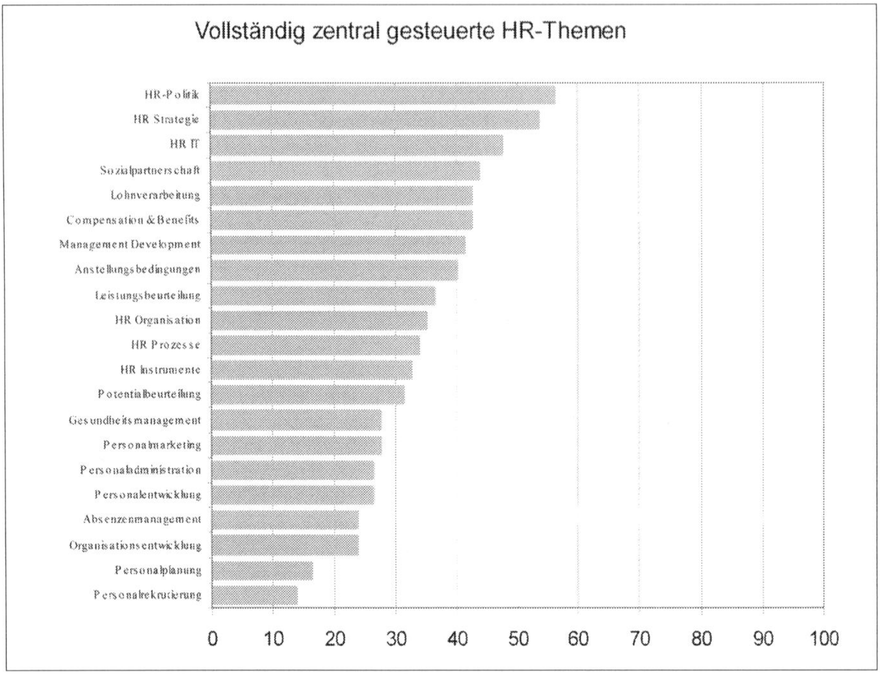

Abb. 67: Anteil der »vollständig zentral« geführten HR-Themen[15]

HR-Themen, die bei den befragten Unternehmen am häufigsten »vollständig dezentral« gesteuert werden, sind das Fehlzeitenmanagement und die Personalrekrutierung. Es zeigt sich auch, dass die Lohnverarbeitung und die Personaladministration – wenn sie nicht in einem HR Shared Services zusammengeführt sind – ebenfalls zu einem recht hohen Anteil »vollständig dezentral« sind, das heißt bei diesen Themen ist es in den meisten Unternehmen ein »Entweder/Oder«. Zu den HR-Themen, die in hohem Ausmaß »sowohl zentral als auch dezentral« gesteuert werden, gehören: Personalentwicklung, Potenzialbeurteilung, Gesundheitsmanagement, Organisationsentwicklung. Auch HR-Organisation, HR-Prozesse und HR-Instrumente werden zu einem rechten Anteil gleichberechtigt (das heißt sowohl zentral wie dezentral) gesteuert, wobei eine Tendenz zu stärker zentral feststellbar ist.

Als Gremien zur Steuerung der HR-Funktion (außer über Board und Geschäftsleitung) setzen 65% der Unternehmen auf eine HR-Leiterkonferenz. Knapp die Hälfte bilden HR-Fachausschüsse. Einige Unternehmen bilden Prozesszirkel und Arbeitsgruppen, bei denen die Linie einbezogen ist. 44% setzen HR-Dienstleistungsvereinbarungen, sog. Service Level Aggreements ein. Die Kostenverrechnung erfolgt in 50% der Unternehmen über eine Umlage gemäß Personalbestand, bei 16% wird ein Pauschalpreis pro Dienstleistung verrechnet. Noch kaum vorhanden ist eine Prozesskostenrechnung (7,5%). Eine HR-Servicequali-

15 Vgl. Kienzler (2009).

tätsmessung erfolgt in 44% der Unternehmen und 37,5% führen den HR-Bereich über eine HR Scorecard mit definierten Key Performance Indicators.

Knapp 80% der Unternehmen verfügen über ein HR Shared Service Center, das mehrheitlich zentral geführt wird, wobei es auch zu 20% dezentral geführte Service Centers gibt. Die HR-Kompetenzzentren, die bei über 80% der Unternehmen vorhanden sind, werden mehrheitlich zentral geführt. Rund 90% verfügen über eine strategische HR-Beratung im Sinne von HR-Business-Partner, wobei sich hier kein einheitlicher Trend einer zentralen oder dezentralen Führung ergibt. Hingegen findet die Mehrheit der operativen HR-Beratung dezentral statt. Die Zahlen zeigen sehr deutlich, dass sich die oben beschriebenen HR-Geschäftsmodelle in den letzten Jahren durchgesetzt haben.

Aus Sicht der Steuerung der HR-Funktion ist die Frage der HR-Fachführung von besonderem Interesse. Am besten kann diese an konkreten Beispielen aufgezeigt werden.

DIE POST

Praxisbeispiel zur HR-Fachführung[16]

Mit der Einführung eines neuen HR-Geschäftsmodells wurde bei der Schweizerischen Post auch die HR-Fachführung der HR-Funktion innerhalb des Konzerns weiterentwickelt. Dabei wurde einerseits das HR-Gremium durch die vermehrte Delegation von Entscheidungskompetenzen der Konzernleitung gestärkt. Andererseits sollte durch den Einsatz von sogenannten Fachtandems die Zusammenarbeit zwischen den HR-Stellen des Konzerns und der Bereiche gezielt gefördert werden. Basis bildete die Formulierung von drei konzernweiten Grundsätzen für alle Personalstufen.

Grundsätze für die Fachführung Personal

- *Konzernweite Mit- und Zusammenarbeit*
  Die Personalstellen sämtlicher Stufen, d.h. Konzern, Bereiche und Konzerngesellschaften, arbeiten im neu geschaffenen Fachausschuss Personal und in den entsprechenden Fachtandems mit und entwickeln Lösungen partnerschaftlich.
- *Gesamtinteresse des Konzerns vor Eigeninteressen der Bereiche*
  Die Entscheidungsfindung erfolgt im Fachausschuss Personal, sofern ihm die Konzernleitung für das entsprechende Geschäft die Befugnis übertragen hat. Dabei sollen die Interessen aller Beteiligten gewahrt werden.
- *Differenzierungen nach Geltungsbereich und Funktion/Aufgabe/Prozess*
  Um den unterschiedlichen ökonomischen und arbeitsrechtlichen Rahmenbedingungen innerhalb des Konzerns Rechnung zu tragen, wird die Fachführung nach Geltungsbereich (Einbindung in Stammhaus, Internationalität und Größe der Konzerngesellschaften) sowie nach Funktion/Aufgaben/Prozessen differenziert.

16 Vgl. ausführlicher dazu Klopfenstein/Frischknecht (2007, S. 101 ff.).

Fachausschuss Personal

Der Fachausschuss Personal setzt sich aus dem Leiter Personal Konzern, den Leitern der Kompetenzzentren sowie den Personalleitern der großen Geschäftsbereiche zusammen und tagt vierzehntäglich.

Der neue Fachausschuss zeichnet sich gegenüber früheren Personalgremien durch zwei Aspekte aus:

- Kompetenzdelegation seitens der Konzernleitung und des Leiters Personal in den Fachausschuss, welcher so die Prozessführung in Personalfragen maßgeblich gestalten kann.
- Einführung von Fachtandems.

Damit sich die Konzernleitung vermehrt auf die strategischen Facetten des Personalmanagements konzentrieren kann, wurde die weitergehende Kompetenzdelegation vereinbart. Somit werden die Entscheidungsprozesse verkürzt und Fachentscheide können stufengerecht in der Fachlinie gefällt werden, wobei die Fachlinie auch gleichzeitig deren konsistente Umsetzung verantwortet.

Fachtandems

Ein Fachtandem bezieht sich auf ein spezifisches Fachthema und setzt sich aus der fachverantwortlichen Person im Konzern (Leiter der Kompetenzzentren) und einem bezeichneten Personalleiter eines Bereiches zusammen. Dadurch wenden die Personalleitenden der Bereiche einen größeren Teil ihrer Arbeitszeit (30 Prozent) zugunsten des Konzerns auf. Dies wird auch in der Zielvereinbarung und der variablen Entlohnung berücksichtigt.

Die Implementierung von Fachtandems stellt neben der Kompetenzdelegation die markanteste Änderung in der konzernweiten Fachführung des Personals dar. Durch die Einführung der Fachtandems fließen die teilweise divergierenden Bereichs- und Konzernsichten möglichst früh in strategisch relevante Personalthemen ein und die konzernübergreifende Zusammenarbeit wird verbessert. Außerdem wird die Geschäftsorientierung der Lösungen erhöht und eine verbesserte Akzeptanz der Entscheide in den Bereichen sichergestellt. Die strategische Steuerung der Fachfunktion wird durch das Fachtandem gemeinsam als Team verantwortet. Die Steuerung umfasst das rechtzeitige Erfassen von themenspezifischen Trends und unternehmerischen Herausforderungen, die Freigabe von Arbeitsaufträgen, die Beurteilung von Entscheidunterlagen, die Vertretung des Geschäfts vor dem jeweiligen Gremium sowie die Initialisierung und Überprüfung der Umsetzung der entsprechenden Vorgaben und Vorschriften.

Innerhalb der Fachtandems wird eine partnerschaftliche Zusammenarbeit angestrebt, die auf gegenseitigem Respekt und einem fairen und vertrauensvollen Umgang aufbaut.

Bei Konzernen, die stärker international ausgerichtet sind, kommen Aspekte der regionalen und landesspezifischen HR-Steuerung hinzu. Am Beispiel von Endress+Hauser, einem in über 40 Ländern tätigen Industriekonzern, werden wir die internationalen Herausforderungen der HR Governance weiter vertiefen.

Endress+Hauser
People for Process Automation

Internationale Steuerung und Führung der HR-Funktion bei Endress+Hauser

Klaus Endress, CEO der Endress+Hauser Gruppe
Roland Kienzler, Corporate Director Human Resources

Das Unternehmen

Die Endress+Hauser Gruppe (E+H) ist ein Familienunternehmen, weltweit tätig im Bereich der Automatisierungstechnik. Endress+Hauser – nachfolgend E+H genannt – wurde 1953 vom Schweizer Georg H. Endress und dem Deutschen Ludwig Hauser in Lörrach (Deutschland) gegründet. In den 50er Jahren entwickelte sich das Unternehmen vom regionalen Spezialisten für Füllstandmessung zum globalen Anbieter für die industrielle Messtechnik und Automatisierung.

Die Gruppe besteht aus einem Netzwerk von rechtlich unabhängigen Firmen, die von einer Holding in Reinach (BL/Schweiz) verwaltet und koordiniert werden. Ende 2008 umfasste die Gruppe 80 Unternehmen in über 40 Ländern und 8.500 Mitarbeitern. Product Center bündeln das Know-how von Forschung, Entwicklung, Produktion, Produktmarketing und Logistik auf ihren jeweiligen Arbeitsgebieten. Sales Center und Vertretungen stellen weltweit Vertrieb und Service sicher. Die Produkte setzen Maßstäbe bezüglich Zuverlässigkeit, Verfügbarkeit, Qualität und Technologie. Die Kunden optimieren damit verfahrenstechnische Prozesse unter Aspekten der Wirtschaftlichkeit, der Sicherheit und des Umweltschutzes.

Die konsequente Ausrichtung auf die Anforderungen von Kunden und Märkten kennzeichnet E+H. Sie bestimmt die Entwicklung neuer Produkte, Lösungen und Dienstleistungen und ihre ständige Verbesserung. Die Nähe zum Kunden gibt entscheidende Anstöße für wegweisende, am Markt erfolgreiche Innovationen. Gut sieben Prozent des Jahresumsatzes wendet E+H für Forschung und Entwicklung auf. Innovation sichert so nachhaltig den wirtschaftlichen Erfolg der Firmengruppe. Wobei für den Sohn des Firmengründers und heutigen CEO Klaus Endress »Gewinn nicht das Ziel, sondern das Ergebnis guten Wirtschaftens« ist.

Der Slogan von E+H lautet: People for Process Automation. Dies widerspiegelt sich darin, dass jeder Mitarbeiter mit seinem Wissen, seinen Fähigkeiten, seinem Einfallsreichtum und seinem Fleiß zum Unternehmenserfolg beiträgt. Auf die Unternehmenswerte und den »Spirit of Endress+Hauser« wird großer Wert gelegt und alle Mitarbeitenden werden angehalten, diese nicht nur zu kennen, sondern sie auch zu leben. Die Beschäftigten genießen außerdem Freiräume für die eigene Entwicklung und großzügige Weiterbildungsmöglichkeiten.

Diese Tatsachen und den guten Ruf, den E+H insbesondere in der Region Basel genießt, machen E+H zum »Employer of choice« ihrer Branche in der »Regio Basiliensis«.

Die Ausgangslage

Die Endress+Hauser Gruppe hat sich vor über 20 Jahren eigenen Firmenwerten verschrieben, welche in Form einer Charta und in deren Weiterentwicklung in einem E+H Spirit noch heute ihre Gültigkeit haben und aktiv gelebt werden. Dieses Credo macht im Bereich der Organisation folgende Aussage:

»Wir wollen so viel dezentrale Organisation wie möglich, sehen aber die Notwendigkeit bestimmter zentraler Funktionen.«

Aufgrund des enormen Wachstums der Gruppe in den vergangen Jahren, entwickelte sich zunehmend das Bedürfnis, gewisse Funktionen und Dienstleistungen zentral zu stärken und global auszurichten. Insbesondere die Funktion HR und mit ihr die gelebte Unternehmenskultur und deren Werte sollten gruppenweit gestärkt und verankert werden.

Endress+Hauser hat im Jahre 2006 eine neue Unternehmensstrategie erarbeitet (Endress+Hauser Strategie 2011+), welche eine eigene Sektion zu »Unternehmenskultur und Mitarbeiter« beinhaltete. Abgeleitet aus den HR-Elementen dieser Unternehmensstrategie wurde eine eigene HR-Strategie entwickelt. Diese HR-Strategie regelt u.a. die Zusammenarbeit und das Leistungsangebot der zentralen HR-Funktion (Corporate HR) mit Sitz in der Holding in Reinach/Schweiz und den dezentralen, weltweit angesiedelten lokalen HR-Einheiten (Local HR). Im Jahre 2008 galt es nun, die zentralen Aufgaben von Corporate HR in eine für Endress+Hauser passende HR-Governance-Struktur einzubetten und in die gruppenübergreifende HR-Strategie zu überführen. Diese Einbindung sollte ohne eine tiefe Veränderung der Unternehmenskultur und unter Berücksichtigung der bestehenden dezentralen Strukturen vollzogen werden.

Umsetzung

Die Befragung von 26 lokalen HR Managern der Endress+Hauser-Gruppe brachte zu Tage, dass die Erwartungen in Bezug auf durch das Corporate HR zu erbringenden Dienstleistungen sehr heterogen sind. Während ein Teil der HR Manager kaum Leistungen von Corporate HR erwartete, wollte der andere Teil sehr viele Leistungsbereiche beziehen. Die Frage nach der idealen Corporate-Governance-Struktur war aus der internen Befragung deshalb nicht leicht zu beantworten.

Mit dem Ziel, unternehmensexterne Erkenntnisse zu zentralisierten HR-Leistungsbereichen zu gewinnen, wurde im Rahmen einer Masterarbeit des Autoren bei rund 80 teilnehmenden Unternehmen eine Umfrage zu HR-Governance-Themen lanciert. Diese Studie brachte folgende Resultate zu Tage:

- HR ist in nur rund 50% der befragten Firmen in die oberste Geschäftsleitung eingebunden. Obgleich 77,5% der obersten HR-Verantwortlichen direkt an den CEO berichten.
- In rund 60% der befragten Firmen beinhaltet bereits die Unternehmensstrategie einen ausformulierten Teil zum Thema Human Resources.
- Rund 74% der Firmen kennen eine aus der Unternehmensstrategie abgeleitete und ausformulierte HR-Strategie, welche die hauptsächlichen Themenschwerpunkte Kultur, Rekrutierung und Entwicklung kennt.
- Die HR-Verantwortlichen nennen in der Hauptsache die Bereiche HR-Strategie, Talent Management inkl. Nachfolgeplanung und Talententwicklung sowie Compensation & Benefits als zentral zu steuernde Themen.

Für die Endress+Hauser Gruppe wurden aus diesen Untersuchungen schließlich folgende, von Corporate HR zu erbringende Leistungsbereiche abgeleitet:

- HR-Strategie.

- HR Policies (Multiplikatoren der Kultur).
- Employer Branding.
- Talent Management (Entwicklung eines Corporate-University-Modells unter dem Namen E+H Masterclass).
- HR-IT-Strategie/-Systeme (unter Berücksichtigung der gruppenweiten IT-Strategie) sowie
- HR Networking und Best Practices.

Die genannten Bereiche erfüllen die Erwartungen innerhalb der Endress+Hauser Gruppe (Struktur), orientieren sich an den Strategien vergleichbarer Firmen und unterstützen gleichzeitig die Unternehmenskultur der Endress+Hauser Gruppe (Kultur).

Wichtigste Lessons learned

- HR-Governance-Themen werden maßgeblich von der Kultur eines Unternehmens geprägt und bestimmt.
- In der Regel werden nur wenige Leistungsbereiche von Corporate HR gesteuert.
- Vor allem Leistungsbereiche von herausragender strategischer Bedeutung oder solche, die fundamental für die Kohärenz einer Unternehmensgruppe sind, sollen bei Corporate HR angesiedelt werden. Dazu gehören etwa die HR-Strategie, das Talent Management und die Pflege der Unternehmenskultur.
- In der HR-Strategie (inklusive einer HR Governance) sind Vorgehensweisen zu vereinbaren, die mit und für die Gruppe entwickelt wurden. Diese müssen konform sein mit der Unternehmenskultur, gepflegt und ständig weiterentwickelt werden. Dafür muss der Corporate Director HR mit seinem Netzwerk an lokalen HR-Verantwortlichen sorgen.
- Es macht Sinn, die Funktion HR in die oberste Führungsebene einzubinden und als Sparringpartner für den CEO und der Geschäftsleitung zu verstehen.

3.3.4 HR-Sourcing-Strategie

Das HR Sourcing beschäftigt sich mit der Frage, durch wen (interne Mitarbeitende oder externe Partner) und in welcher Form (zentral oder dezentral) die HR-Aufgaben ausgeführt werden sollen. Dieser Entscheid sollte für alle Teilaufgaben des HR einzeln geklärt werden. Als Resultat liegt die HR-Sourcing-Strategie vor, die ein wichtiger Bestandteil des strategischen HR Management bildet.[17]

Die strategische Bedeutung sowie die Komplexität der jeweiligen HR-Aufgabe beeinflussen maßgeblich, ob sich eine Tätigkeit zentralisieren respektive auslagern lässt oder nicht. Abbildung 68 gibt dazu einen Überblick:

17 Vgl. dazu Oertig/Kohler/Abplanalp (2009).

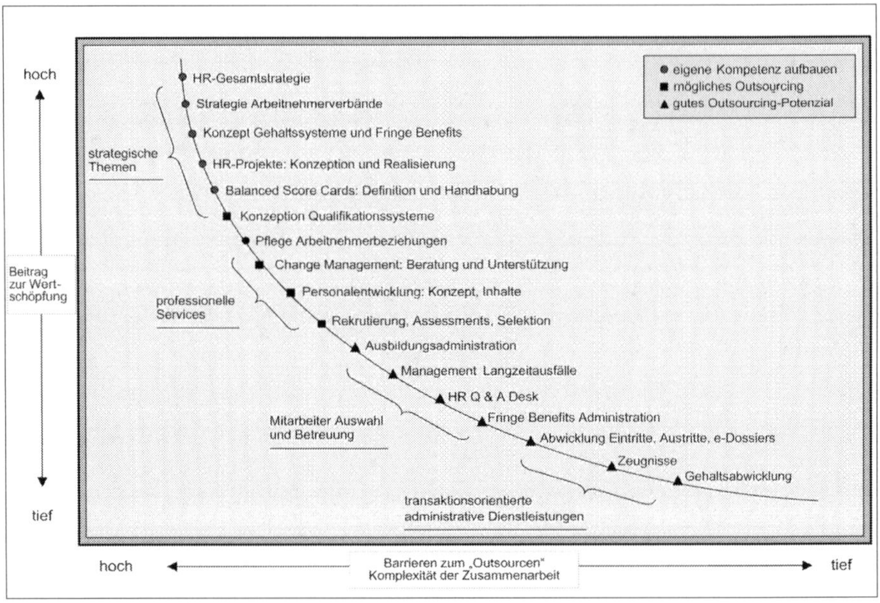

Abb. 68: HR-Aufgaben unter Berücksichtigung von Komplexität und strategischer Relevanz[18]

Die Frage des HR Sourcing sollte insbesondere bei Aufgaben, die einen hohen administrativen Aufwand mit sich bringen, im Detail geprüft werden. Zudem eignen sich Tätigkeiten, die unter strategischen Gesichtspunkten wenig wertschöpfend sind, ebenfalls für eine Zentralisierung respektive für ein Outsourcing. Sparpotenziale und qualitative Verbesserungen sind Zielsetzungen, die sich durch eine kritische Überprüfung des Sourcing realisieren lassen.

Für die Einschätzung der strategischen Bedeutung ist besonderes Augenmerk auf folgende Punkte zu richten:

- Welche Bedeutung hat die Aufgabe für die erfolgreiche Umsetzung der Unternehmensstrategie (Beitrag zu übergeordneten Zielsetzungen)?
- Welche Bedeutung hat das Know-how, das durch ein Outsourcing an externe Partner übergeben würde (und somit nicht mehr im Unternehmen vorhanden wäre)?
- Welchen Einfluss hat die Tätigkeit auf geschäftskritische Prozesse, die man selbst kontrollieren will?
- Welche Bedeutung hat die interne Ausübung der Tätigkeit insgesamt für die Positionierung als Arbeitgeber?

Nebst der Einschätzung von organisationalen und personalen Anforderungen sollen noch weitere Kriterien beurteilt werden, um sich ein Bild über die Mög-

18 Oertig/Kohler/Abplanalp (2009, S. 28).

lichkeit einer Auslagerung zu verschaffen. Diese lassen sich anhand folgender Kriterien bestimmen:

- Ist für die Ausübung der Tätigkeit firmenspezifisches Fachwissen notwendig?
- Ist die Aufgabe starken Veränderungen unterworfen?
- Ist die Verfügbarkeit der Dienstleistung zeitkritisch?
- Kann die Leistung in der geforderten Qualität auf dem Markt eingekauft werden?

Je nach Situation des Unternehmens werden weitere Kriterien für die Einschätzung mitberücksichtigt. Für eine seriöse Analyse des Outsourcing-Potenzials ist wichtig, dass die Einschätzungen breit abgestützt und nach gemeinsamen Kriterien erfolgt. Unterschiedliche Beurteilungen durch Linienführungskräfte und HR-Verantwortliche sollten ausdiskutiert und geklärt werden. Nebst dem Outsourcing-Potenzial bringt ein solcher Prozess oftmals wichtige Erkenntnisse mit sich, welche Rolle HR insgesamt im Unternehmen wahrnehmen soll und welche Aufgaben und Beiträge dabei zu leisten sind.

Nach Abschluss der Analyse liegt eine Übersicht vor, die aufzeigt, welche HR-Tätigkeiten intern und welche durch Partner wahrgenommen werden könnten. In Abbildung 69 ist eine Portfolio-Analyse für die serviceorientierten Kompetenzzentren eines größeren Konzerns dargestellt.

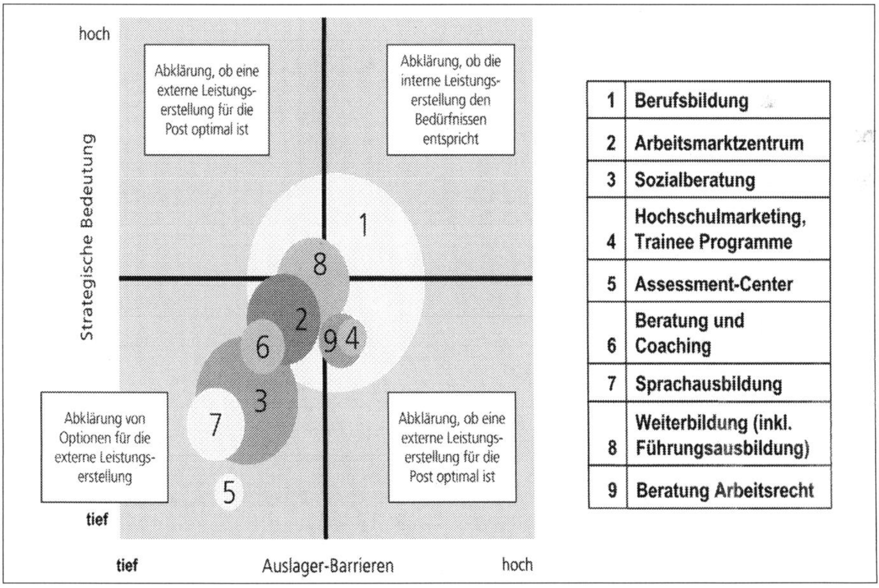

Abb. 69: Portfolioanalyse der serviceorientierten Kompetenzcenter (die Größe widerspiegelt die Anzahl Mitarbeitenden im entsprechenden Kompetenzcenter)[19]

19 Klopfenstein/Frischknecht, in: Oertig (2007, S. 99).

3.3.5 HR-Transformation

Die Transformation einer HR-Organisation ist ein komplexer Change-Prozess, der nicht nur für die Mitarbeitenden der HR-Abteilung, sondern insbesondere auch für die Linie mit erheblichen Veränderungen verbunden ist. Gerade deshalb ist es wichtig, bei der Gestaltung des Change Management das Hauptaugenmerk nicht nur auf die HR-Funktion zu lenken, sondern Führungskräfte und Schlüsselpersonen aus der Linie früh und systematisch in den Veränderungsprozess einzubinden.

Von besonderer Bedeutung ist die langfristige Planung dieses Veränderungsprozesses. Ein Veränderungsvorhaben von dieser Größenordnung benötigt in der Regel einen Zeitraum von zwei bis drei Jahren bis das neue HR-Rollenverständnis innerhalb von HR aber auch in der Linie aufgebaut ist und die neuen Prozesse eingeschliffen sind. In der Praxis hat sich die Gestaltung des Veränderungsvorhabens entlang der vier Phasen »Orientierung schaffen«, »Bewegung erzeugen«, »Handeln intensivieren« und »Selbstverständlichkeit erzielen« bewährt.[20] Dabei sollte nebst der strategischen und strukturellen Ebene insbesondere auch die kulturelle und personelle Ebene gestaltet werden, wie dies in der Abbildung 70 aufgezeigt wird.

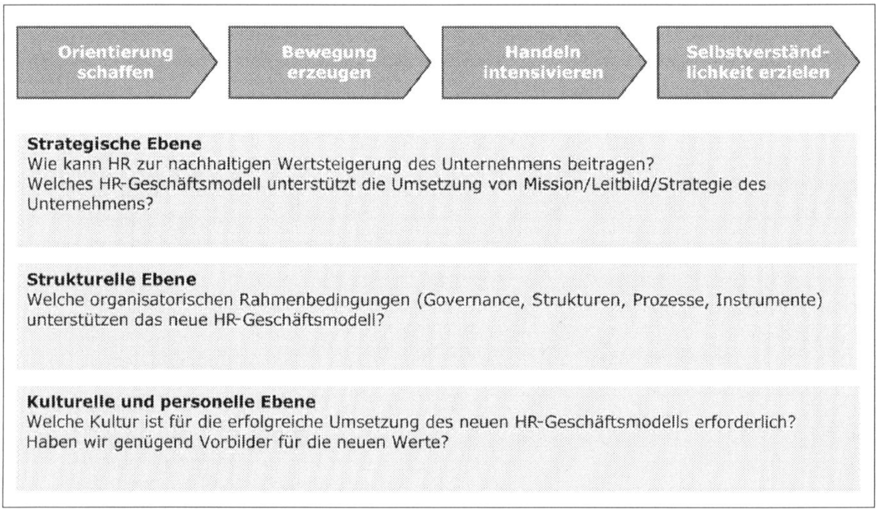

Abb. 70: Phasen und Ebenen der HR-Transformation[21]

Zusammenfassend sind bei der Gestaltung und Begleitung von HR-Transformationsvorhaben folgenden Aspekten besondere Aufmerksamkeit zu schenken:

20 Vgl. Anwander (2002).

21 Oertig (2007, S. 41).

Vision und Governance

- Entwickelung einer gemeinsam getragenen HR-Vision und eines HR-Rollenverständnisses, das auf nachhaltige Wertsteigerung ausgerichtet ist.
- Klärung der HR Governance zusammen mit Verwaltungsrat, Geschäftsleitung und HR Management.
- Entwurf eines integrierten HR-Geschäftsmodells, das eine Gesamtsicht von Kunden (HR-Servicecenter – HR-Kompetenzzentrum – HR-Business-Partner) enthält.

Stakeholder Management

- Sich um eine aktive Unterstützung durch CEO und Topmanagement bemühen.
- Klares Commitment und aktives Engagement der Key Players innerhalb HR einfordern.
- Frühzeitiges und permanentes Einbinden von Linienführungskräften im Projekt sicherstellen.

Projektmanagement

- Klare Definition des Projektauftrages und der Zielsetzungen einfordern.
- Erfahrene und anerkannte Projektleiter beauftragen und professionelles Projektmanagement etablieren.
- Verfügbarkeit von Ressourcen mit geforderten Fähigkeiten sicherstellen.
- Gezielt externes Know-how (Benchmarks/Berater) einsetzen.

Organisationsprinzipien

- Kostentransparenz und Marktprinzipien bei Shared Services beachten, Service Level Agreements transparent kommunizieren.
- Prozessstandardisierung durchsetzen und laufend optimieren.
- Möglichkeiten der HR-Technologie (abgestimmt auf Entwicklungsstand und Größe des Unternehmens) gezielt nutzen.
- Schnittstellen zu Kompetenzzentrum und HR-Business-Partner eindeutig klären.
- Out- und Co-Sourcing-Strategien frühzeitig einbeziehen.
- HR Vendor Management systematisch aufbauen.

Change Management

- Einen starken Promotor an die Spitze der Transformation stellen (vorzugsweise ein starkes und anerkanntes Mitglied der Geschäftsleitung).

- Change-Management-Architektur mit Berücksichtigung der strategischen, strukturellen und kulturellen Ebene erstellen.
- Zielgruppenspezifische Kommunikation von Beginn weg beachten (aktiver Einbezug von bspw. Sounding Boards und Monitoring Teams).
- Change Management hinsichtlich neuem HR-Rollenverständnis auch bei Linienführungskräften aktiv angehen.

Kompetenzentwicklung

- Rollenbezogene Kompetenzentwicklung von HR-Mitarbeitern konsequent vorantreiben.
- Keine Kompromisse bei der Qualität der personellen Besetzungen eingehen.
- HR-Fachlaufbahn und Strategien des Wissensmanagement etablieren.
- HR Cockpit zur Messung der HR-Beratungs- und Servicequalität verankern.

3.4 Gestaltung und Steuerung der HR-Kernprozesse

Die zunehmende Dynamisierung und Erhöhung der Komplexität bei der Bewältigung von HR-Aufgaben führt zu einer verstärkten Prozessorientierung im HR. Die Organisation wird damit hauptsächlich an den HR-Kernprozessen oder der HR-Wertschöpfungskette ausgerichtet (vgl. Abbildung 71). Anstelle der funktionalen Silos treten multifunktionale Teams zu Erarbeitung ganzheitlicher HR-Lösungen.[22] In der Koordination und Abstimmung des HR-Leistungsangebots auf die Geschäftsbedürfnisse kommt den HR-Business-Partner (im Sinne eines Key Account Manager) ein zentrale Rolle zu.

Im Folgenden sollen einige der aus Sicht der HR Governance wichtigen HR-Kernprozesse vertieft dargestellt werden.

3.4.1 Positionierung im Arbeitsmarkt durch Employer Branding und Personalmarketing

»Man kann nicht nicht Personalmarketing betreiben…, sondern nur mehr oder weniger professionell.« So beschreibt der Expertenkreis Personalmarketing der DGFP in Anlehnung an Paul Watzlawik das Ziel des Nachdenkens über Personalmarketing.

22 Vgl. Donkor/Bruggmann (2007).

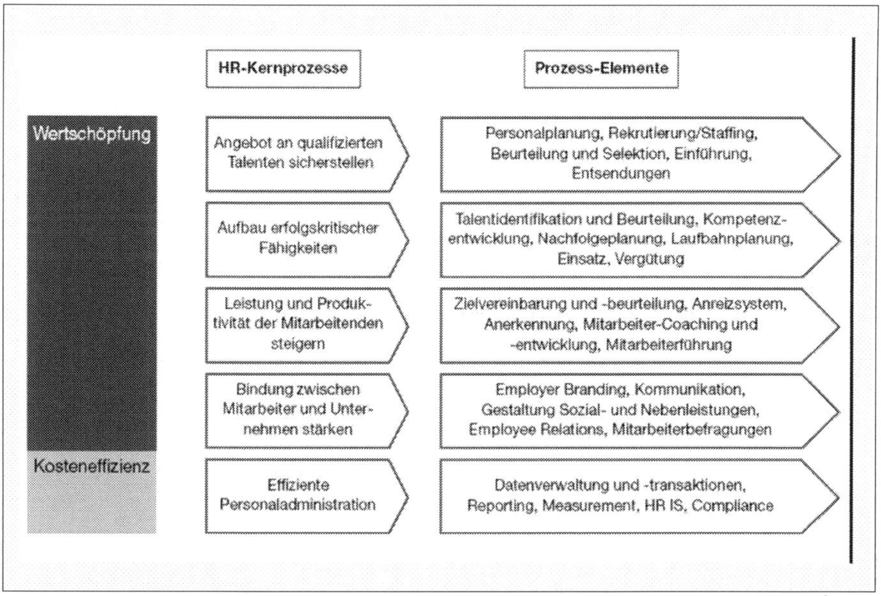

Abb. 71: Beispiel für die Ausrichtung nach HR-Kernprozessen[23]

Unternehmen werden bei allem, was sie tun, immer auch als Arbeitgeber wahrgenommen, sei es durch Äußerungen der Unternehmensleitung, positive oder negative Zeitungsberichte, Sponsoring- oder Werbeaktivitäten, aber auch durch das Bild, das Mitarbeitende, Kunden und Lieferanten weitergeben. Damit wird immer auch Personalmarketing betrieben – bewusst oder unbewusst. »Professionelles Personalmarketing bedeutet, die Wirksamkeit aller Personalmaßnahmen des Unternehmens auf die Positionierung als Arbeitgeber zu kennen und sie diesem Verständnis gemäß zur Erreichung der vorab definierten Ziele einzusetzen.«[24] Bei der Erarbeitung eines strategisch ausgerichteten Personalmarketing ist sowohl die Innen- wie Außenperspektive zu berücksichtigen (vgl. Abbildung 72). Dies beinhaltet einerseits eine umfassende Umfeldanalyse der Einflussfaktoren auf den externen Arbeitsmarkt wie z.B. Berücksichtigung der Trends in der gesellschaftlichen und demografischen Entwicklung. Andererseits ist aber auch ein Abgleich mit der strategischen Personalplanung vorzunehmen, die den qualitativen und quantitativen Personalbedarf erfasst, der zur erfolgreichen Umsetzung der strategischen Ziele des Unternehmens notwendig ist.

23 Donkor/Bruggmann (2007).
24 Vgl. DGFP (2006).

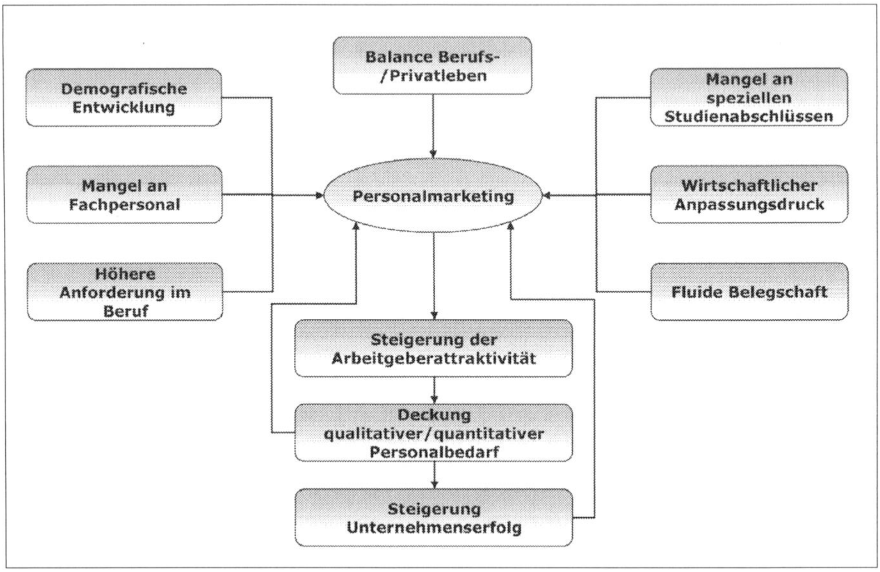

Abb. 72: Personalmarketing: Einflussfaktoren und Konsequenzen[25]

Der Prozess, wie sich ein Unternehmen im Arbeitsmarkt positioniert, wird in Anlehnung an den angelsächsischen Begriff als Employer Branding bezeichnet. Durch den Employer Brand positioniert sich ein Unternehmen im Markt und beeinflusst damit die Präferenzbildung und die Fokussierung potenzieller Arbeitnehmer. Der Employer Brand[26] setzt sich aus verschiedenen Angeboten als Arbeitgeber zusammen: funktionale Angebote wie Weiterbildungs- und Entwicklungsmöglichkeiten, ökonomische Angebote wie Lohn und Zusatzleistungen und psychologische Angebote wie Gefühl der Zugehörigkeit. Insgesamt besteht eine sehr hohe Abhängigkeit von der Wahrnehmung des Gesamtunternehmens (Corporate Image) und der Wahrnehmung als Arbeitgeber (Employer Image). Daher ist für den Aufbau und die Pflege einer Arbeitgebermarke eine enge Abstimmung und Zusammenarbeit der Kommunikationsabteilung mit der Personalabteilung erfolgskritisch.

Für die Gestaltung der Dimensionen der Arbeitgebermarke (Employer Brand Proposition) kann nach *Barrow/Mosley*[27] ein Employer Brand Mix von zwölf Schlüssel-Dimensionen herangezogen werden (Abbildung 73). Diese unterteilen sich zur einen Hälfte in Aspekte, die den erweiterten organisatorischen Kontext und Grundsätze des Unternehmens beschreiben und zur anderen Hälfte in Aspekte mit lokalem Bezug und Praxis. Jede dieser Dimension steht für sogenannte »Schlüssel-Berührungspunkte« des Employer Brand. So kann z.B. der »Externe Ruf« folgende Wirkung zeigen: Es gibt oft eine enge Beziehung zwi-

25 DGFP (2006).
26 Ambler/Barrow (1996).
27 Barrow/Mosley (2008, S. 149 f.)

schen dem Employer-Brand-Image einer Unternehmung und dem Ruf seiner Produkte und Services. Es wird allgemein angenommen, dass eine Unternehmung, die fähig ist, eine gute externe Brand-Erfahrung zu gewährleisten, auch ein qualitativ guter Arbeitgeber ist.[28]

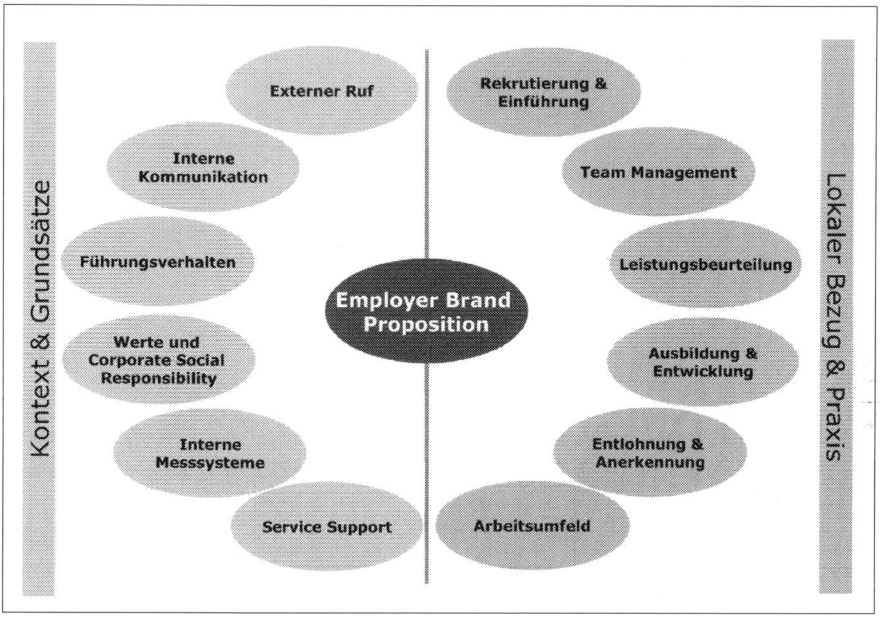

Abb. 73: Dimensionen der Employer Brand Proposition[29]

Unternehmen, die sich im Auswahlprozess (Präferenzbildung) als bevorzugter Arbeitgeber gegen die Mitbewerber durchsetzen, werden auch als »Employer of Choice« bezeichnet.[30] Der bevorzugte Arbeitgeber kann mit weniger Aufwand die besten Talente rekrutieren. Zudem wirkt sich dies auch positiv auf das Commitment und die Bindung der Mitarbeitenden aus. Kosten, die für den Aufbau des Employer Brand nötig waren, können sich mehr als bezahlt machen.

Es ist rasch ersichtlich, dass der Employer Brand maßgeblich von den Praktiken eines guten HR Management abhängt. Die Art und Weise wie neue Mitarbeitende rekrutiert und eingeführt, im Team integriert und von den Vorgesetzten geführt, wie sie beurteilt, entwickelt und honoriert werden, dies alles wirkt sich auf die Arbeitgebermarke aus. Zunehmend wichtiger sind für die Wahrnehmung als Arbeitgeber in den letzten Jahren wieder verstärkt die normativen Aspekte der Unternehmensführung geworden. Gelebte Unternehmenswerte und glaubwürdige Corporate Social Responsibility erhöhen die Anziehungskraft als Arbeitgeber.

28 Vgl. Barrow/Mosley (2005, S. 149).
29 Vgl. Barrow/Mosley (2005, S. 150).
30 Vgl. Herman/Gioia (2000).

Zu ähnlichen Ergebnissen kommt auch die seit einigen Jahren in Deutschland durchgeführte Top-Job-Studie.[31] Untersucht werden die 100 besten Arbeitgeber des Mittelstandes in den Dimensionen: »Führung & Vision«, »Motivation & Dynamik«, »Kultur & Kommunikation«, »Mitarbeiterentwicklung & -perspektive«, »Familienorientierung & Demografie« sowie »Internes Unternehmertum«. Die Ergebnisse von 2009 zeigen, dass Top-Job-Arbeitgeber sich in erhöhtem Maß ihrer Verantwortung gegenüber den Mitarbeitern bewusst sind. Deshalb fördern sie neben der beruflichen auch die persönliche Weiterentwicklung. Auch dem Aspekt der Vereinbarkeit von Beruf und Familie wird mehr Beachtung geschenkt, indem die Kinderbetreuung und die Weiterbildung während der Elternzeit vermehrt unterstützt werden.

Unterstützend können für die Aufbau und die Pflege der Arbeitgebermarke gezielte Personalmarketingmaßnahmen eingesetzt werden (Abbildung 74). Dabei ist auf eine gute Abstimmung der Maßnahmen in den Bereichen Online, Print, Hochschulmarketing sowie PR-Aktivitäten zu achten.

Abb. 74: Abgestimmte Maßnahmen des Personalmarketing

Mit der weiteren Entwicklung von interaktiven und kollaborativen Elementen des Internets (Web 2.0) hat sich das Employer Branding auch zu einem Employee Branding entwickelt. Mitarbeitende kommunizieren bewusst oder unbewusst als »Botschafter« des Unternehmens via Blogs, Podcasts und Social Networks wie Xing, LinkedIn, Facebook etc. und prägen damit in verstärktem Maße das Image von Unternehmen. Konzepte zum Employer Branding bzw. Personalmarketing werden dieser Entwicklung künftig mehr Beachtung schenken müssen (vgl. Beck 2008).

31 Vgl. Bruch/Clement (2009).

3.4.2 Demografischer Wandel als Herausforderung für eine nachhaltige Personalplanung

Die Studie »Alter und Generationen: Das Leben in der Schweiz ab 50 Jahren« des Bundesamts für Statistik[32] weist auf die große Herausforderung der Verschiebung des Generationenverhältnisses hin. Wenn es nicht gelingt, durch eine angemessene Politik den Bestand der jüngsten Altersgruppen zu erhalten, um eine ausgewogene Altersstruktur zu gewährleisten, braucht es Mechanismen zur Anpassung der Gesellschaft an die neue demografische Realität. Zu nennen sind hier beispielsweise politische Maßnahmen zur Bewältigung des Ungleichgewichts zwischen den Generationen oder zur Behebung des Mangels an Arbeitskräften.

Bezogen auf die Situation in den Unternehmen sieht es nicht besser aus: Die Generationenschere, dass heißt der Anteil der über 50-jährigen im Verhältnis zu den unter 30-jährigen Erwerbspersonen öffnet sich bereits seit dem Jahr 2000, wird aber in den nächsten Jahren mit der ins Alter kommenden Baby-Boomer-Generation rasch an Dynamik gewinnen. Dieser strukturelle Effekt wird die Unternehmen in den nächsten Jahren stark herausfordern. Das demografische Dilemma stellt sich dabei zweifach: Einerseits wird ein Rückgang an jüngeren Erwerbspersonen zu verzeichnen sein und andererseits eine rasche Zunahme an älteren Erwerbspersonen. Dieser Generationenschereneffekt bedingt sowohl Engpässe bei der Rekrutierung und der Bindung von Jungen (vor allem bei gut qualifizierten Fachkräften und Nachwuchsführungskräften) als auch beim Erhalt der Arbeitsfähigkeit und bei Modellen des flexiblen Ausstiegs der Älteren. Die zukünftigen alterstrukturellen Herausforderungen brauchen daher breit abgestützte und integrierte Maßnahmen des Personalmanagement.[33]

Viele Unternehmen haben keine genauen Kenntnisse darüber, welches die aktuellen Altersstrukturen sind und auf welche organisationsdemografischen Entwicklungen sie sich in den nächsten Jahren einzustellen haben. Eine Analyse der Altersstrukturen sowie die Ableitung möglicher organisationsdemografischer Zukunftsszenarien ist jedoch eine wesentliche Voraussetzung, um Hinweise auf potenzielle Handlungsfelder angesichts der sich öffnenden Generationenschere zu erhalten und die Personalpolitik strategisch auszurichten (Abbildung 75).

Eine Altersstrukturanalyse umfasst in der Regel die Analyse der momentanen Altersstrukturen sowie eine Prognose, wie sich diese Altersstrukturen zukünftig entwickeln können. Wichtig ist es dabei ins Detail zu gehen und nicht nur die Altersstrukturen und deren Entwicklung für das Gesamtunternehmen zu betrachten. Denn letztere stellen einen gemittelten Wert dar, der über die tatsächliche Situation hinwegtäuschen kann. Auf Ebene von Unternehmensbereich, Abteilung oder nach Funktionsgruppen ausgewertet, zeigen sich im Ver-

32 BFS (2005).
33 Vgl. Mücke/Oertig/Zölch (2008).

gleich zur Gesamtaltersstruktur häufig andere Ausprägungen. Zudem sind bezogen auf die einzelnen HR-Prozesse im Hinblick auf die alterspezifischen Fragestellungen zusätzliche Analysen vorzunehmen.

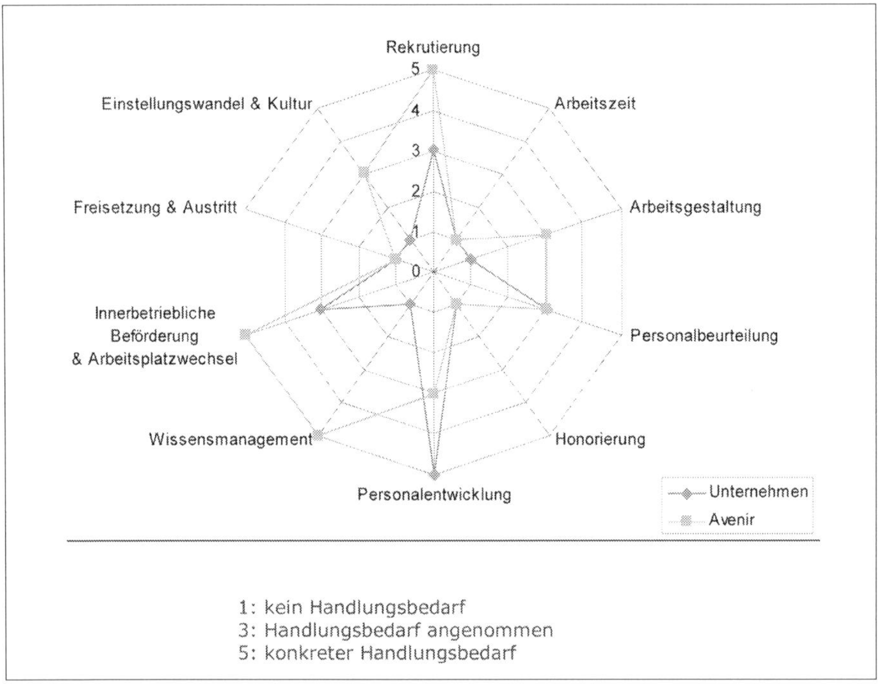

Abb. 75: Beispiel eines Handlungskompasses zum alternsgerechten Personalmanagement[34]

Wesentliche Grundlage für die erfolgreiche Umsetzung eines alternsgerechten Personalmanagement bildet eine von der Geschäftsleitung glaubwürdig getragene Personalpolitik 50plus. Bei vielen Unternehmen besteht – gerade in Zeiten der Restrukturierung – ein Dilemma im Umgang mit der Zielgruppe 50plus. Während aufgrund der absehbaren demografischen Entwicklung die Zielgruppe 50plus in einigen Jahren als Arbeitskräftepotenzial sehr wichtig sein wird, steht in der Restrukturierungsphase vielfach die Frage von sozialverträglichen Trennungen im Vordergrund.[35]

Mögliche Elemente einer fortschrittlichen Personalpolitik 50plus werden im folgenden Beispiel beschrieben.

34 Vorgehen zur Alterstrukturanalyse nach FHNW (Institut für Personalmanagement und Organisation, Fachhochschule Nordwestschweiz) und Avenir Consulting.

35 Vgl. Oertig (2006).

Praxisbeispiel: Personalpolitik 50plus

Wir gestalten bewusst eine betriebliche Alterspolitik und positionieren uns als attraktiver Arbeitgeber in einer zukünftig älter werdenden Erwerbsbevölkerung. Die Erfahrungen und das spezifische Know-how von älteren Mitarbeitenden erachten wir als sehr wertvoll. Wir sind bestrebt, dieses Wissen zu gewinnen, zu erhalten, zu fördern und gewinnbringend für beide Seiten einzusetzen. Wir erwarten diesbezüglich von den Mitarbeitenden ein hohes Maß an Initiative und Eigenverantwortung.

Im Umgang mit älteren Mitarbeitenden werden folgende Eckwerte definiert:

Gewinnung & Selektion

Grundsätzlich werden der Generationenmix und die Vielfalt in Teams gefördert. Bei Stelleninseraten vermeiden wir Altersbeschränkungen. Die Anforderungen an eine Position werden auf das Alter abgestimmt kommuniziert und Stärken Älterer damit betont. Bei Stellenbesetzungen – extern wie intern – erhalten ältere Bewerbende eine faire Chance.

Entwicklung & Erhaltung

Wir unterstützen ältere Mitarbeitende bei ihrer beruflichen Standortbestimmung und schaffen den Rahmen für entsprechende Weiterbildung und Laufbahnentwicklung. Insbesondere soll durch generationenübergreifende Zusammenarbeit der Transfer von Wissen und Erfahrungen sichergestellt werden.

Honorierung & Bindung

Wir unterstützen unsere Mitarbeitenden bei der individuellen Umsetzung ihrer Laufbahnpläne und schaffen Möglichkeiten und Anreize für eine »Bogenkarriere« und Altersteilzeit. So kann beispielsweise das Abgeben von (Führungs-)Verantwortung und den Wechsel in eine beratende Rolle, die Mitwirkung bei der Nachfolgeplanung oder das Wahrnehmen einer weniger belastenden Tätigkeit beinhalten.

Bei der Umsetzung der individuellen Laufbahnpläne werden Modelle erarbeitet, welche die Aufrechterhaltung der bisherigen Vorsorgeleistungen ermöglichen sollen.

Übergänge & Trennung

Um die optimale Einbindung der Potenziale reifer Mitarbeitender auch längerfristig zu gewährleisten, bieten wir Modelle für einen flexiblen Übergang in den Ruhestand.

Im Falle von Restrukturierungen werden die Mitarbeitenden bei der Suche nach einer neuen Stelle unterstützt und das Redeployment von älteren Mitarbeitenden wird besonders beachtet.

Für Betroffene über 50 sowie für solche, die dem Unternehmen schon länger treu sind, gelten im Rahmen des Sozialplans besondere Bedingungen.

Die Maßnahmen zum Management des demografischen Wandels – wie sie vorangehenden Beispiel skizziert sind – können entlang den HR-Prozessen zusammengefasst werden (Abbildung 76).

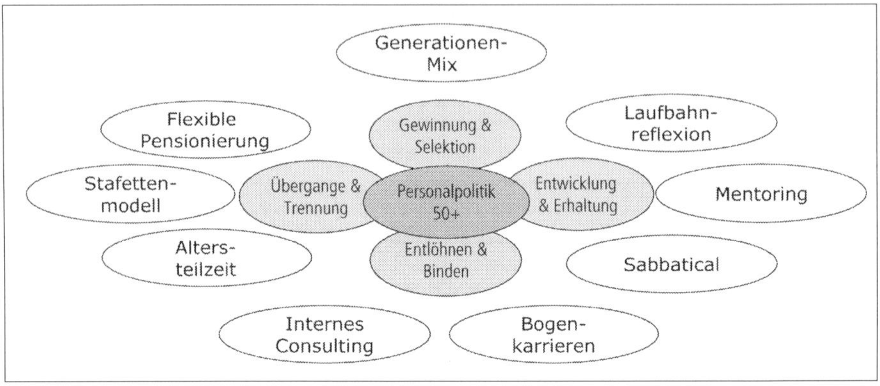

Abb. 76: Übersicht von HR-Maßnahmen zum demografischen Wandel

Im Folgenden wird am Beispiel der ABB die Ausgestaltung eines ganzheitlichen, generationenübergreifenden Personalmanagement skizziert.

Der Demografiewandel als Herausforderung und Chance für ABB

Renato Merz, HR Manager ABB Schweiz und Region Zentraleuropa

Unternehmen

Als weltweit führendes Technologieunternehmen in den Bereichen Energie- und Automationstechnik setzt sich ABB dafür ein, die Zuverlässigkeit der Stromversorgung sowie die industrielle Produktivität zu verbessern. Die Produkte, Systeme und Dienstleistungen von ABB ermöglichen es, die Energieeffizienz zu steigern und zugleich die Umweltbelastung zu reduzieren.

Die ABB-Gruppe ist in rund 100 Ländern tätig und beschäftigt weltweit mehr als 120.000 Mitarbeitende, davon rund 6.400 in der Schweiz.

Ausgangslage

Für einen Technologiekonzern wie ABB sind Innovationen lebenswichtig, und dies sowohl in technischer Hinsicht wie auch im Personalbereich. Denn die wesentliche Voraussetzung für die Technologie- und Marktführerschaft im globalen Wettbewerb sind qualifizierte, motivierte Mitarbeitende. Das heißt, deren Know-how sowie den Know-how-Transfer zwischen den Generationen gilt es systematisch zu fördern – insbesondere mit Blick auf den demografischen Wandel: Im Jahr 2050 werden nämlich in der Schweiz gemäß Prognosen 50 Personen im Alter über 65 Jahre auf 100 Personen zwischen 20 und 64 Jahren kommen, was gegenüber heute einer Verdoppelung des Altersquotienten entspricht.

ABB Schweiz hat sich frühzeitig mit dem demografischen Wandel auseinandergesetzt und die damit verbundenen Herausforderungen sowie die Chancen erkannt. So wurden – und werden – die HR-Instrumente im Sinne eines strategischen Personalmanagement kontinuierlich gezielt weiterentwickelt.

Umsetzung

Ausgehend von ihrer Personalpolitik hat ABB Schweiz schon vor Jahren das Grundlagendokument »Generation 50plus« formuliert, um das Bewusstsein für die Bedeutung älterer Mitarbeitenden zu schärfen. Heute bildet es einen festen Bestandteil der ABB-Kultur des lebenslangen Lernens. Sei es in Form einer Führungs- oder einer Fachkarriere, sei es in internen bzw. externen Kursen oder täglich »on the job«: Die Mitarbeitenden sind aufgefordert, die Weiterbildungsangebote und damit ihre Eigenverantwortung wahrzunehmen, um bis zu ihrer Pensionierung ihre Arbeitsmarktfähigkeit zu fördern.

Grundsätzlich verfolgt ABB Schweiz das Ziel, sämtliche Mitarbeitenden ihren Fähigkeiten entsprechend optimal einzusetzen – ungeachtet ihres Alters. Das Talent Management ist darauf ausgerichtet, das Potenzial aller zu aktivieren. So werden alle Altersgruppen mit spezifischen Angeboten angesprochen: vom Programm »Route 45«, bei dem die 45-55 jährigen Mitarbeitenden eine grundlegende berufliche sowie persönliche Standortbestimmung vornehmen, über das Seminar »57 plus«, das zu einer vertieften Vorbereitung auf den Übertritt ins Rentenalter anleitet, bis zur Möglichkeit, auch nach 65 freiwillig projektbezogen weiterzuarbeiten. Daneben besteht einerseits bereits seit 1993 die Consulting-Firma Consenec AG, in die die Mitglieder des oberen Kaders im 60. Lebensjahr übertreten, wodurch zugleich der Erfahrungsschatz der ehemaligen Führungskräfte erhalten bleibt und den jüngeren Führungskräften Entwicklungsmöglichkeiten eingeräumt werden. Andererseits bietet das Unternehmen heute in seinen elf Kinderkrippen Betreuung für 550 Kinder. Kinder, für die – als eine der vielfältigen Nachwuchsförderinitiativen – unter anderem Techniktage veranstaltet werden.

Dies sind einige ausgewählte Beispiele dafür, wie ABB Schweiz ein möglichst ganzheitliches, generationenübergreifendes Personalmanagement betreibt. In der heutigen Wissensgesellschaft wird es für Unternehmen – gerade solche mit langen Produktlebenszyklen wie ABB – immer wichtiger, das Wissen der Mitarbeitenden zu bewahren, zu vernetzen und zu transferieren. Das Engagement von ABB Schweiz schlägt sich bereits in den Statistiken nieder: Während in den letzten zehn Jahren in der Schweiz das Durchschnittsalter der ständigen Wohnbevölkerung von 39 Jahren auf über 40,5 Jahre gestiegen ist, blieb bei ABB Schweiz die Altersstruktur stabil und die Verteilung der Altersgruppen ausgewogen. Und das ist auch dringend erforderlich. Denn die großen Herausforderungen von heute und morgen – wie etwa die Frage einer nachhaltigen Energieversorgung – können Studienabgänger mit frischen Ideen sowie erfahrene Berufsleute und Ingenieure nur gemeinsam angehen.

Wichtigste Lessons learned

- Der demografische Wandel erfordert einen umfassenden Bewusstseinswandel auf allen Ebenen des Unternehmens: vom Management über die Personalverantwortlichen bis hin zu jedem einzelnen Mitarbeitenden.
- ABB Schweiz setzt sich dafür ein, die attraktive Arbeitgeberin zu bleiben, die sie laut internen und externen Umfragen ist, indem sie Chancengleichheit und Entwicklungsperspektiven für alle Mitarbeitenden bietet – ungeachtet ihrer Herkunft, ihres Geschlechts und ihres Alters.
- Dabei zeigt sich: Die Wertschätzung stellt eine der wichtigsten wertschöpfenden Maßnahmen dar. Denn sie trägt wesentlich dazu bei, dass die Mitarbeitenden motiviert sind, sich fortlaufend weiterzuentwickeln und ihr Know-how, ihre Er-

fahrung sowie ihr Beziehungsnetz möglichst lange in den Dienst des Unternehmens zu stellen. Unabhängig von der Diskussion über die Erhöhung des Rentenalters geht es letztlich darum, die Produktivität der Mitarbeitenden über das gesamte Erwerbsleben hinweg zu optimieren.

3.4.3 Globalisierung und gesellschaftliche Verantwortung als Herausforderungen für das Human Resources Management

Die zunehmende Globalisierung von Wirtschaft und Gesellschaft betrifft alle Bereiche des Unternehmens und im Besonderen auch den HR-Bereich. In einer breit angelegten Befragung der Europäischen Vereinigung für Personalführung zusammen mit der Boston Consulting Group (2007) wurden folgende Hauptherausforderungen der Globalisierung für HR genannt (nach Bedeutung):

- Führung von internationalen Teams,
- Aufbau einer starken Unternehmenskultur, zunehmende internationale Diversität in der globalen Belegschaft, zunehmende Diversität in der lokalen Belegschaft (Kultur, Religion, sprachliche Diversität),
- Aufbau eines HR-Bereiches mit internationalen Teams,
- Management einer steigenden Anzahl Expatriates,
- Unterstützung von internationalen Redeployment-Projekten.

Die stärkste Zunahme an Bedeutung über die nächsten Jahre wird in der Herausforderung für die internationale Ausrichtung des HR-Bereiches selbst sowie in der Unterstützung der internationalen Redeployment-Projekten und der zunehmenden internationalen Diversität der Belegschaft gesehen.

Um die Fähigkeiten zum Management der Globalisierung zu stärken, sollte die HR-Strategie entsprechend ausgerichtet werden:

- Gezielter Aufbau von Kompetenz- und Forschungszentren in den sich rasch entwickelnden Ländern und der Ausrichtung der geografischen oder funktionalen Organisation auf die globalen Erfordernisse.
- Verbesserte Auswahl von lokal erfahrenen Managern, aber gleichzeitig auch eine Stärkung der globalen Zusammensetzung der Geschäftsleitung.
- Investitionen in das globale Talent Management durch gezielte Förderung von internationale Rotationen, Investitionen in lokale Entwicklungsprogramme und dem Aufbau globaler HR-Plattformen.
- Etablierung eines Austausches von Best Practices auf Basis von gemeinsam getragenen Werten und, soweit sinnvoll, homogenen Prozessen.

Glokales HR Management

Die Anforderungen können unter dem Ansatz des glokalen HR Management zusammengefasst werden, in dem eine Balance zwischen den lokalen Erfordernissen und der globalen Effektivität gesucht wird.[36] Der zukünftige Manager kann nach Hilb als »Glocalpreneur« bezeichnet werden, der im unternehmerischen und ethischen Sinne die globalen und lokalen (z.B. multikulturellen) Erfordernisse zusammenführt.

Die Gestaltung und Implementierung globaler HRM-Praktiken erfordert eine hohe Sensibilität für die kulturellen Unterschiede von Regionen und Ländern. In der Abbildung 77 werden die Erfahrungen aus der Umsetzung bei ABB insbesondere in den Ländern China, Japan, Korea und Taiwan dargestellt.

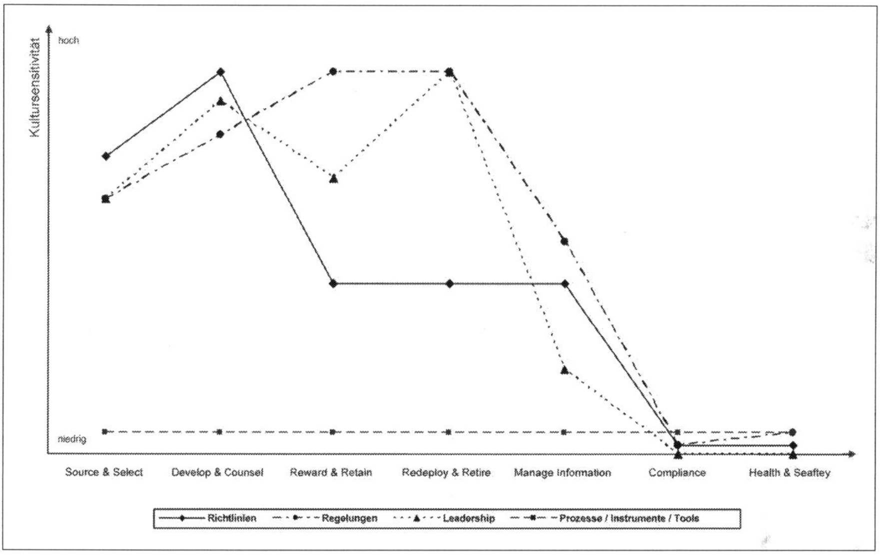

Abb. 77: Einschätzung der Kultursensibilität der HRM-Praktiken bei ABB[37]

Während bei der Rekrutierung und Beurteilung sowie insbesondere bei der Entwicklung und Trennung sehr stark auf die kulturellen Verschiedenheiten Rücksicht genommen wird, erlaubt ABB bei Compliance-Themen (rechtlichen und ethischen) sowie bei der Sicherheit keine kulturellen Toleranzen. Ebenfalls wenig auf die Landeskulturen angepasst sind das Management der HR-Informationen und die global standardisierten HR-Prozesse Instrumente und Tools.

Eines der weltweit globalsten Unternehmen ist der Nahrungsmittelkonzern Nestlé. Am Beispiel der neu aufgebauten Division Nestlé Professional werden die globalen Herausforderungen des HR Management im Praxisbeispiel dargestellt.

36 Vgl. Hilb (2002).

37 Vgl. Reck-Roulet (2009).

Glokales HR-Management bei Nestlé: Erfahrung beim Aufbau der global geführten Geschäftseinheit Nestlé Professional

Andreas E. Rüfenacht, Head of HR, Nestlé Professional

Unternehmen

Nestlé mit Sitz in Vevey, Schweiz wurde 1866 von Henri Nestlé gegründet und ist heute das weltweit führende Unternehmen im Bereich Ernährung, Gesundheit und Wohlbefinden. 2008 erwirtschaftete Nestlé einen Umsatz von 109,9 Mrd. CHF und einen Reingewinn von 19 Mrd. CHF. Mit weltweit 283.000 Mitarbeitenden und 456 Produktionsstätten ist Nestlé in fast jedem Land der Welt vertreten.

Nestlé Professional ist eine global geführte Geschäftseinheit der Nestlé-Gruppe, die vollständig auf den Out-of-home Markt ausgerichtet ist. Als weltweit führender Gastronomieanbieter beschäftigt Nestlé Professional ca. 10.000 Mitarbeitende.

Ausgangslage

Im Zuge des sich ändernden Verbraucherverhaltens essen die Menschen immer öfter außer Haus. Überall auf der Welt wird ein immer größerer Betrag für Speisen und Getränke außer Haus ausgegeben. In den Industrienationen sind dies mehr als 2 Billionen Schweizer Franken!

Nestlé Professional hat sich für den stark wachsenden Out-of-home Markt folgende Ziele gesetzt:

- Nestlé Professional will der Ansprechpartner sein, der als erstes für eine Problemlösung bei den Kunden einbezogen oder kontaktiert wird.
- Nestlé Professional will ein inspirierender, glaubwürdiger Partner sein, der das Geschäft seiner Kunden versteht und sie dabei unterstützt, ein nachhaltiges Wachstum zu generieren.
- Nestlé Professional und seine überzeugenden Marken, Produkte und Systeme sollen den Kunden Mehrwert verschaffen und die Zufriedenheit ihrer Konsumenten sicherstellen.

Zur Erreichung dieser Ziele legte die Nestlé-Gruppe den strategischen Fokus für Nestlé Professional wie folgt fest:

- Bau eines weltweiten Forschungs- und Entwicklungszentrums für Getränke/Beverages in Orbe.
- Regionale Forschungs- und Entwicklungszentren für kulinarische und tiefgekühlte Produkte (erstes Zentrum in Solon, Ohio (USA).
- Erhöhung der Investitionen in Produktionsstätten.
- Verstärkung und Ausbau der flexible F&E-Kapazitäten.
- Bereitstellung von Ressourcen auf globaler Ebene.
- Verstärkung der Produktangebote (Culinary/Chocolate/Kaffee/Getränke und Vending) in Richtung »kreative Gesamtlösungen für den Kunden«.

Mit diesen strategischen Maßnahmen möchte Nestlé Professional noch besser auf die Bedürfnisse der Gastronomie eingehen und innovative Lösungen anbieten.

Welche Anforderungen setzt diese strategische Ausganglage an die Führung und Steuerung eines weltweiten HR-Managements?

Umsetzung

Für die Umsetzung des globalen HR-Managements bei Nestlé Professional sind die Nestlé Management- und Führungsprinzipien wegleitend. Einige wichtige Aspekte, die die Werte der Nestlé prägen, können wie folgt zusammengefasst werden:

- Hohes Commitment zu Qualitätsprodukten und Marken.
- Respekt für andere Kulturen und Traditionen.
- Die Nestlé-Kultur, die von einer hohen Arbeitsethik, Integrität, Ehrlichkeit und Zuverlässigkeit geprägt ist.

Nestlé versteht sich als Unternehmen, das sich stärker nach Menschen, Produkten und Marken als nach Systemen richtet. Systeme dürfen nie Selbstzweck sein, pragmatische Lösungen sollten vor dogmatischen Ansätzen stehen. Globales Denken und Strategien müssen sich in lokalen Aktionen und Verpflichtungen ausdrücken.

Nestlé Professional hat sich in der Umsetzung der Leadership Principles des Gesamtkonzerns im Besonderen zu folgenden vier Verhaltensgrundsätzen (Behaviours) verpflichtet:

- Customer Value: Wir bieten Mehrwert durch Lösungen, die auf die spezifischen Bedürfnisse unserer Kunden ausgerichtet sind.
- Creativity: Wir generieren laufend neue Ideen, die unseren Kunden Wettbewerbsvorteile für Ihr Wachstum ermöglichen.
- Expertise: Wir teilen unser Wissen und unsere Kompetenzen mit unseren Kunden.
- Excellence: Wir setzen uns in allem was wir tun ambitiöse Ziele und streben nach ständiger Verbesserung.

Diese einzelnen Grundsätze sind durch konkrete Beispiele hinterlegt, wie jeder Nestlé Professional Mitarbeitende zu erfolgreichen Umsetzung beitragen kann.

Um die Führung eines globalen Geschäftes zu gewährleisten, werden die Schlüsselfunktionen von Nestlé Professional (ca. 50 Country Business Manager sowie die regionalen Managementteams) über alle HR-Prozesse zentral gesteuert und betreut. Alle anderen Funktionen werden im Sinne von »Nestlé in the Market« durch die lokalen HR-Manager betreut. In der HR-Matrix werden globale Vorgaben durch die lokalen HR-Business-Partner unter Berücksichtigung der landesspezifischen Erfordernisse umgesetzt.

Das globale Leadership-Team von Nestlé Professional, welches aus neun verschiedenen Nationen besteht, trifft sich viermal jährlich zu einem mehrtägigen strategischen und operationellen Meeting und führt zudem monatlich eine Telefonkonferenz durch. Einmal jährlich werden – neben anderen Traktanden – alle wichtigen HR-Aspekte in einer Key Market Conference abgestimmt.

Eine Hauptherausforderung für Nestlé Professional ist der rechtzeitige Aufbau von Managern mit den für den für das Food Service Geschäft geforderten Kompetenzen. In Erweiterung zum Retail-Geschäft geht es insbesondere um das Anbieten von integrierten Lösungen für die Kunden. So sollten Manager bei Nestlé Professional idealerweise über ausgewiesene Erfahrung im Bereich Food & Beverage bzw. Hotel-Management verfügen.

Das Arbeiten in länderübergreifenden Netzwerken kennzeichnet Nestlé Professional. Gute Ideen müssen nicht nur für ein Land anwendbar sein, sondern im Idealfall Grundstein für eine globale anwendbare Lösung sein. Um dieses globale Denken zu fördern, werden die Country Manager von Nestlé Professional neben dem Erreichen ihrer Landesziele (60% des Bonus) auch an den regionalen bzw. Zonenzielen (40% des Bonus) incentiviert.

Wichtigste Lessons learned

Kommunikation ist der entscheidende Erfolgsfaktor.

- Das Führen eines globales Food-Service-Geschäftes setzt globales Denken und globale Netzwerke voraus. Dies bildet für die globalen Kunden von Nestlé Professional einen bedeutenden Wettbewerbsvorteil.
- Entscheidend ist es, am Puls des Kunden (Customer intimacy) zu sein und mit pragmatischen Lösungen dem Kunden Mehrwert zu bieten.
- HR muss das Business und das dahinterliegende Geschäftsmodell im Detail kennen:
  - um die richtigen Talente (Talentscouting) zu finden,
  - um die Manager und Mitarbeiter mit dem größten Potenzial zu entwickeln,
  - um die Young Potentials mit strategisch und/oder operativ wichtigen Projekten zu beauftragen und
  - um die passenden HR-Systeme (z.B. Incentivierungssysteme) zu entwickeln.

Corporate Social Responsibility und HR Management

Die Übernahme gesellschaftlicher Verantwortung über die gesetzlichen Forderungen (Compliance) hinaus, ist in den letzten Jahren wieder vermehrt in den Blickwinkel unternehmerischer Entscheide gerückt. Verantwortliches Handeln zu einer nachhaltigen Entwicklung in wirtschaftlichen, aber auch ökologischen und sozialen Belangen wird unter dem Begriff Corporate Social Responsibility (CSR) zusammengefasst.[38] Die Berichterstattung über die gesellschaftliche Verantwortung, Einhaltung ethischer Prinzipien (sog. Code of Conducts) und Beiträge zur Nachhaltigkeit haben spätestens nach den großen Skandalen von WorldCom und Enron stark an Bedeutung gewonnen und wurden durch die jüngste Entwicklung der Finanzkrise noch akzentuiert. Die Erwartungen der Investoren, dass Unternehmen sich im CSR-Bereich aktiv engagieren, sind stark gestiegen. Auch im Sinne des Employer Branding und der Bindung von Mitarbeitenden wirken CSR-Engagements positiv. Nicht zuletzt aus diesem Zusammenhang wird die Themenführerschaft für CSR häufig im Bereich des HR Management angesiedelt. Diese kann für eine zukunftsorientierte und nachhaltige Gestaltung des HR Management eine hohe Bedeutung einnehmen.

38 Vgl. dazu das Grünbuch (2001) der Europäischen Kommission zu den Rahmenbedingungen für die soziale Verantwortung der Unternehmen.

Die Übernahme gesellschaftlicher Verantwortung darf nicht zur Public-Relation-Übung verkommen, sondern bedarf einer glaubwürdigen und konsequenten Umsetzung auf allen Stufen des Unternehmens. Dabei kann die Verankerung eines Verhaltenskodexes (Code of Conduct) sehr wertvoll sein, denn das Verhalten jedes einzelnen Mitarbeitenden prägt letztlich das Image des Unternehmens. Ethische Maßstäbe erfordern klare Positionen in Bezug auf die Einhaltung von Menschenrechten, den Umgang mit Diskriminierung sowie unmissverständliche Positionen zu Bestechlichkeit und Korruption. Das Verhalten der Mitarbeitenden im Geschäftsalltag prägt das Image des Unternehmens. Die Deutsche Post DHL stellt bei ihrer Definition von korrektem Verhalten persönliche Integrität und gesundes Urteilsvermögen in den Vordergrund und verlangt von ihren Mitarbeitenden in schwierigen Situationen die Prüfung folgender Fragen[39]:

1. Ist meine Handlung oder Entscheidung legal?
2. Entspricht sie unseren Werten und Leitlinien?
3. Ist sie richtig und frei von persönlichen Interessen?
4. Hält meine Handlung oder Entscheidung einer öffentlichen Prüfung stand? Wie würde sie in einer Zeitungsmeldung wirken?
5. Schützt meine Handlung oder Entscheidung den Ruf von Deutsche Post DHL als Konzern mit hohen ethischen Standards?

Können alle Fragen mit »Ja« beantwortet werden, dann ist die Handlung oder Entscheidung höchstwahrscheinlich korrekt und stimmt mit den Leitlinien des Verhaltenskodexes überein.

Ein anderes Beispiel eines Unternehmens, das gesellschaftliche Verantwortung und Nachhaltigkeit als wichtige Themen verfolgt, ist die Lufthansa.

Lufthansa
Verantwortung

Corporate Responsibility im Lufthansa-Konzern

Monika Rühl, Leiterin Change Management und Diversity

Unternehmen

Der Lufthansa-Konzern ist eine Unternehmensgruppe mit ca. 400 Beteiligungsgesellschaften in fünf Aviation-Bereichen: Passagiergeschäft, Technik, Logistik, Catering und IT-Services. Insgesamt 108.000 Mitarbeitende aus 155 Nationen arbeiten für das Unternehmen.

39 Deutsche Post DHL führte 2006 einen Code of Conduct ein, der sich an internationalen Übereinkünften und Leitlinien wie der Allgemeinen Erklärung der Menschenrechte, den Konventionen der Internationalen Arbeitsorganisation (ILO) und dem Global Compact der Vereinten Nationen orientiert.

Ausgangslage

Im Zusammenhang mit sozialer Nachhaltigkeit bzw. Verantwortung – das fällt in der LH-Definition unter »CSR« – nimmt Lufthansa seit Jahrzehnten stets einen der vorderen Plätze in der deutschen Industrie ein. Dies gilt insbesondere für das Employer Branding. Zurückzuführen ist dies auf eine starke Mitarbeiterfokussierung, die sich in einer großen Fülle von Maßnahmen bemerkbar macht. Zudem haben gemeinsam durchgestandene Krisen das hohe Verantwortungsniveau des Unternehmens für den weitestgehenden Erhalt von Arbeitsplätzen das Mitarbeiter-Commitment gefestigt.

Schwieriger verhält es sich bei Fragen der Umwelt: Hier steht der Luftverkehr gegenüber anderen Verkehrsträgern verhältnismäßig stark in der Kritik. Lufthansa steht im Vergleich zu vielen Wettbewerbern auch hier gut da, weil sie mit Herstellern an Lösungen arbeitet, die den Kerosinverbrauch ebenso reduzieren wie Lärmemissionen. Ein Teil der Emissionen geht auf mangelnde Effizienz bei Prozessen (z. B. wegen nationaler statt europäischer Flugsicherungssysteme) zurück, bei denen Luftverkehrsgesellschaften kaum Einflussmöglichkeiten besitzen.

Im Hinblick auf ökonomische Nachhaltigkeit ist der Lufthansa-Konzern gut aufgestellt, wenngleich Krisen stets eine Herausforderung bleiben. Krisenerfahrungen zusammen mit vorhandenen Flexibilisierungstools tragen zu einer starken Industrieposition bei.

Umsetzung

Lufthansa orientiert sich bei ihren Verantwortungs- bzw. Nachhaltigkeitsthemen an der »triple bottom line«. Themen der ökonomischen Nachhaltigkeit werden von Investors Relations bearbeitet bzw. koordiniert. Ökologische Nachhaltigkeit betreut der Umweltbereich, der im Bereich der Konzern-Politik angesiedelt ist. Soziale Nachhaltigkeit ist im personalpolitischen Bereich beheimatet und wird von dort koordiniert. Damit sind in der Lufthansa Governance, die bis zum Frühjahr 2009 bis zur Erweiterung des Vorstands von drei auf vier Personen galt, alle Vorstandsressorts involviert. Dem Konsolidierungsprozess in der Airline-Industrie in Europa hat Lufthansa mit einem weiteren Vorstand der zunehmenden Komplexität und der steigenden Bedeutung des Passagiergeschäfts Rechnung getragen.

Entscheidungen zu Fragen der Verantwortung werden, so sie nicht ohnehin vorstandsrelevant sind, auf einer Ebene darunter durch die »Verantwortungspaten« getroffen. Ihnen wird durch die Fachverantwortlichen auf der jeweiligen Arbeitsebene zugearbeitet.

Wichtig und von großer Herausforderung ist das Wechselspiel zwischen zentraler Steuerung und dezentraler Umsetzung. Lufthansa gibt nur wenig zentral vor, wozu z.B. die Einhaltung der zehn Prinzipien des UN Global Compacts gehören, die von allen Gesellschaften weltweit eingehalten werden. Weitere Standards begleiten dies. Alle Fluggesellschaften – auch die neu in den Konzern gekommenen, alle Konzerngesellschaften und alle lokalen Standorte sind daran gebunden. Aktivitäten werden sowohl zentral wie auch dezentral ergriffen.

Zu den zentralen Themen gehören vor allem das proaktive und reaktive Berichtswesen. Lufthansa erstellt bereits seit ca. 14 Jahren einen Nachhaltigkeitsbericht und hat seit einigen Jahren einen flankierenden Internet-Auftritt. Die reaktive Berichterstattung bezieht sich auf die Beantwortung von Nachhaltigkeitsfragebögen einiger als relevant eingestufter Rating-Agenturen.

Die gegenwärtige Organisation wird ständig hinterfragt und dem wechselnden Bedarf angepasst.

Wichtigste Lessons learned

- Es gibt nicht die optimale Governance-Struktur. Jedes Unternehmen muss seine finden.
- Eine einmal gefundene Struktur muss nicht ewig die optimale sein. Insbesondere Portfolioveränderungen hinterfragen die Governance.
- Das Spannungsfeld Zentralität versus Dezentralität ist eine permanente Herausforderung.

3.4.4 Strategisches Kompetenz- und Talent Management

Das kompetenzbasierte strategische Management geht von dem Grundgedanken aus, dass über den systematischen Aufbau von (Kern-)Kompetenzen ein nachhaltiger Wettbewerbsvorteil erreicht werden kann.[40] Eine zentrale Rolle spielt dabei die Gewinnung, Entwicklung und Bindung derjenigen Mitarbeitenden, die über die geforderten strategierelevanten Kompetenzen verfügen. Ein kompetenzbasiertes Human Resources Management, das alle Prozesse an den zentralen Kompetenzen ausrichtet, kann damit zu einem wesentlichen Erfolgsfaktor einer erfolgreichen Strategieumsetzung werden. Im Folgenden wird dieser Prozess in zwei Hauptaspekten beschrieben: Einerseits geht es um die Ableitung eines Kompetenzmodells aus den strategischen, strukturellen und kulturellen Anforderungen des Unternehmens sowie andererseits um die Evaluation dieser Kompetenzen auf den verschiedenen Führungsstufen und deren Anwendung im Talent Management und der Nachfolgeplanung.

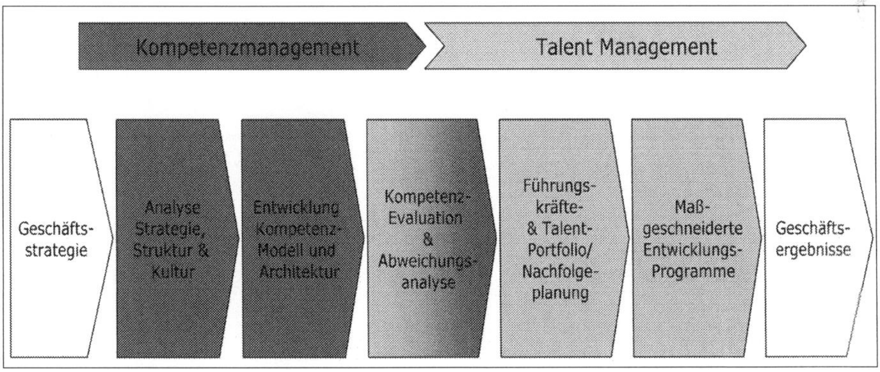

Abb. 78: Übersicht zum strategischen Kompetenz- und Talent Management (nach Avenir Consulting)

40 Vgl. Prahald/Hamel (1990) sowie Sanchez/Heene (1997).

Vorgehen zur Erarbeitung eines strategisch ausgerichteten Kompetenzmodells

Was unterscheidet erfolgreiche Unternehmen von weniger erfolgreichen?

Letztlich geht es darum, diejenigen Führungskräfte und Mitarbeitenden zu haben, welche die richtigen Kompetenzen mitbringen, um die Strategie eines Unternehmens erfolgreich umzusetzen. Nur welches sind die richtigen Kompetenzen? Ein mögliches Vorgehen zur Erarbeitung eines strategisch ausgerichteten Kompetenzmodells enthält einen Bottom-up- und einen Top-down-Prozess. Bei Bottom-up wird der Frage nachgegangen, was die besten Mitarbeitenden eines Unternehmens von den anderen unterscheidet. Methodisch wird dafür das »Behavioral Event Interview« eingesetzt. Konkret gezeigtes Verhalten in erlebten kritischen Situationen (»critical incidents«) wird untersucht; nicht was jemand denkt oder sagt, das er/sie tut, sondern was er/sie tatsächlich tut, zählt (vgl. zu den Grundlagen der Vorgehensweise).[41] Im Top-down-Prozess wird eine Gap-Analyse bezüglich den Ist-Soll-Ausprägungen in den Dimensionen Strategie-Struktur-Kultur durchgeführt.[42] Entscheidend ist hier die Frage: Wie können wir die »Gaps« in den strategischen, strukturellen und kulturellen Charakteristiken der Profile überwinden? Welche Verhaltensweisen bzw. Kompetenzen brauchen wird dazu? Diese Makro-Sicht (Top-down) wird ergänzt mit den Kompetenzen aus der Mikro-Sicht (Bottom-up). So entsteht ein Kompetenzmodell, das einerseits die bisher erfolgreichen Verhaltenweisen der Top Performer breiter in der Organisation verankert und andererseits diejenigen Kompetenzen fördert, die das Unternehmen auch in Zukunft stark machen und von den weniger erfolgreichen Wettbewerbern differenziert.

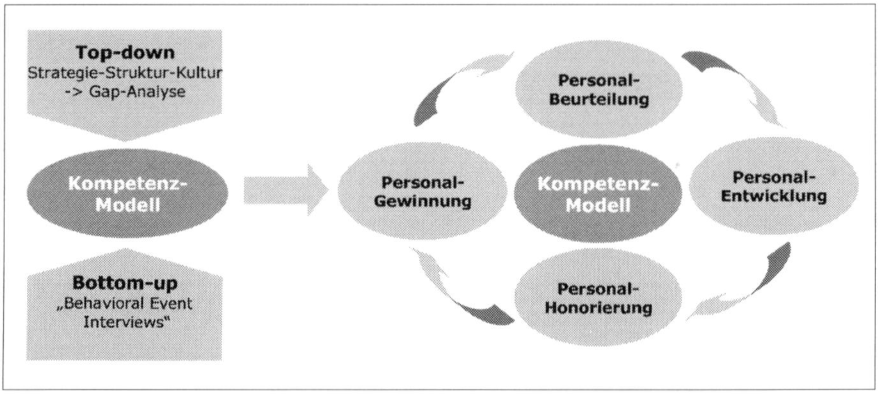

Abb. 79: Kompetenzmodell zur strategischen Ausrichtung der HR-Kernprozesse[43]

41 Spencer/Spencer (1993).

42 Vgl. dazu die Erläuterungen zur Unternehmensanalyse im Kapitel 3.2.1, Abb. 55.

43 Vgl. Oertig (2004).

Wie werden die Kompetenzen in das bestehende Human Resources Management integriert?

Für den Erfolg der Umsetzung ist eine konsequente Ausrichtung der HR-Systeme und -Instrumente auf das Kompetenzmodell unerlässlich. Dies beginnt bereits beim Personalmarketing mit einem auf die Kompetenzen abgestimmten Auftritt. Bei der Selektion werden die Kriterien für das Anforderungsprofil sowie die Fragen des Interviewleitfadens (nach der »Behavioral Event Interview«-Methode) an die Kompetenzen angepasst. Bei der Beurteilung finden die Kompetenzen Einfluss in die Mitarbeitenden- und Vorgesetztenbeurteilung sowie die Potenzialbeurteilung zukünftiger Fach- und Führungskräfte. Durch die Koppelung von Performance Management und Lohnsystem beeinflussen die Kompetenzen indirekt auch die individuelle Lohnfindung. Die Anforderungen der Entwicklungs- und Selektionsassessments müssen auf das neue Kompetenzmodell ebenfalls abgestimmt und die Maßnahmen der Personal- und Managemententwicklung konsequent auf die Kompetenzentwicklung ausgerichtet werden. Schließlich muss ein strategisch ausgerichtetes Personalcontrolling den Erfolg des Kompetenzmodells messbar und damit »steuerbar« machen. Eine Möglichkeit besteht hier beispielsweise in einer Wiederholung der Analyse der Strategie-, Struktur- und Kultur-Profile wie sie oben bereits erwähnt wurde. Auch eine periodisch durchgeführte Mitarbeiterumfrage (allenfalls verbunden mit einem externen Benchmark) kann interessante Hinweise auf den Umsetzungserfolg des Kompetenzmanagements geben.

Als Praxisbeispiel eines unternehmensweiten Kompetenzmanagements, das konsequent auf die wertschöpfenden Prozesse des Unternehmens ausgerichtet ist, wird im Folgenden das Kompetenzmanagement der Audi AG vorgestellt.

Audi
Vorsprung durch Technik

Kompetenzmanagement bei der AUDI AG

Ralph Linde, Geschäftsführer Audi Akademie GmbH

Unternehmen

Der Audi Konzern mit Sitz in Ingoldstadt (D) gehört zu den weltweit erfolgreichsten Premiummarkenhersteller im internationalen Automobilgeschäft. 2008 konnte Audi über 1,2 Mio Automobile ausliefern und erwirtschaftete mit 57.500 Mitarbeitenden einen Umsatz von 34,2 Mrd. EUR.

Ausgangslage

Kompetenzmanagement bei Audi hat im Jahr 2005 sehr operativ und sehr praktisch begonnen: Der Einkauf der AUDI AG startete als erster Fachbereich die Initiative, eine strukturierte Erfassung und Weiterentwicklung seiner Mitarbeiterkompetenzen einzuführen. Damals stand vor allem die Qualifizierung der Mitarbeiter für die optimale Bewältigung des Arbeitsalltags im Mittelpunkt und weniger strategische Überlegungen.

Heute, vier Jahre später, hat das Thema Kompetenzmanagement das ganze Unternehmen erfasst und wird angesichts der technologischen Herausforderungen gerade unter strategischen Gesichtspunkten stark vorangetrieben. Die Gründe für die Einführung eines unternehmensweiten Kompetenzmanagementansatzes sind vielfältig:

- Unser Qualifizierungsprogramm hatte nur wenige strategische Bezüge. Die erhöhte Dynamik der technischen Entwicklungen und die sich genauso schnell wandelnden Anforderungen der Märkte zwingen uns zu schnellen Anpassungen der Kompetenzen der Mitarbeiter, die mit dem herkömmlichen Bildungssystem im Unternehmen nicht mehr umzusetzen sind.
- Unsere Weiterbildung war qualitativ hochwertig, aber sie war zu weit von den wertschöpfenden Prozessen des Unternehmens entfernt. Heterogene Lerngruppen besitzen viele Vorteile, sie haben aber auch den Nachteil, dass der zu vermittelnde Inhalt so allgemein sein muss, wie die Zusammensetzung der Teilnehmer.
- Früher haben wir den ungeheueren Wissensreichtum unserer Fachexperten im Unternehmen nur sehr wenig genutzt. Trainer waren bis dahin ausgebildete Weiterbildner. Heute nutzen wir verstärkt die Fachexperten der Bereiche, welche als Referenten ihr Wissen an jüngere Kollegen ihrer Berufsgruppe weitergeben.

Umsetzung

Unser unternehmensweiter Einführungsprozess orientiert sich an der Organisationsstruktur des Unternehmens. Mit den Leitern der Fachbereiche haben wir zunächst untersucht, welche unterschiedlichen Tätigkeitsgruppen in den Organisationen arbeiten. Um ein Kompetenzprofil aufzubauen, das als Basis der Qualifizierung dient, braucht es solche Tätigkeitsgruppen, die ähnliche Arbeitsinhalte haben und somit ähnliche Kompetenzen benötigen.

Anschließend haben wir uns jede Tätigkeitsgruppe gemeinsam mit den Fachexperten angesehen und die fachlichen, sozialen, unternehmerischen und persönlichen Kompetenzen analysiert. Der Schwerpunkt lag und liegt auf den fachlichen Kompetenzen, sie machen gut zwei Drittel des gesamten Kompetenzprofils einer Tätigkeitsgruppe aus.

Jeder Einzelkompetenz wird eine Qualifizierungsmaßnahme zugeordnet. Insbesondere zum Aufbau fachspezifischer Kompetenzen werden Fachexperten als interne Referenten eingesetzt, die ihr Wissen strukturiert weitergeben. Mit den Fachexperten wird gemeinsam ein Qualifizierungsformat entwickelt. So existiert heute für jede Einzelkompetenz auch eine entsprechende Qualifizierungsmaßnahme, nicht immer klassisch als mehrtägige Veranstaltung, vielmehr als einfacheres Format bzw. Kurz-Format, wie Vorträge, e-learning oder die temporäre Mitarbeit in einer anderen Abteilung.

So entstanden in den letzten Jahren sogenannte »Akademien« oder »Kompetenzcenter«, in denen die Fachbereiche ihre Kompetenzen der täglichen Arbeit vermitteln. Wie in einer richtigen Familie geben in den Berufsfamilien die Erfahreneren an die Einsteiger ihr Wissen weiter.

Von der Einkaufsakademie über das Kompetenzcenter Werkzeugbau oder die Planungsakademie bis hin zur Elektronikakademie ordnet sich so das Unternehmen mit seinen Qualifizierungsmaßnahmen neu. In unserem Bildungsportal findet jeder die passenden Formate seiner Berufsfamilie.

Mit der von uns gewählten Vorgehensweise sind zwei Dinge sichergestellt: Zum einen verfügen wir über eine systematische Qualifizierung der Handlungskompetenzen, die in den Fachbereichen tagtäglich benötigt werden. Das erleichtert die Einarbeitung, den Wechsel in neue Aufgaben und erweitert die Fähigkeiten und Fertigkeiten der Fachkräfte im Unternehmen. Zum anderen können wir nun strategische Entscheidungen, deren Umsetzung eng mit den dazu notwendigen Kompetenzen verbunden ist, bis auf die Anforderungen an verschiedene Tätigkeitsgruppen im Unternehmen herunterbrechen.

Mehr als früher haben wir heute die in Zukunft nötigen Kompetenzen im Fokus. Neben den Fachbereichsakademien sind Kreise entstanden, die sich vor allem mit den Kompetenzen von morgen beschäftigen und die sich, über die Prozesskette hinweg, fachbereichsübergreifend miteinander austauschen. Dieser Prozess ist für das Unternehmen neu und baut sich langsam aber kontinuierlich auf. Während wir heute bereits die Technische Entwicklung und die Produktion in solchen strategischen Kompetenzkreise verbinden, bleibt jedoch noch einiges zu tun, um die Kompetenzkette bis hin zum Technischen Kundendienst zu schließen.

Während die Kompetenzen eines Einkäufers oder eines Personalreferenten durch den zuständigen Fachbereich ausreichend beschrieben werden können, ist das mit Berufsfamilien, die sich über die Prozesskette hinweg ziehen, nahezu unmöglich. Ein Thema wie »Elektronik im Fahrzeug« betrifft eben vom Entwicklungs- über den Herstellungs- bis hin zum Vermarktungsprozess Fachleute, die zwar in organisational unterschiedlichen Einheiten arbeiten, aber was die Kompetenzen angeht, einer gemeinsamen Berufsfamilie angehören. Um die notwendigen Kompetenzen über die Prozesskette vermitteln zu können, stehen die Maßnahmen der Bereiche allen Mitgliedern der Berufsfamilie in der Prozesskette offen. So entsteht auch fachbereichsübergreifend eine Vernetzung der Themen und der dazu notwendige Austausch.

Auf diese Art ist die Übertragung einer strategischen Entscheidung direkt auf die Kompetenz eines einzelnen Mitarbeiters möglich, weil klar ist, wer was wann können muss, um die Umsetzung der Strategie des Unternehmens zu unterstützen.

Ein wichtiger Schritt in der Umsetzung unseres Konzeptes ist die Verankerung des Themas im Personalentwicklungsprozess.

Kompetenzmanagement ist überall dort, wo es bereits eingeführt wurde, ein fester Bestandteil des jährlichen Mitarbeitergespräches. Dort blicken Führungskraft und Mitarbeiter auf das Kompetenzprofil und legen miteinander fest, in welcher Ausprägung eine Kompetenz vorhanden ist und ob gegebenenfalls der Besuch einer Qualifizierungsmaßnahme vereinbart werden sollte. Die Ergebnisse dieses Gespräches werden elektronisch gespeichert und an die Audi Akademie weitergeleitet, wo der administrative Prozess zum Besuch der Maßnahme eingeleitet wird. Dort, wo eine Entwicklung auf eine neue Aufgabe anvisiert wird, kann schon anhand des neuen Profils festgelegt werden, welcher Kompetenzaufbau notwendig sein wird, um die neue Aufgabe erfolgreich zu meistern.

Wichtige Lessons learned

Nach vier intensiven Jahren der Umsetzung dieses Themas gibt es einige Erfahrungen, die wir erst machen mussten. Es braucht unternehmensweite Standards, um sicherzustellen, dass ähnliche Kompetenzen in unterschiedlichen Fachbereichen wiedererkannt werden. Neben diesen Standards muss man den Bereichen auch die Freiheit geben, fachbereichsspezifische Besonderheiten zuzulassen, um eine möglichst große Passung und Akzeptanz zu erreichen. Entscheidend ist außerdem die Verknüpfung mit dem Personalentwicklungsprozess, damit Gespräche zum Qualifizierungsprozess regelmäßig stattfinden. Um Kompetenzmanagement mit Leben zu füllen, benötigt man viele motivierte Fachexperten, die den Kern der Lehrenden bilden. Schließlich ist eine zentrale Administration der entstehenden Qualifizierungsmaßnahmen notwendig, damit gemeinsame Standards umgesetzt und Synergien frühzeitig erkannt werden können.

Als Resümee bleibt festzuhalten: Es handelt sich bei der Qualifizierung der Berufsfamilien nicht um eine Mode, sondern um die Zukunft der Weiterbildung. Die positive Resonanz der Fachbereiche und die lebendige Auseinandersetzung mit den eigenen Kompetenzen sprechen für sich. Es liegt noch viel Arbeit vor uns, bevor wir das Konzept unternehmensweit umgesetzt haben. Begonnen haben wir mit den für unsere Strategie besonders wichtigen Tätigkeitsgruppen und auch diese unterliegen bereits jetzt erneut dem technologischen Wandel und verändern sich fortwährend. Das Schöne ist, dass die Frage nach dem Nutzen von Bildung schon lange keiner mehr stellt. Das liegt daran, dass diese Art der Vorgehensweise die Inhalte der Fachbereiche in den Mittelpunkt stellt. Denn dass man diese braucht, um Autos zu bauen, daran zweifelt keiner.

Ablauf eines Talent-Management-Prozesses

Generelle Zielsetzungen des Talent-Management-Prozesses ist die langfristige Sicherung des Managements zur Erreichung der strategischen Unternehmensziele. In Ergänzung zu den Ausführungen zur Nachfolgeplanung auf Board-Ebene (vgl. Kapitel 2) wird im Folgenden ein Talent-Management-Prozess auf der Stufe der Geschäftsleitung vorgestellt, der dann wiederum als Grundlage für die Board-Ebene dienen soll (Abbildung 80).[44]

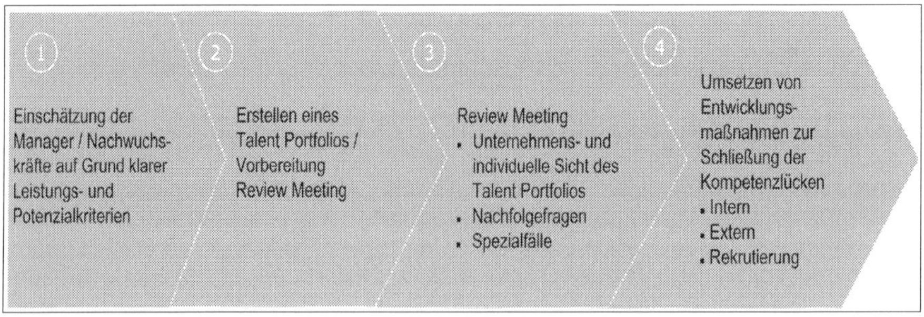

Abb. 80: Ablauf eines Talent-Management-Prozesses

44 Die Illustration zum Talent Management basiert auf Praxisbeispielen von Avenir Consulting.

Nach Abschluss des Talent-Management-Prozesses sollten folgende Ergebnisse vorliegen:

- definitive Einschätzung der einzelnen Führungs- und Nachwuchskräfte,
- identifizierte Stärken/Schwächen des Talent Portfolios sowie abgeleitete Entwicklungsschwerpunkte,
- identifizierte Key Players für Retention-Maßnahmen,
- angepasste Nachfolge- und Karriereplanung,
- identifizierte Talente für Entwicklungs-/Fördermaßnahmen,
- Aktionsplan für Spezialfälle.

1. Schritt: Einschätzung der Leistungs- und Potenzialkriterien

Leistung

- Leistung aus Zielvereinbarungsprozess
- Erfolge der letzten Jahre
- Leistungsverhalten
- Erfüllung Rolle

Potenzial

- Kompetenzenbasierte Potenzialeinschätzung
- Ergänzend Assessment-Berichte (sofern vorhanden)
- Bereit für neue Position: jetzt, in 1–2 Jahren, in 3–5 Jahren

2. Schritt: Prozess zur Erstellung des Talent Portfolios

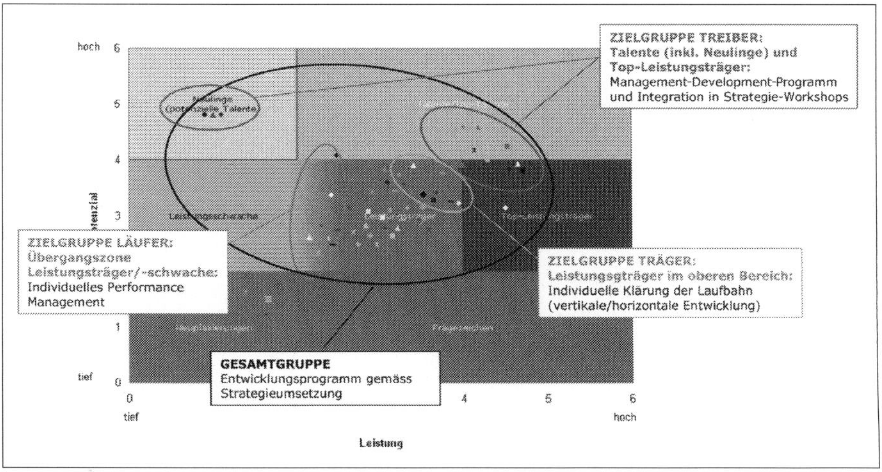

Abb. 81: Praxisbeispiel eines Talent Portfolios und mögliche Maßnahmen

3. Schritt: Talent Review Meeting

Das Review Meeting (oder Abstimmungsworkshop) ist ein zentrales Element im Portfolioprozess und hat folgende Zielsetzungen bzw. beabsichtigt folgende Ergebnisse:

- Die Einschätzungen der Portfoliopositionen sollen im Quervergleich durch die anderen kritisch hinterfragt und verifiziert werden, damit innerhalb des Unternehmens ein vergleichbarer Beurteilungsmaßstab angewendet wird.
- In der Geschäftsleitung wird das gemeinsame Verständnis geschärft, welches die erfolgsrelevanten Kriterien für zukünftige Führungskräfte sind.
- In der Geschäftsleitung existiert ein gemeinsames Bild über die Positionierung der einzelnen Mitarbeitenden in den Portfoliofeldern.
- Allfälliger Handlungsbedarf für kollektive Entwicklungsmaßnahmen wird identifiziert und das weitere Vorgehen festgelegt.
- Jedes Mitglied des Managementteams kennt seine Verantwortung in der weiteren Umsetzung von individuellen Entwicklungsmaßnahmen für seine Mitarbeitenden.

Mögliche Agenda:

- Begrüßung, Prozessübersicht.
- Spielregeln.
- Rückblick auf Beurteilungsphase.
- Überblick konsolidierte Portfolio.
- Präsentieren der Portfoliopositionen durch Bereichsverantwortliche.
- Rangreihe erstellen.
- Kritische Reflexion/Diskussion durch alle Teilnehmenden und allfällige Anpassungen der Portfoliopositionen.
- Verabschiedung Gesamtportfolio.
- Empfehlenswerte Entwicklungsmaßnahmen pro Portfoliofeld.
- Nachfolgeplanung (bekannte Vakanzen, Risiko Assessment, Mobilität).
- Analyse bezüglich allfälligem Bedarf für kollektive Entwicklungsmaßnahmen (Talent Gaps, Diversity bezüglich Alter/Geschlecht/Nationalität, Kompetenzlücken).
- Weiteres Vorgehen und Kommunikation abstimmen.
- Abschluss/Feedback.

Da das Review Meeting durchaus auch Gefahren in sich birgt (anspruchsvolle Thematik, Positionierungskämpfe, falscher Wettbewerb), braucht es einige klare Spielregeln. Bewährt haben sich folgende Spielregeln, die zu Beginn des Workshops zu vereinbaren sind:

- Ich äußere mich aktiv zur Positionierung von Mitarbeitenden in anderen Bereichen nur sofern mir eine Einschätzung möglich ist.
- Abweichende Einschätzungen meiner Kollegen fasse ich nicht als Kritik auf, sondern nutze die zusätzliche Perspektive zur Überprüfung meines eigenen Bildes.
- Jeder bringt die Bereitschaft mit, die Positionierung eines Mitarbeitenden anzupassen und im Quervergleich mit den andern abzustimmen.
- Die Entscheidungsbefugnis über die definitive Position eines Mitarbeitenden im Portfolio ist geklärt und allen bekannt.

4. Schritt: Kollektive und individuelle Entwicklungsmaßnahmen

Die im Portfolio erfassten Daten lassen sich anhand unterschiedlicher Kriterien auswerten, um kollektiven Entwicklungsbedarf zu erkennen und gezielte Maßnahmen festzulegen.

Bei der Ausgestaltung von Entwicklungsprogrammen ist darauf zu achten, dass ein direkter Bezug zu den Herausforderungen des Unternehmens hergestellt wird. Mögliche Gestaltungselemente dazu sind:

- Involvierung von Talents und Leistungsträgern in den Strategieumsetzungsprozess durch Teilnahme an Workshops mit dem Führungsteam.
- Bearbeitung eines realen Projektes als Bestandteil der Entwicklungsmaßnahme.
- Bearbeitung von Fallstudien aus dem Unternehmenskontext im Rahmen von Trainings.
- Führungsgrundsätze und -verständnis durch eigene Führungskräfte vermitteln (Leaders develop Leaders).

Verknüpfung von Unternehmensstrategie mit dem Kompetenzmodell

Durch die Verknüpfung von Unternehmensstrategie mit dem Kompetenzmodell, der Evaluation der Kompetenzausprägungen sowie der Ableitung von individuellen und kollektiven Entwicklungsmaßnahmen leistet das Kompetenz- und Talent Management einen direkten Beitrag zur erfolgreichen Umsetzung der Unternehmensstrategie.

Das folgende Praxisbeispiel von Diethelm Keller Brands, eines internationalen Industrie- und Handelsunternehmens, soll die Verknüpfung der Arbeitgeberpositionierung mit dem Talent Management aufzeigen.

Vom Employer Branding zu einem internationalen Talent Management bei Diethelm Keller Brands

Michel Bösiger, Leiter Group HR, Diethelm Keller Brands (DKB), Zürich

Unternehmen

Diethelm Keller Brands ist ein auf Markenführung spezialisiertes Schweizer Unternehmen. Das Kerngeschäft besteht aus einem Portfolio mit 15 internationalen Marken, darunter Konsumgüter-Marken wie OUTDOORCHEF, TURMIX oder ZYLISS und Industriegüter-Marken wie WETROK und EDAK. Das Unternehmen beschäftigt über 1.100 Mitarbeitende vorwiegend in Europa, Nordamerika und Asien.

Ausgangslage

Wie etabliert sich ein weitgehend unbekanntes Familienunternehmen international als »Employer of choice« von talentierten Führungs- und Fachkräften? Und wie können die High Potentials weltweit einheitlich evaluiert und gefördert werden, ohne dass die ethnozentrierten Wahrnehmungsfilter der Vorgesetzten zu einer Verzerrung der Beurteilungen führen?

Umsetzung

Befragt man Studienabgänger nach ihren bevorzugten Arbeitgebern, nennen sie in der Regel international renommierte Großunternehmen. Diethelm Keller Brands (DKB) als nicht-börsenkotiertes und kaum bekanntes Schweizer Familienunternehmen scheint im Kampf um die besten Nachwuchstalente zunächst schlechte Karten zu haben. Die fehlende Bekanntheit beinhaltet aber auch eine Chance: Im Rekrutierungsgespräch muss nicht auf vorgefasste Meinungen zum Unternehmen Rücksicht genommen werden, sondern es kann direkt das Werteversprechen von DKB als Arbeitgeber kommuniziert werden. Dieses Werteversprechen wurde bei DKB in der »Value Proposition« definiert – der Begriff ist eine Übertragung der »Unique Selling Proposition«, welche im Marketing umschreibt, was ein Produkt einmalig macht. Bei DKB klingt ein Wertversprechen zum Beispiel so: »Alle Mitarbeitenden, selbst Berufseinsteiger, übernehmen von Anfang an unternehmerische Verantwortung; sie setzen eigene Ideen um, erleben hautnah die Einführung oder Weiterentwicklung weltweit bekannter Marken. Diesen macher-orientierten KMU-Charakter kombiniert DKB mit den Vorteilen eines weltweit tätigen Großkonzerns: internationale Personalentwicklungsprogramme, professionelle Prozesse und etablierte IT-Lösungen.« Das gesamte Set der Werteversprechen von DKB kann in drei englischen Schlagworten zusammengefasst werden: Passion. Performance. Perspectives.

Ist der »passionierte« Nachwuchs einmal rekrutiert, geht es um das Einlösen der Versprechen: Die »Performance« will gemessen und honoriert, und die »Perspectives« aufgezeigt werden. Das Talent Management von DKB erhebt den Anspruch, weltweit allen Mitarbeitenden den gleichen Zugang zu Karrierechancen und Aufstiegsmöglichkeiten zu geben. Group HR führt zu diesem Zweck jährlich in Zusammenarbeit mit den lokalen Managementteams und HR-Verantwortlichen einen Talent-Review-Prozess durch, mit dem Nachwuchstalente frühzeitig erkannt und für die gesamte Gruppe sichtbar gemacht werden.

Die Herausforderungen einer international identisch durchgeführten Kaderbeurteilung liegen weniger in der Ausgestaltung dieses Prozesses, sondern vielmehr in der Kompatibilität des Prozesses in unterschiedlichen Kulturkreisen: Zwischen Amerika, Europa und Asien bestehen fundamental unterschiedliche Rollenerwartungen an Fach- und Führungskräfte. Zudem werden Einstellungen und Verhaltensweisen von den Vorgesetzen aus ethnozentrierter Sicht beurteilt. Dies führte im ersten Jahr der Talent Review dazu, dass alle US-amerikanischen Kaderleute von ihren Vorgesetzten enthusiastisch beurteilt wurden, und es dort folglich ausschließlich absolut hochfliegende »High Potentials« zu geben schien – was eine differenzierte Diskussion über die Nachfolgeplanung für konkrete Schlüsselpositionen selbstredend sehr erschwert. Auf der anderen Seite der Weltkugel, im asiatischen Kulturkreis, wurden die Leistungsbeurteilungen hingegen zunächst als Signal des Misstrauens oder gar der Beleidigung verstanden: In den meisten Ländern Asiens gibt es keine Tradition der offenen Diskussion über Leistung und Potenzial, und es war entsprechend schwierig, die Vorgesetzten überhaupt dazu zu bringen, sich über ihre Mitarbeitenden zu äußern.

Die weltweit unterschiedlichen Wahrnehmungsfilter führten zu einer Verzerrung der Ergebnisse. Es brauchte im ersten Jahr der Implementierung viel Kommunikation und Überzeugungsarbeit, danach aber stiegen das gegenseitige Vertrauen und die Akzeptanz für den Prozess. Heute folgt der Talent-Review-Prozess von DKB der Leitidee der Individualisierung; auf eine Schematisierung des Führungsverhaltens wird verzichtet. Die Vorgesetzten in den Auslandgesellschaften haben gelernt, mit dem Spannungsfeld zwischen Diversität und dem Anspruch an Gleichbehandlung umzugehen.

Wichtigste Lessons learned

Ein international einheitliches Talent Management in einem heterogenen kulturellen Umfeld muss auf einfachen und verständlichen Beurteilungskriterien aufbauen.

- Die Implementierung eines international standardisierten Prozesses für den Talent Review braucht eine aktive Kommunikation: Dazu gehören Schulung der Kader, Abstimmungsworkshop und eine Feedback-Runde.
- Der Talent-Review-Prozess sowie die Nachfolgeplanung müssen in die bestehenden Instrumente (z.B. Kompetenzmodelle, Value Proposition) eingebettet werden.

3.4.5 Performance Management und Incentivierung

In der aktuellen Diskussion um die Auslöser der Finanz- und Wirtschaftskrise werden häufig auch verfehlte Anreize der Performance-Messung und Vergütungssysteme erwähnt. So hat beispielsweise die UBS AG in ihrem Bericht zur Vergütung 2008 ein neues Vergütungsmodell vorgestellt, dass die folgenden Schwachstellen beseitigen soll:

- Die variable Vergütung war stark auf kurzfristige Ergebnisse ausgerichtet, ohne Berücksichtigung der Qualität oder Nachhaltigkeit der Performance.
- Das System zur Festlegung der variablen Vergütung trug den eingegangenen Risiken nicht genügend Rechnung.

Explizites Ziel ist u.a. eine Kulturänderung: »Belohnt wird, wer über mehrere Jahre gute Resultate liefert, ohne unangemessene Risiken einzugehen.«

Aus Sicht der HR Governance ist klar, dass die Verantwortlichkeit für die Ausarbeitung von Vergütungsgrundsätzen, die Bewilligungspflicht betreffend Vergütung der Board-Mitglieder und der Geschäftsleitung sowie die Aufsicht über die verschiedenen Pläne, insbesondere auch Zuteilung und Eigentumsübertragung von Aktien dem Board bzw. dem bezeichneten Ausschuss (HR Comittee) obliegt (vgl. dazu Kapitel 2). Das exemplarische Beispiel des neuen Vergütungsmodells der UBS soll hier dargestellt werden, da es Aufgabe der Geschäftleitung und insbesondere des HR-Leiters ist, bei der Erarbeitung auf die Strategie und Kultur des Unternehmens ausgerichteten Vergütungsmodellen proaktiv mitzuwirken. Insbesondere die unterlegten Leistungskriterien von Economic Profit und Total Shareholder Value (vgl. nachfolgende Erläuterungen im Beispiel UBS) sind auf die langfristige Wertsteigerung ausgerichtet und finden sich zur Zeit bei vielen als Benchmark geltenden Vergütungsmodellen wieder.

UBS

Neues Vergütungsmodell der UBS AG

(basierend auf dem UBS Vergütungsbericht 2008)

Ausgelöst durch die Finanzkrise führte die UBS AG Anfang 2009 für die Konzernleitung und das obere Kader ein neues Entlohnungsmodell ein. Es ist langfristig ausgerichtet, soll die effektive Wertschaffung honorieren und sensibel auf Geschäftsrisiken reagieren. Für profitable Perioden sind leistungsabhängige variable Vergütungsbestandteile vorgesehen. Bei Verlusten wird hingegen keine variable Vergütung ausgerichtet. Zudem kann ein »Malus« mit den auf dem Bonuskonto zurückgehaltenen variablen Entlohnungen verrechnet werden.

Das neue Kompensationsmodell besteht aus drei Komponenten:

1. ein fixes Grundgehalt,
2. eine variable Barvergütung (Cash Balance Plan),
3. eine variable Aktienbeteiligung (Performance Equity Plan).

Die variable Barvergütung basiert auf einem Bonus-Malus-System. Die jährliche variable Barvergütung, soweit sie aufgrund guter Geschäftsentwicklung tatsächlich anfällt, wird nur bis zu einem Maximum von einem Drittel ausbezahlt. Der größere Anteil wird auf einem Sperrkonto einbehalten. Erzielt die UBS in einem Geschäftsjahr schlechte Finanzergebnisse, kann ein Malus resultieren, der die variable Barvergütung schmälert. Diese wird zudem reduziert, wenn Vorschriften grob missachtet, zu hohe Risiken eingegangen oder individuelle Performance-Ziele nicht erreicht werden. Damit werden die langfristige Sichtweise auf die Unternehmensergebnisse sowie die eingegangenen Risiken direkt mit der Entlohnung verknüpft.

Ein ähnliches Konzept gilt für die variable Aktienbeteiligung. Auch hier ist die Geschäftsentwicklung der UBS über mehrere Jahre entscheidend. Die Anzahl und der Wert der Aktien sind abhängig von der Wertschöpfung und vom UBS-Aktienkurs. Die Aktien gehen erst nach drei Jahren in das Eigentum der Führungspersonen über. Auch danach sind die Führungskräfte verpflichtet, diese Aktien weiterhin für eine längere Zeit zu halten.

UBS orientiert sich an zwei in die Zukunft gerichteten Leistungskriterien:

1. Erreichen von vordefinierten Zielsetzungen bezüglich Economic Profit (EP),
2. Erzielen eines relativen Total Shareholder Return (TSR).

Der EP ist eine risikoadjustierte Gewinngröße, die explizit die Kosten für das Risikokapital berücksichtigt. Der EP ist der Teil des Gewinns, der nach der Erfüllung der Renditeerwartungen der Aktionäre verbleibt. EP wird also nur erzielt, wenn die erwirtschaftete Gesamtkapitalrendite größer ist als die Kapitalkosten des Unternehmens.

Der TSR misst den Erfolg eines Aktienengagements. Während die Dividendenrendite nur das Verhältnis der Dividende zum gegenwärtigen Kurs ausdrückt, ist der TSR eine Messgröße dafür, wie sich der Wert eines Aktienengagements über einen bestimmten Zeitraum hinweg entwickelt hat. Berücksichtigt werden dabei sowohl die in dem Zeitraum ausgerichtete Dividende als auch die evtl. erzielten Kursgewinne. UBS misst den TSR relativ zur Performance ausgewählter Konkurrenten oder relativ zu einem breiter gefassten Bankenindex.
Zusammenfassend wird in der nachfolgenden Grafik der bisherige Vergütungsansatz für die Konzernleitung mit dem neuen Modell verglichen:

Kriterien	Schwachstellen bisher	Lösungen neu
Performancemessung	Jährliche Profitabilität; teilweises Ausblenden von Risikokapitalkosten	Fokus auf Economic Profit, Risikoelemente werden berücksichtigt
Abstimmung auf Aktionärsinteressen	Aktienbasiert, nicht leistungsabhängig; asymmetrische Bonuszahlungen	Aktienbasiert und leistungsorientiert mit relativem TSR und EP; symmetrisch mit Bonus-/Malus-Komponente
Orientierung	Kurzfristig (jährlicher Ansatz)	Langfristig: 3-Jahresziele und Haltefristen; ausgerichtet auf Aktionärswert
Transparenz	Diverse Performancefaktoren in unterschiedlichen Lohninstrumenten	Nur zwei Instrumente: Cash Balance Plan und Performance Equity Plan
Variable Komponente	Top-Down-Ansatz beruhend auf diversen Performanceindikatoren	Top-Down-Ansatz primär beruhend auf Wertschaffung; zudem verstärkter Fokus auf Performance der Unternehmensbereiche
Vergütung VR Präsident	Analog der Konzernleitung mit variablen Vergütungsbestandteilen	Keine variablen Vergütungsbestandteile; Basissalär und eine fixe Anzahl Aktien

Abb. 82: Gegenüberstellung altes/neues Vergütungsmodell der UBS AG[45]

Die Erfahrungen beim Aufbau eines wertorientiertes Entlöhnungssystem werden im Folgenden am Beispiel von Kuoni, einem der größten Reisekonzerne Europas aufgezeigt.

45 UBS (2008, S. 11).

KUONI

Wertorientierte Gestaltung der Entlöhnungssysteme bei Kuoni

Heinz Karrer (Vorsitzender des Kuoni Nomination and Compensation Committee) und Alexander Brochier (Chief Human Resources Kuoni Group)

Unternehmen

Kuoni ist mit knapp 10.000 Mitarbeitenden in über 40 Ländern in Europa, Asien, Afrika, Australien und Nordamerika aktiv. Kuoni zählt in Europa zu einem der größten Reisekonzerne. Die Kuoni-Gruppe erzielte im Jahr 2008 einen Umsatz von 4,855 Mrd. Schweizer Franken. 1906 von Alfred Kuoni in Zürich gegründet, ist Kuoni mittlerweile der weltweit führende Premium-Reiseanbieter. Das Unternehmen wird stark durch die Vielfalt an Mitarbeitenden aus verschiedensten Kulturen und in zahlreichen Regionen und Geschäftseinheiten geprägt.

Ausgangslage

Mit der Präsenz rund um den Globus und bedeutenden und wachstumsorientierten Aktivitäten in Ländern wie Indien, China oder auf dem afrikanischen Kontinent gehen deutliche Unterschiede betreffend Führungs- und Unternehmenskultur einher. Von Einheit zu Einheit verschieden ist auch der Reifegrad der Organisation – vom Marktaufbau über die Marktführerschaft bis hin zu Turnaround-Situationen. Kuoni agiert in einem Marktumfeld, das teils von reifen, teils von dynamischen Wachstumsmärkten geprägt ist. Schließlich hat das akquisitorische Wachstum von Kuoni zur Folge, dass regelmäßig Gründer und Unternehmer übernommen und damit zu Managern werden.

Verschiedenste Geschäftssituationen sind unter einen Hut zu bringen. Nötig ist ein durchgängiges Konzept, das einerseits genügend stringent ist, um Schlüsselanreize zu setzen, und anderseits einen gewissen Spielraum bietet, um Sondersituationen gerecht zu werden.

Dabei startete Kuoni mit guten Voraussetzungen. Zwar ist das Unternehmen mit einer dezentralen Führungsorganisation und zurückhaltender zentraler Steuerung groß und erfolgreich geworden, was für ein einheitliches Gehaltskonzept eine Hürde darstellt. Doch, und dies wirkte klar begünstigend, hat Kuoni im Jahr 2006 den sogenannten KEP (Kuoni Economic Profit) eingeführt, um die verbindende Klammer zu stärken und die gemeinsamen finanziellen Interessen in den Denk- und Entscheidungsprozessen besser zu gewichten. Der KEP – der operative Gewinn nach Steuern abzüglich der Kosten für das operativ investierte Kapital – diente als wertorientierte Führungskennzahl und wurde intern und extern als zentrale Führungs- und Messgröße klar kommuniziert.

Damit stand ein konzeptionelles Fundament schon bereit, als der Verwaltungsrat und die Konzernleitung die Erneuerung des Kompensationsmodells für das gruppenweite Senior Management initiierte. Sie hatte zum Ziel, die persönlichen Interessen der einzelnen Manager mit den Unternehmenszielen und Aktionärsinteressen in Einklang zu bringen. Auch sollte die Performance-Orientierung und ein unternehmerischer Spirit stärker im Konzern verankert werden. Weil die Manager in der kurzfristig denkenden Reisebranche von Saison zu Saison planen, sollte diesem Fokus auf kurze Zyklen und zeitlich beschränkte Produkte eine Mittelfristorientierung entgegen gesetzt werden. Schließlich galt es, wie bei jedem Entlohnungskonzept, Schlüsselmitarbeiterinnen und -mitarbeiter zu gewinnen und innerhalb des Unternehmens halten zu können.

Umsetzung

Das neue konzernweite und zentral gesteuerte Entlohnungskonzept wurde im Frühjahr 2008 eingeführt. Es umfasst weltweit die Top 150 Manager der Kuoni-Gruppe. Das Steuerungssystem fördert den Zusammenhalt innerhalb des Konzerns, indem es einerseits auf die Entwicklung des Aktienkurses abstützt. Andererseits honoriert es die individuellen, operativen Beiträge zur Wertschöpfung. Bemessungsgrundlage dafür ist ein Value-Based-Management-System, dem Kuoni den Namen KEP gegeben hat. Das KEP-System basiert nicht auf Länderorganisationen, sondern auf Divisions- und Marktstrukturen. Gegenüber dem bisherigen Entlohnungssystem haben die einzelnen Manager einen größeren Einfluss auf den eigenen Bonus, womit das unternehmerische Denken stimuliert und belohnt wird.

Die Entwicklung des Aktienkurses und der relevanten KEP-Kennzahl werden mit dem Instrument einer sogenannten Perfomance Share zusammengefasst. Dem Konstrukt der Performance Shares liegt als Auszahlungseinheit, wie der Name sagt, eine Aktie zugrunde. Die Perfomance Shares wurden den Kuoni-Managern zu Beginn der Laufzeit des neuen Kompensationsmodells »up-front« zugesprochen und auf drei Jahre gesperrt, sowie zum Aktienkurs bei Planbeginn berechnet. Der Payoff am Ende der Laufzeit hängt von der Anzahl zugeteilter Performance Shares, der Entwicklung des Aktienkurses und der langfristigen Performance der jeweils wesentlichen KEP-Einheiten ab. Für den Manager resultiert daraus, neben der operativen Performance, ein attraktiver zweiter Hebel mit der Partizipierung an der Aktienkursentwicklung, welche für das Unternehmen durch die entsprechende Performance selbstfinanziert ist. Um sowohl den Managern als auch den Aktionären eine gewisse Sicherheit zu bieten, sind die Parameter der Auszahlungsmatrix so definiert, dass minimal eine Auszahlungsquote von 0.5x und maximal ein Multiplikator von 3.0x der ursprünglich ausgerichteten Performance Shares resultiert.

Das neue Kompensationsmodell, das seit Anfang 2008 gilt und eine dreijährige Laufzeit aufweist, ist ein deutliches Abrücken vom bisherigen Bonuskonzept.

Wichtigste Lessons learned

- Zusammenarbeit der Manager über die Grenzen des unmittelbar eigenen Einflussbereichs hinweg hat sichtlich zugenommen, etwa beim gemeinsamen Einkauf oder bei der Nutzung und Schaffung von Marketingplattformen, in der Positionierung eines einheitlichen und starken Markenauftritts und in der Produktion von Reisekatalogen.
- Die Manager zeigen ein größeres Interesse an der Performance innerhalb der Gruppe und der Entwicklung des Aktienkurses.
- Mit der Einführung des neuen Anreizsystems ist das Verständnis der Manager in Bezug auf die Treiber des KEP – insbesondere der Einsatz von Kapital – deutlich gestiegen.

Über die nächsten Jahre werden die HR-Verantwortlichen vermehrt gefordert sein, das Management und die Aufsichtsgremien bei der Gestaltung von nachhaltigen und ethisch vertretbaren, das heißt alle Anspruchsgruppen berücksichtigenden Vergütungsmodellen professionell zu unterstützen. Die Ausrichtung des Performance Managements und der Anreizsysteme haben dabei einen starken Einfluss auf die Führungs- und Unternehmenskultur. Diese Zusammenhänge sind durch die HR Governance bewusst zu gestalten und zu steuern.

3.4.6 Restrukturierungsmanagement und Trennungskultur

Es gibt verschiedene Gründe, warum sich Unternehmen und Mitarbeitende trennen. Die Art und Weise wie dies geschieht, wirkt sich in mehrfacher Hinsicht auf die Wahrnehmung der scheidenden, aber auch der verbleibenden und der potenziellen Mitarbeitenden und damit auf das Image des Unternehmens als Arbeitgeber aus. Ein nachhaltiges HR Management versucht zunächst Trennungen zu vermeiden, indem Personalressourcen strategisch sowohl quantitativ als auch qualitativ umsichtig geplant werden, Rekrutierungen sorgfältig getätigt und auf das Anforderungsprofil und die Unternehmenskultur abgestimmt werden und die Führung auf langfristige Leistungsfähigkeit und hohes Commitment ausgerichtet sind. Die Realität zeigt, dass dies auch bei Unternehmen, die auf ein nachhaltiges HR Management achten, nicht immer ohne Stellenabbau möglich ist. Umso wichtiger ist es, bei Restrukturierungen alle möglichen Alternativen vorgängig gut zu prüfen und beim notwendigen Personalabbau hohe Standards an Trennungskultur und -management[46] zu stellen.

Bei der Prüfung von beschäftigungswirksamen Alternativen gilt es zunächst abzuklären, ob durch Umverteilung von Arbeitszeit bzw. Lohnkosten Arbeitsplätze erhalten werden können. Eine weitere Alternative bietet sich durch die Umnutzung von Ressourcen beispielsweise durch ein Redeployment in anderen Bereichen oder die Anpassung von Fähigkeiten durch Umschulung. Schließlich kann Arbeit auch umgestaltet werden, da heißt es wird versucht durch In- oder Outsourcing oder Unterstützung der Selbständigkeit (z.B. über Venture Fonds) neue Arbeit zu gewinnen. Zusammenfassend können mögliche HR-Maßnahmen bei einer Restrukturierung wie in Abbildung 83 gezeigt dargestellt werden:

Kommt es zu unvermeidlichen Entlassungen, ist aus HR-Governance-Sicht die Vorgabe von Prozessrichtlinien bzw. Fairnessregeln für den Personalabbau zu empfehlen.

46 Vgl. beispielsweise Andrzejewski (2008).

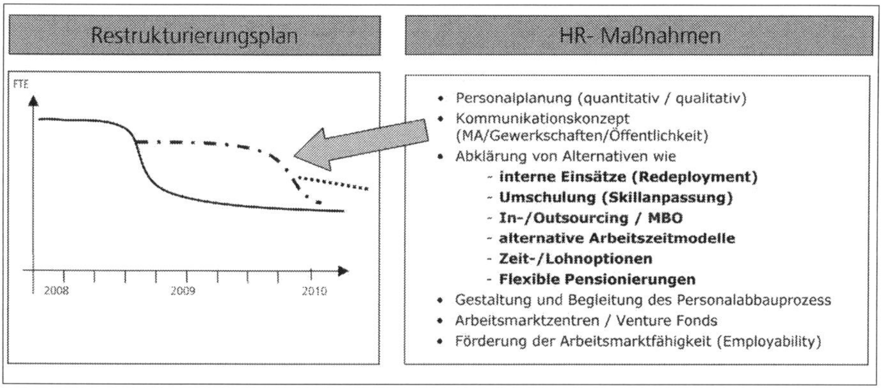

Abb. 83: Restrukturierungsmanagement und HR-Maßnahmen

Ein mögliches Beispiel für Fairnessregeln bei einer Restrukturierung könnte wie folgt aussehen:

Praxisbeispiel zu Fairnessregeln bei Restrukturierungen

Information/Kommunikation

- Über die Restrukturierungsmaßnahmen wird frühzeitig, regelmäßig, offen und in geeigneter Form informiert.
- Die Projektverantwortlichen, die Vorgesetzten und die HR-Verantwortlichen nehmen die Anliegen und Fragen der Mitarbeitenden ernst.
- Entscheide werden klar kommuniziert und transparent begründet.

Wer auf Grund einer Restrukturierungsmaßnahme die Stelle verliert, …

- wird schnell, klar, eindeutig, direkt und in geeigneter Form informiert.
- erfährt die Entscheidung der zu Grund liegenden Kriterien.
- hat Anrecht auf die Einhaltung der vertraglichen Bedingungen und eine faire Behandlung.
- wird über das Unterstützungsangebot (Sozialplan, Perspektiv-Center usw.) umfassend informiert.
- wird bei der Planung seiner Zukunft professionell unterstützt.

Wer von Veränderungen in seiner Arbeit betroffen ist, …

- wird über die Veränderungen in seinem direkten Arbeitsumfeld umfassend und frühzeitig informiert.
- wird in die Gestaltung seiner Zukunft in geeigneter Form einbezogen.

Projektverantwortliche

- können professionelle Unterstützung anfordern.

Und in allem was wir tun, wollen wir …

- verbindlich und zuverlässig sein.
- den Veränderungsprozess professionell gestalten.
- offen sein für Feedback und Feedback geben.
- unterstützen und nicht behindern.
- leben, was wir uns auf die Fahne schreiben.

Gerade in der Krise sind verbindliche Werte ein wichtiger Kompass. Als Grundprinzipien sind sie wegleitend für das Handeln von Führungskräften und Mitarbeitenden. So investiert beispielsweise der Industriekonzern Sulzer auch während der momentanen Restrukturierungsphase in die weitere Verankerung der Unternehmenswerte und der CEO und die Geschäftsleitung fordern das »Leben« der Werte noch konsequenter ein.

Die Werte bei Sulzer umfassen zusammengefasst die folgenden Aspekte:

- Der Kunde als Partner:
  Wir übertreffen die Erwartungen unserer Kunden mit attraktiven, innovativen Lösungen.
- Operational Excellence:
  Strukturierte Arbeitsprozesse und Lean-Prinzipien sind die Grundlage für unsere Leistung.
- Engagierte Mitarbeitende:
  Wir setzen hohe Maßstäbe und verhalten uns anderen gegenüber respektvoll.

Vor allem der respektvolle Umgang mit den Mitarbeitenden darf auch in der Umsetzung von Restrukturierungsmaßnahmen nicht leiden. Dies gilt sowohl für diejenigen, die das Unternehmen verlassen als auch für diejenigen, die verbleiben. Oft werden bei größeren Restrukturierungen die Auswirkungen auf die Verbleibenden unterschätzt. Hier kann ein vorausschauendes Trennungsmanagement gute Unterstützung bieten.

3.5 HR Scorecard und HR Risk Management

Ziel der Unternehmensführung ist es, Gewinn zu erwirtschaften und eine nachhaltige Wertsteigerung zu erzielen, die sich entsprechend im Aktienkurs und der Marktkapitalisierung widerspiegelt. Der Stellenwert, den das HR Management in diesem Zusammenhang einnimmt, wird vielfach unterschätzt[47]. Im Zuge von Restrukturierung, Downsizing und Reengineering wird zu einseitig die Kostenseite betrachtet. Ein strategisch ausgerichtetes HR Management fokussiert auf die zur Umsetzung der Geschäftstrategie erforderlichen organisationalen Fähigkeiten. Die Verknüpfung dieser ressourcenorientierten Sichtweise mit den

47 Vgl. auch Oertig (2007, S. 17 f.)

Marktanforderungen kann für die Organisation zu einem Leverage-Effekt führen, der mehr zur Wertsteigerung beiträgt als eine eindimensionale Ausrichtung auf Kostensenkung. Ein Personalmanagement, das auf die Geschäftstätigkeit des Unternehmens und deren strategische Initiativen abgestimmt ist, richtet Leistung und Verhalten der Mitarbeitenden auf die Geschäftsprioritäten aus, die ihrerseits Gewinn und Wachstum und damit den Marktwert des Unternehmens treiben.

Inwieweit kann ein gutes HR Management zur Wertsteigerung des Unternehmens beitragen? In Abbildung 84 ist die Beziehung zwischen der relativen Qualität des HR Management (gemessen an der Steigerung eines definierten Index für eine Hochleistungsorganisation) und der Veränderung im Marktwert pro Mitarbeiter eines Unternehmens abgebildet.[48] Zwei wesentliche Erkenntnisse sind darin ersichtlich: Erstens eine Investition in ein strategisch orientiertes HR Management zahlt sich im Marktwert aus und zweitens der Verlauf ist nicht linear. Die ersten Schritte in der Professionalisierung des Personalmanagements ergeben einen raschen Anstieg im Marktwert pro Mitarbeiter. Im großen Mittelfeld ergeben sich nur wenige marginale Verbesserungen der Leistungsfähigkeit. Erst Unternehmen, die Best Practices im HR Management in einem integrierten Ansatz umsetzen und zu einem strategischen Partner der Linienmanager werden, schaffen wieder einen wesentlichen Anstieg im Marktwert. Die konsequente Umsetzung der Best Practices abgestimmt auf die Geschäftsprioritäten und operativen Initiativen ergeben die zusätzliche Unternehmenswertsteigerung.

Mit anderen Worten: HR muss auf die Beeinflussung von Geschäftsresultaten fokussieren und nicht auf HR als Selbstzweck, d.h. beispielsweise ein noch perfekteres Beurteilungssystem generiert erst Wert, wenn es dem Unternehmen hilft, seine Geschäftsziele schneller oder besser zu erreichen. Benchmarking mit anderen kann ein Unternehmen im Spiel halten, aber damit wird kaum intellektuelles Kapital entwickelt, das einen nachhaltigen Wettbewerbsvorsprung verschafft.

48 Becker et al. (1997, S. 40).

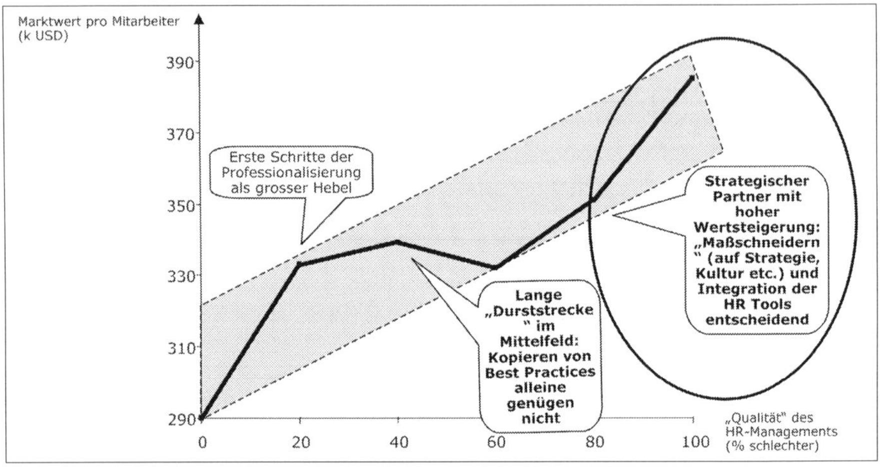

Abb. 84: Wertsteigerung durch HRM[49]

3.5.1 Von der Balanced Scorecard zur HR Scorecard

Im Sinne einer ganzheitlichen Strategieumsetzung kann das Konzept der Balanced Scorecard (Kaplan/Norton 2001) einen wertvollen Beitrag leisten. Leider wird in der Praxis die Umsetzung vielfach wenig konsequent verfolgt und die Perspektive des Mitarbeitendenpotenzials zuwenig differenziert ausformuliert.

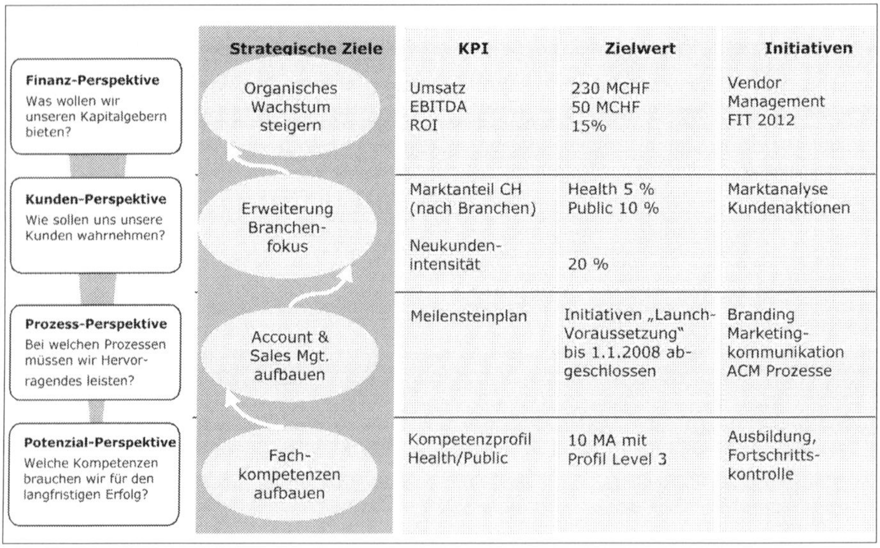

Abb. 85: Praxisbeispiel einer Balanced Scorecard und Strategy Map einer IT-Unternehmung

49 Becker et al. (1997, S. 42).

Am Beispiel des Industriekonzern Georg Fischer wird im Folgenden aufgezeigt, wie der Beitrag von HR zur Strategieumsetzung über einen HR-Navigator messbar gemacht werden kann.

+GF+ GEORG FISCHER

Steuerung und Messung des Wertschöpfungsbeitrages von HR: HR-Navigator bei Georg Fischer

Dr. Stephan Wittmann, Leiter Human Resources Konzern

Unternehmen

Georg Fischer ist ein führender Industriekonzern, fokussiert auf die drei Kerngeschäfte GF Piping Systems, GF Automotive und GF AgieCharmilles. Menschen in aller Welt dürfen von Georg Fischer einen wichtigen Beitrag zur Befriedigung ihrer Bedürfnisse von heute und morgen erwarten. Mobilität, Komfort und Präzision sind zentrale Anforderungen der Märkte, die das Unternehmen mit seinen Leistungen erfüllt. Das 1802 gegründete Unternehmen mit Hauptsitz in Schaffhausen (Schweiz) generiert einen Jahresumsatz von 4,5 Mrd. Schweizer Franken und beschäftigt rund 14.000 Mitarbeitende (2008). Als weltweit tätiges Unternehmen ist Georg Fischer in Europa mit 81 Gesellschaften, in Asien/Naher Osten mit 38 Gesellschaften, in Amerika mit 15 und in Australien mit drei Gesellschaften vertreten.

Ausgangslage

In der HR-Strategie wurden drei Hebel identifiziert, mit denen das HR Management maßgeblich zum unternehmerischen Erfolg beitragen kann:

- Geschäftsorientierung durch die systematische und enge Anbindung des HR Management an die Geschäftsstrategie. Im Planungsprozess ist frühzeitig zu bedenken, welche Konsequenzen die Geschäftsstrategie für die Anzahl und die benötigten Qualifikationen der Mitarbeitenden hat, um daraus HR-Strategien und -Maßnahmen abzuleiten.
- Nur durch enge, vertrauensvolle und vorausschauende Zusammenarbeit mit den Geschäftsverantwortlichen kann es HR gelingen, zur richtigen Zeit die Mitarbeitenden mit den richtigen Qualifikationen am richtigen Ort zu haben und auf allfällige Probleme bei der Strategieumsetzung rechtzeitig zu reagieren.
- Damit die strategischen HR-Konzepte auch konsequent umgesetzt werden, gilt es die Geschäftsverantwortlichen zu gewinnen und zu verdeutlichen, welche »verdeckten« Kosten von »schlechtem« HR Management ausgehen und welcher messbare Nutzen von »gutem« HR Management mittel- und längerfristig geschaffen wird.

Um diese drei Erfolgsfaktoren in einem weltweit tätigen Konzern mit über 130 operativen Gesellschaften umzusetzen, bedarf es eines einfachen und klaren Managementkonzepts, das dezentral »vor Ort« bei den jeweiligen Verantwortlichen ansetzt. Der HR-Navigator besteht aus:

- drei strukturierten Meetings (sog. Dialogmeetings) zwischen Geschäfts- und HR-Verantwortlichen, die verteilt über das Geschäftsjahr stattfinden sowie

- einer Toolbox mit standardisierten Instrumenten, die den Dialogprozess strukturieren und die Dokumentation und Umsetzung der Ergebnisse erleichtern.

Umsetzung

Im Zentrum stehen fünf HR-Managementfelder, die kritisch für die erfolgreiche Umsetzung einer Geschäftsstrategie sind (vgl. Abbildung 86).

Für die fünf HR-Felder werden in der Toolbox Leitfragen für die Vorbereitung und Strukturierung der Dialogmeetings sowie Messeinheiten (Kennzahlen) und geeignete Wege ihrer Ermittlung dargestellt. Messeinheiten können sowohl absolute Größen (z.B. Personalkosten) als auch Kennzahlen (z.B. Fluktuationsrate) oder Indizes (z.B. Mitarbeiterzufriedenheit) sein.

Einmal jährlich, in der Regel nach Abschluss der Strategierunde findet der zwei- bis dreistündige Zieldialog statt. Dabei werden vom Geschäfts- und HR-Verantwortlichen die fünf HR-Felder diskutiert und für jedes Feld ein bis drei Ziele gemeinsam festgelegt. Je nach Geschäftsstrategie kann die Bedeutung der Felder unterschiedlich sein. Es ist also auch möglich, einzelne Felder überzugewichten. Insgesamt sollten nicht mehr als zehn Ziele definiert werden. Ganz entscheidend ist, dass für jedes Ziel eine Kennzahl sowie ein Zielwert festgelegt wird, der je nach Bedarf in einen langfristig anzustrebenden und einen für das laufende Jahr zu erzielenden Wert unterteilt werden kann. Denn gerade auch für das HR Management gilt: »Only what gets measured gets done«.

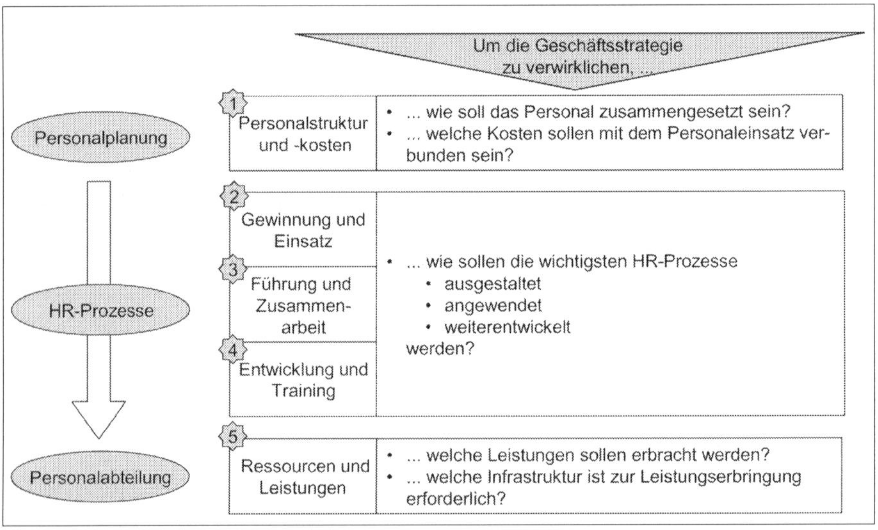

Abb. 86: Fünf HR-Felder des HR-Navigator

Ca. zwei bis vier Wochen nach dem Zieldialog findet der Maßnahmendialog statt. Aufgrund von Vorarbeiten insbesondere des HR-Verantwortlichen werden in diesem Meeting für jedes Ziel die ein bis zwei wichtigsten Maßnahmen diskutiert und verabschiedet. Wichtig dabei ist, dass für jede Maßnahme ein Umsetzungsverantwortlicher bestimmt wird, und HR entsprechende Ressourcen zur Umsetzung zugesprochen erhält. Je nach Komplexität der Maßnahme werden auch Aktionspläne erarbeitet, auf denen einzelne Projekte, die Verantwortlichen und der Zeitrahmen aufgelistet werden.

Review Meetings finden in der Regel halbjährlich statt. Der HR-Verantwortliche bereitet die Meetings vor, indem er den jeweiligen Ist-Wert der Messgröße erhebt und diesen zusammen mit dem Umsetzungsfortschritt bei den Maßnahmen dem Geschäftsverantwortlichen vorlegt. Im Meeting werden dann Soll-Ist-Abweichungen und ihre Ursachen diskutiert sowie mögliche Korrekturmaßnahmen eingeleitet.

Wichtigste Lessons learned

Die Erfahrungen mit dem HR-Navigator zeigen, dass es tatsächlich gelingt, die HR-Verantwortlichen stärker in die Fragen des Geschäfts und der Strategieumsetzung einzubinden und das HR Management auf die strategischen Schlüsselstellen auszurichten. Der strukturierte Dialog zwischen Geschäfts- und HR-Verantwortlichen wird von beiden Seiten als äußerst nützlich erlebt – gerade auch dann, wenn er in der Vergangenheit, wie leider noch immer allzu häufig, nicht besonders intensiv war. Insgesamt trägt der HR-Navigatorprozess dazu bei, den Beitrag des HR Managements zum Geschäftserfolg zu steigern.

Die wirkungsvolle Umsetzung eines HR-Navigators (wie im obigen Beispiel beschrieben) bzw. einer HR Scorecard[50] kann ein starkes Instrument für die strategische Ausrichtung des HR Managements und dessen Beitrag zur Wertsteigerung des Unternehmens sein.

Die wichtigsten Kennzahlen für die HR-Steuerung sollten auf GL-Ebene in einem übersichtlichen HR Cockpit zusammenfassend dargestellt werden (Abbildung 87). Aus der Praxis hat sich ein HR Cockpit mit Ampelsystem bewährt. Dabei ist einerseits der Umsetzungsstand der strategischen HR-Initativen aufzuzeigen und anderseits die Kundenzufriedenheit mit dem HR-Beratungs- und Serviceangebot periodisch zu messen und mit aussagekräftigen Benchmarks zu vergleichen.

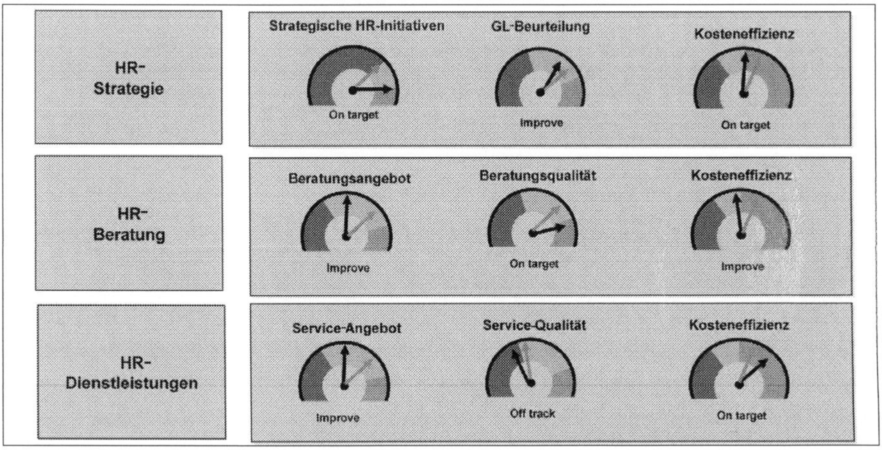

Abb. 87: HR Cockpit zur strategischen Steuerung der HR-Funktion[51]

50 Vgl. Becker/Huselid/Ulrich (2001).

3.5.2 HR Risk Management

Risikomanagement wird in Unternehmen zunehmend wichtiger. Allerdings wird eine Gruppe von Risiken bisher oft ausgeklammert: die Personalrisiken. Es fehlt an Systematik und Professionalität, um typische Risikofelder in diesem Bereich einzugrenzen. Doch aufgrund der zentralen Bedeutung der Human Resources sollte eine fundierte Auseinandersetzung mit diesen Risiken stattfinden. Dabei reicht es nicht aus, die bestehenden HR-Risiken zu benennen. Vielmehr muss ein Früherkennungssystem entwickelt werden, welches HR-Risikofelder rechtzeitig erkennen und abschätzen lässt, damit man durch gezielte Maßnahmen proaktiv agieren kann (Abbildung 88).[52]

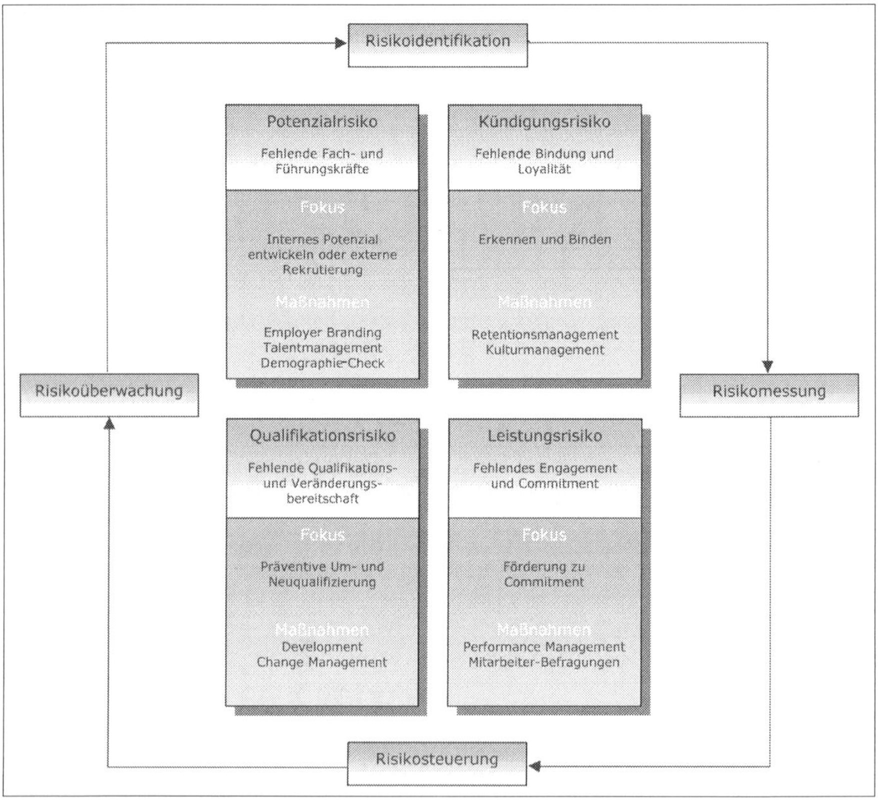

Abb. 88: Beispiel eines Risikozyklusses, der HR-Risikofelder und mögliche Maßnahmen

Beim Risikozyklus geht es darum, die Risiken zuerst einmal zu identifizieren. Folgende HR-Risikofelder können hierzu einen Bezugsrahmen bieten:

51 Nach einem Beispiel von *Avenir Consulting*. Die Messung der HR-Beratungs- und Servicequalität basiert einerseits auf einer HR-Kundenbefragung und andererseits auf HR-Prozesskennzahlen.

52 Vgl. dazu auch Kobi (2002).

- Potenzialrisiko: Risiko einer quantitativen und/oder qualitativen Unterdeckung von Potenzialträgern durch fehlende Fach- und Führungskräfte.
- Kündigungsrisiko: Risiko von ungewollten Kündigungen durch fehlende Bindung und Loyalität.
- Leistungsrisiko: Risiko von mangelnder Leistungserbringung durch fehlendes Engagement und Commitment.
- Qualifikationsrisiko: Risiko einer unzureichenden (qualitativen) Leistungserbringung durch fehlende Qualifikations- und Veränderungsbereitschaft.

Danach müssen die identifizierten HR-Risiken analysiert und gemessen werden. In der Regel werden sie in das Gesamtrisikoportfolio des Unternehmens integriert. Durch die Analyse und Bewertung auch der HR-Risiken lässt sich ein unternehmensspezifisches Risikoportfolio erweitern, welches als Grundlage für die ganzheitliche Risikosteuerung dient. Im Risikoportfolio werden die Risiken entlang der Achsen »Eintrittswahrscheinlichkeit« und »Schadensausmaß« beurteilt.

Beispielhaft finden sich bei einem großen Unternehmen des öffentlichen Verkehrs folgende HR-Risiken im »kritischen« Bereich:

- Epidemie/Pandemie: Hohe Ausfalltage können die Aufrechterhalten des täglichen Betriebes gefährden.
- Sozialpartnerschaft: Kampfmaßnahmen gefährden den sozialen Frieden und die Umsetzung von Projekten.

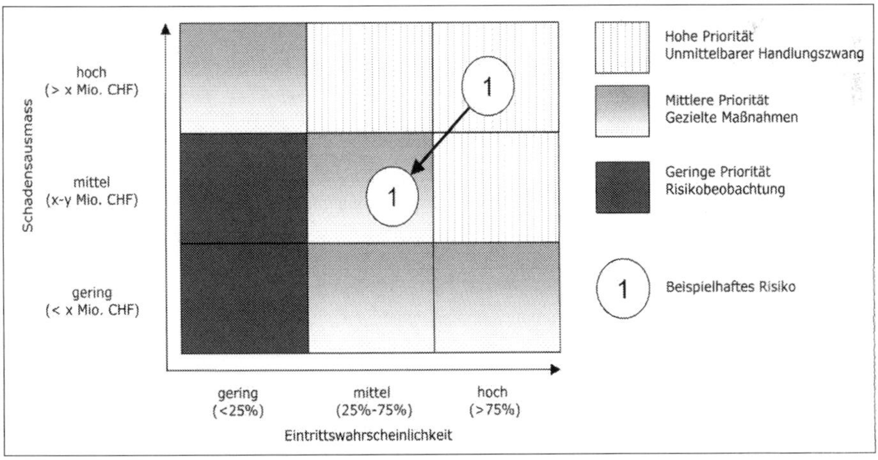

Abb. 89: Beispielhaftes Risikoportfolio

Durch die Visualisierung und Priorisierung der Risikoarten können gezielte präventive Maßnahmen entwickelt werden, um Risiken zu verhindern, zu überwälzen oder zu reduzieren. Die Effizienz dieser Risikosteuerung gilt es fortlaufend zu überwachen und zu optimieren. Es ist zu prüfen, ob die zur Reduzierung der Risiken ergriffenen Maßnahmen wirkungsvoll waren, ob sie überhaupt noch notwendig sind oder gegebenenfalls verstärkt oder abgebaut werden können. Diese Überwachung sichert einen fortlaufenden Prozess von Identifikation, Analyse, Bewertung und Steuerung möglicher HR-Risiken.

Mit der Messung der strategischen Ziele über eine HR Scorecard und der Überwachung und Steuerung der möglichen HR-Risiken kann der HR-Strategiekreis, wie er zu Beginn dieses Kapitels eingeführt wurde, geschlossen werden. Die Geschäftsleitung und als treibende Kraft die HR-Leitung tragen im Sinne der HR Governance die Verantwortung, die richtigen HR-Prioritäten aus den Vorgaben der Unternehmensstrategie abzuleiten und mit dem Board abzustimmen.

4 Schlussfolgerungen

Im Schlussteil wollen wir Folgerungen für die HR Governance auf Board-Ebene und das HR Management auf GL-Ebene ableiten.

4.1 Folgerungen für die HR Governance auf Board-Ebene

Die globale Finanzkrise und die zahlreichen Corporate-Governance-Skandale, die sich in den meisten Industrieländern ereignet haben, zeichnen sich durch eine Gemeinsamkeit aus: Die Probleme bestehen nicht primär in fehlenden gesetzlichen Regelungen, sondern in der Human Side of Corporate Governance, der HR Governance.

Es gilt daher, vor allem zwei bisher häufig auftretende Schwachstellen zu überwinden:

(1) **Fehlendes fundiertes HR-Know-how mit Erfolgsausweis auf Board-Ebene**

Die neusten Umfragen des IFPM Center for Corporate Governance an der Universität St. Gallen haben gezeigt: Es gibt gegenwärtig noch sehr wenige börsenkotierte, geschweige denn kleinere und mittlere Unternehmen, die auf Board-Ebene über ein Mitglied mit fundiertem HRM-Know-how mit Erfolgsausweis verfügen.

Es erstaunt deshalb auch nicht, dass viele Unternehmensskandale durch unprofessionelle Prozesse der Selektion, Beurteilung, Honorierung und Nachfolgeplanung der Mitglieder von Boards und Vorständen verursacht wurden.

Es ist deshalb die klare Forderung zu stellen, dass mittlere und größere Organisationen über ein Mitglied des Boards mit fundiertem HR-Know-how mit Erfolgsausweis verfügen müssen. Nur so kann gewährleistet werden, dass in Zukunft eine wirksame Steuerung des HRM auf GL-Ebene sichergestellt werden kann.

(2) **Unreflektierte Übernahme angloamerikanischer Richtlinien bezüglich der Bildung von getrennten Nominations- und Remunerationsausschüssen auf Board-Ebene**

Für börsenkotierte Unternehmen ist in diesem Zusammenhang eine weitere Schwachstelle der HR Governance zu überwinden.

So haben die meisten Länder weltweit nach eigenen Governance-Skandalen Corporate-Governance-Richtlinien eingeführt. Großbritannien hatte einen ersten großen Skandal erlebt und ist somit Pionier in der Entwicklung von Governance Guidelines. Erstaunlich ist dabei allerdings, dass fast alle Länder unreflektiert britische Regeln übernommen haben, z.B. die Empfehlung, dass börsenkotierte Unternehmen getrennte Nominations- und Remunerationsausschüsse bilden müssen. Dieser Ansatz macht wenig Sinn, denn Nomination, Beurteilung, Remuneration sowie Förderung und Nachfolgeplanung von Vorsitzenden und Mitgliedern von Board und GL müssen integriert angegangen werden, um Wirkung zu erzielen.

Aus diesem Grund besteht eine weitere zentrale Folgerung betreffend HR Governance darin, dass ein integrierter HR-Ausschuss auf Board-Ebene gebildet werden sollte, der gezielt die Gewinnung, Beurteilung, Honorierung und Nachfolgeplanung auf Board- und GL-Ebene gestaltet und überwacht.

Dies heißt auch, dass der/die unabhängige Vorsitzende dieses Ausschusses über fundiertes HRM-Know-how mit Erfolgsausweis verfügen muss, um eine wirksame Gestaltung und Überwachung des HRM auf GL-Ebene sicherzustellen. Der Ausschuss sollte idealerweise aus zwei weiteren unabhängigen Mitgliedern mit zweckmäßigem Know-how mit Erfolgsausweis (z.B. in Controlling) ergänzt werden.

Mit diesen zwei Maßnahmen kann die Führung und Aufsicht des HRM auf Board-Ebene nachhaltig verbessert werden.

Ob Unternehmen in Zukunft zu den Gewinnern oder Opfern der zukünftigen Entwicklung werden, hängt v.a. davon ab, ob es gelingt, die Human Side of Corporate Governance, die HR Governance, professionell zu gestalten.

4.2 Folgerungen für das HR Management auf GL-Ebene

Damit die anspruchsvollen Ziele der HR Governance auf der GL-Ebene erfolgreich umgesetzt werden können, sind folgende Voraussetzungen entscheidend:

(1) **Glaubwürdige Verankerung eines strategischen HR-Rollenverständnisses**

Die HR-Leitung ist auf oberster Ebene eng in den Unternehmensstrategieprozess einzubinden. Dies bedingt in aller Regel auch, dass der/die oberste HR-Verantwortliche auch Mitglied der Geschäftsleitung oder zumindest dem CEO direkt unterstellt ist. Durch einen rollierenden HR-Strategieprozess ist die enge Abstimmung mit den Zielen der Geschäftsbereiche und die notwendige Priorisierung der HR-Initiativen sicherzustellen. In vielen Fällen verlangt die stärkere strategische Ausrichtung von HR auch eine entsprechende Transformation des HR-Geschäftsmodells und der Umsetzung einer HR-Business-Partner-Organisation. Die Klärung der funktionalen HR Governance (im Sinne der zentralen bzw. dezentralen Steuerung der HR-Funktion innerhalb des Unternehmens) ist insbesondere in großen, internationalen Unternehmen eine wichtige Voraussetzung, um die Effektivität und Effizienz der HR-Organisation zu gewährleisten.

(2) **Engagement für zentrale HR-Themen**

Wirksames HR Management auf GL-Ebene bedingt das Engagement und Commitment der GL-Mitglieder bei zentralen HR-Themen. Die Positionierung des Unternehmens im Arbeitsmarkt, Umgang mit dem demografischen Wandel und der verstärkten Globalisierung sowie die Übernahme gesellschaftlicher Verantwortung entscheiden darüber, ob es zukünftig gelingt, die richtigen Talente zu gewinnen. Strategisches Kompetenz- und Talent-Management hilft die Schlüsselkompetenzen aufzubauen und die richtigen Talente zu entwickeln und zu halten. Performance Management und die Incentivierung sind schließlich wichtige Elemente, um die Leistungsfähigkeit der Unternehmung nachhaltig zu gestalten. Besonders bei Phasen der Restrukturierung sind klare Signale der GL zu einem wertschätzenden Umgang und dem Einstehen für vereinbarte Unternehmenswerte wichtig.

(3) **Messung von HR-Wertschöpfung und Steuern von HR-Risiken**

Eine klare Messung der Zielerreichung und des Wertschöpfungsbeitrages von HR fehlt vielfach. Dies führt u.a. dazu, dass der HR-Bereich noch allzu oft in Rechtfertigungsnotstand bezüglich notwendiger Ressourcen und Investitionen gerät. Durch ein konsequentes Aufzeigen von Wirkungszusammenhänge z.B. durch Strategy Maps und wo immer möglich messbaren Ergebnissen, kann die Positionierung von HR zusätzlich gestärkt werden. Ein erhöhtes Risikobewusstsein auf Board- und GL-Ebene erfordert auch eine umfassendere Darstellung von HR-Risiken. Dies kann durchaus als Chance genutzt werden, wichtige HR-Themen gezielt ins Bewusstsein des obersten Managements zu rücken.

Verbesserte HR Governance und ein darauf abgestimmtes, wirkungsvolles HR Management können in einem zunehmend vom »Engpassfaktor« Human Resources geprägten Umfeld zu einem entscheidenden Wettbewerbsvorteil führen.

Anhang: Tool-Box zur HR Governance

Übersicht

Teil 1: Instrumente zur HR-Führung und -Aufsicht auf Board-Ebene (Kap. 2) 169
von Martin Hilb

1.1 Board-Fragebogen 169
1.2 Rollenverteilung zwischen Board und Geschäftsleitung 170
1.3 Diversity-Scheibe 171
1.4 Hauptaufgaben eines Board-Präsidenten 172
1.5 Board-Zusammensetzung (Ein Praxisbeispiel) 173
1.6 Interview-Matrix zur Auswahl eines Board-Mitglieds 174
1.7 Kollektives Board Feedback 175
1. 8 Beurteilung des CEOs 177
1.9 Dimensionen materieller Anreize 178
1.10 Management-Ressourcen-Programm für das Board 179
1.11 Board Cockpit 180
1.12 Board-Beurteilungsbogen 181
1.13 Beispiel der Funktionsbeschreibung eines HR-Committees 183

Teil 2: Instrumente zum HR Management auf Geschäftsleitungsebene (Kap. 3) 186
von Marcel Oertig

2.1 Praxisbeispiel Kompetenzordnung HR-Konzern 186
2.2 Grundsätze der HR-Rollen (Beispiel) 187
2.3 HR-Strategie (Übersicht) 188
2.4 Umfeldanalyse: Trends mit Relevanz für HR 189
2.5 Unternehmensanalyse: Strategie-Struktur-Kultur-Profil 190
2.6 HR-SWOT-Analyse 191
2.7 HR-Strategie-Portfolio 192
2.8 HR Roadmap 193
2.9 Audit HR-Rollen 194
2.10 Demografie-Check 195
2.11 Checkliste Employer Branding 196
2.12 Checkliste Talent-Management-Prozess 197
2.13 HR Cockpit 198
2.14 HR Risk Map 199

Teil 1: Instrumente zur HR-Führung und -Aufsicht auf Board-Ebene (Kap. 2)

von Martin Hilb

1.1 Board-Fragebogen

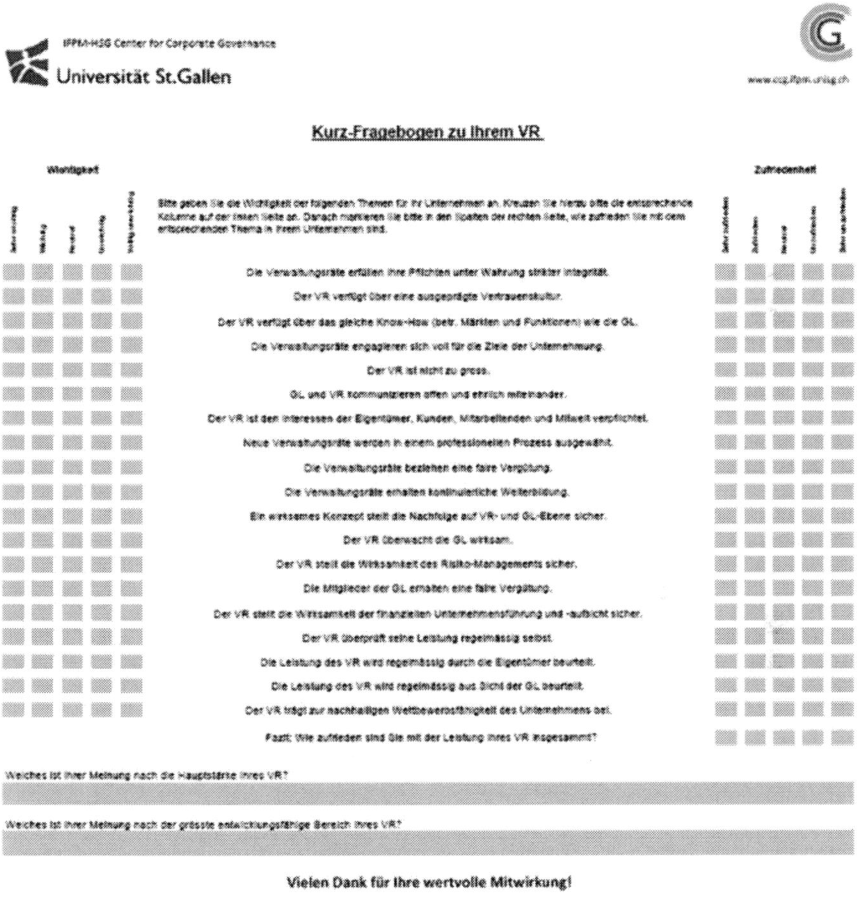

IFPM-HSG Center for Corporate Governance
Universität St.Gallen

Kurz-Fragebogen zu Ihrem VR

Wichtigkeit | Zufriedenheit

Bitte geben Sie die Wichtigkeit der folgenden Themen für Ihr Unternehmen an. Kreuzen Sie hierzu bitte die entsprechende Kolumne auf der linken Seite an. Danach markieren Sie bitte in den Spalten der rechten Seite, wie zufrieden Sie mit dem entsprechenden Thema in Ihrem Unternehmen sind.

Die Verwaltungsräte erfüllen ihre Pflichten unter Wahrung strikter Integrität.

Der VR verfügt über eine ausgeprägte Vertrauenskultur.

Der VR verfügt über das gleiche Know-How (betr. Märkten und Funktionen) wie die GL.

Die Verwaltungsräte engagieren sich voll für die Ziele der Unternehmung.

Der VR ist nicht zu gross.

GL und VR kommunizieren offen und ehrlich miteinander.

Der VR ist den Interessen der Eigentümer, Kunden, Mitarbeitenden und Mitwelt verpflichtet.

Neue Verwaltungsräte werden in einem professionellen Prozess ausgewählt.

Die Verwaltungsräte beziehen eine faire Vergütung.

Die Verwaltungsräte erhalten kontinuierliche Weiterbildung.

Ein wirksames Konzept stellt die Nachfolge auf VR- und GL-Ebene sicher.

Der VR überwacht die GL wirksam.

Der VR stellt die Wirksamkeit des Risiko-Managements sicher.

Die Mitglieder der GL erhalten eine faire Vergütung.

Der VR stellt die Wirksamkeit der finanziellen Unternehmensführung und -aufsicht sicher.

Der VR überprüft seine Leistung regelmässig selbst.

Die Leistung des VR wird regelmässig durch die Eigentümer beurteilt.

Die Leistung des VR wird regelmässig aus Sicht der GL beurteilt.

Der VR trägt zur nachhaltigen Wettbewerbsfähigkeit des Unternehmens bei.

Fazit: Wie zufrieden sind Sie mit der Leistung Ihres VR insgesammt?

Welches ist Ihrer Meinung nach die Hauptstärke Ihres VR?

Welches ist Ihrer Meinung nach der grösste entwicklungsfähige Bereich Ihres VR?

Vielen Dank für Ihre wertvolle Mitwirkung!

1.2 Rollenverteilung zwischen Board und Geschäftsleitung

Phasen / Träger der HR Governance	Entwicklung der HR-Leitplanken	Entwicklung der HR-Strategie	Genehmigung der HR-Strategie	Umsetzung der HR-Strategie	Evaluation der HR-Strategie-umsetzung
Board (HR Committee)	X		X		X
Top Management (HR Council)		X		X	

1.3 Diversity-Scheibe

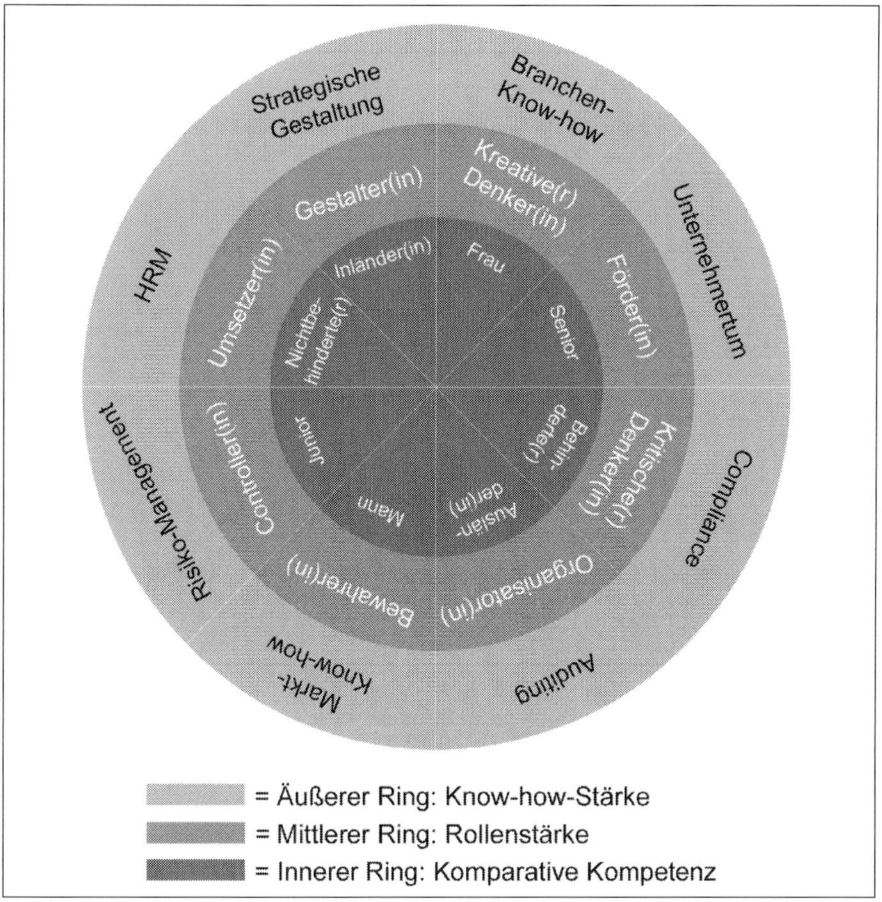

1.4 Hauptaufgaben eines Board-Präsidenten

(A) Direkte Führung des Boards und des CEO (Coaching)

- Durchführung effizienter VR-Sitzungen
- Betreuung der VR-Traktanden- und Terminplanung
- Recht auf Stichentscheid in VR-Sitzungen
- Recht zur Teilnahme an GL-Sitzungen
- Rolle des VRP in den Tochtergesellschaften

(B) Indirekte Führung der Mitglieder von Board und GL über den Ausschuss (Board Management)

- Sicherstellung einer professionellen Wahl bzw. Abwahl der Mitglieder des Boards, der Board-Ausschüsse und der Geschäftsleitung
- Durchführung einer konstruktiven und objektiven Leistungsbeurteilung der Mitglieder des Boards, der Board-Ausschüsse und der Geschäftsleitung
- Gewährleistung einer möglichst fairen Honorierung der Mitglieder des Boards, der Board-Ausschüsse und der Geschäftsleitung
- Gezielte Förderung der Mitglieder des Boards und der Geschäftsleitung
- Durchführung einer periodischen Selbst- und Fremdevaluation der Board-Arbeit

(C) Strategische Zukunftsgestaltung (Direction)

- Sicherstellung, dass die normativen und stratgischen Ziele von Board, GL und Personal getragen und gelebt werden
- Überprüfung der stufengerechten Entscheidungsprozesse

(D) Strategische Rückschau & Risk Management (Control)

- Thematisierung von Abweichungen gegenüber Zielen in wichtigen Entscheidungen, die das Unternehmen betreffen
- Gewährleistung, dass alle relevanten Unterlagen und Dokumente für die Board-Mitglieder rechtzeitig zur Einsichtnahme zur Verfügung stehen
- Sicherstellung professioneller Audit- und Risk-Management Aktivitäten auf Board-Ebene

E) Beziehung zu Anspruchsgruppen (Relations Management)

- Aufbau und Erhaltung einer vertrauensvollen konstruktiv-kritischen Zusammenarbeit innerhalb des Boards und der Board-Ausschüsse und zwischen Board und GL
- Pflege professioneller Beziehungen zu Aktionären, Mitarbeitenden, Kunden, Partnern, Investoren, Medienvertretern und Öffentlichkeit

1.5 **Board-Zusammensetzung** (Ein Praxisbeispiel)

Board-Teamrollen / Board Know how	Rolle des Coach (Board-Präsident)	Rolle des kreativen Gestalters (Board-Vizepräsident)	Rolle des konstruktiven Kritikers (Mitglied A)	Rolle des Controllers (Mitglied B)	Rolle des Förderers (Mitglied C)	Rolle des Organisators (Board-Sekretär)
Internationales Market-Know-how (Europa/ Asian/Amerika)						
Biotechnologie Know-how						
Allianz-Management Know-how						
Audit & Risk Mangement Know how						
Selektion/ Feedback/ Honorierung/ Förderung von Board und GL						
Compliance						

1.6 Interview-Matrix zur Auswahl eines Board-Mitglieds

Interviewer / Anforderungskriterien	Board-Präsident	Board-Delegierter	Board-Kollege	Bewertung
Persönlichkeitskompetenz				
Integrität				
Unabhängigkeit				
Helikopterfähigkeit				
Unternehmertum				
Fachkompetenz				
International Management Erfahrung im High-Tech-Bereich				
Board-Erfahrung mit Erfolgsausweis				
Profunde Nord-Amerika-Erfahrung				
Beherrschung der englischen und spanischen Sprache				
Führungskompetenz				
Führungsvorbild				
Visionärer Denker				
Problemlöser				
Erfolgscontroller				
Sozialkompetenz				
Konstruktive Offenheit				
Zuhörfähigkeit				
Multikulturelle Kompetenz				
Teamrolle: Coach				

1.7 Kollektives Board Feedback

Jede Frage sollte von jedem einzelnen Board-Mitglied gemäß dem nachfolgenden Punktesystem bewertet und in eine Boxe eingefügt werden. Der Board-Sekretär ermittelt die Durchschnittswerte und der Board-Präsident informiert über die größten entwicklungsfähigen Bereiche und diskutiert einen Aktionsplan.

(1) Alle Board-Mitglieder überprüfen die langfristige strategische Ausrichtung des Unternehmens in zweckmäßiger Weise. *Kommentar* :	Punkte
(2) Das Board nimmt eine aktive Rolle im Rahmen der Formulierung der langfristigen finanziellen Ziele ein und überprüft den Grad der Zielerreichung regelmäßig. *Kommentar:*	Punkte
(3) Das Board weist eine sinnvolle Arbeitsteilung auf, die eine Fokussierung des Gesamtgremiums auf die wichtigsten Fragestellungen zulässt. *Kommentar:*	Punkte
(4) Die Aufgabenverteilung ist so organisiert, dass sich einzelne Board-Mitglieder auf wichtige Details, das gesamte Board auf strategische Kernthemen konzentrieren kann. *Kommentar:*	Punkte
(5) Das Board wählt neue Mitglieder auf professionelle Weise aus. *Kommentar:*	Punkte
(6) Das Board ist so strukturiert, dass eine umgehende Reaktion auf plötzliche Krisen erfolgen kann. *Kommentar:*	Punkte
(7) Das Board verfügt über ausreichende Ressourcen und Informationen, um die Honorierung von Board- und GL-Mitgliedern in fairer Weise festzulegen. *Kommentar:*	Punkte
(8) Die Evaluierung der GL durch das Board wird durch die kontinuierliche Interaktion mit verschiedenen GL-Mitgliedern sichergestellt, so dass eine effektive Nachfolgeplanung gewährleistet werden kann. *Kommentar:*	Punkte

(9) Das Board hat ausreichende Informationen, um die ethische und legale Compliance sicherzustellen. *Kommentar:*	Punkte
(10) Der Board-Präsident leitet die Sitzungen vorbildlich. *Kommentar:*	Punkte
(11) Das Board stellt sicher, dass Kontrollsysteme für die wirksame Überprüfung der Qualität aller Produkte und Dienstleistungen bestehen. *Kommentar:*	Punkte
(12) Das Board stellt sicher, dass die Unternehmenspolitik in allen Filialen adäquat umgesetzt wird, *Kommentar:*	Punkte
(13) Wie bewerten Sie die Leistung Ihres Board insgesamt? *Kommentar:*	Punkte

Legende: 1–2 Punkte = Entwicklungsfähig, 3–4 Punkte = Zufriedenstellend, 5–6 Punkte = Exzellent

1.8 Beurteilung des CEOs

I. **Entwicklungsbericht**

Kriterium	(A) Sehr gut	(B) Effektiv	(C) Entwicklungsfähig	Kommentare
(1) Integrität				
(2) Führung				
(3) Strategische Planung				
(4) Finanz-Management				
(5) Top Management Team				
(6) Management der Humanressourcen				
(7) Kommunikation mit Anspruchsgruppen				
(8) Kooperation mit dem Verwaltungsrat				

II. **Leistungsbewertung**

Gesteckte Ziele	Grad der Zielerreichung			Kommentar	Handlungsplan mit Daten
	(A) Sehr gut	(B) Effektiv	(C) Entwicklungsfähig		
(1)					
(2)					
(3)					

III. **Gesamteinschätzung**

Zufriedenheit mit der Position: 

Persönlicher Wunsch: ______________________________

Größte Stärke: ______________________________

Wichtigster entwicklungsfähiger Bereich: ______________________________

1.9 Dimensionen materieller Anreize

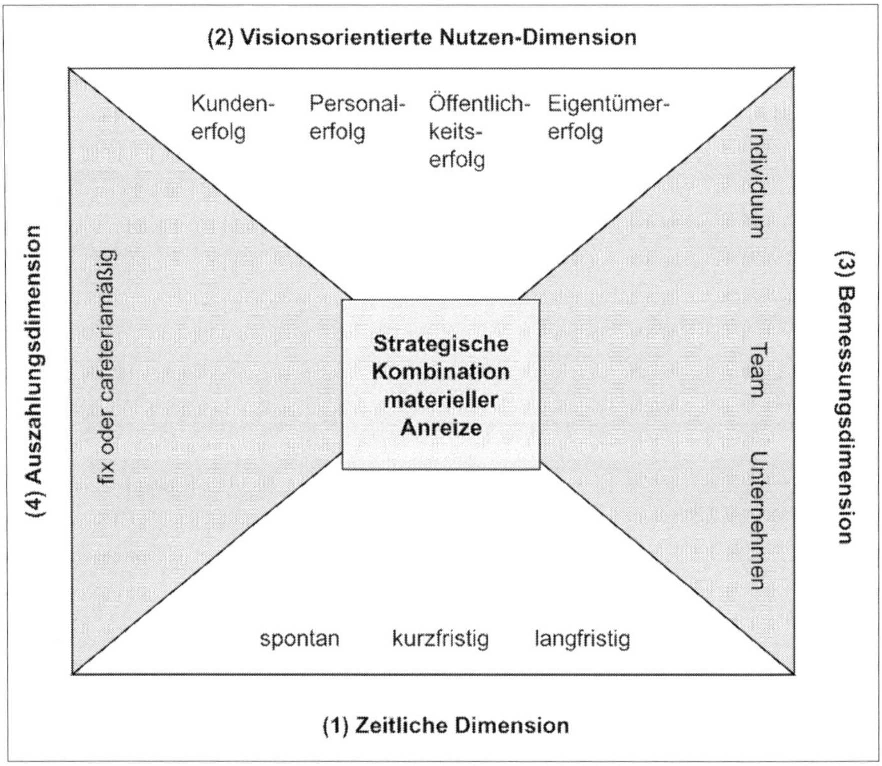

1.10 Management-Ressourcen-Programm für das Board

Streng vertraulich			Datum:				Organisationseinheit:			
Name des GL-Mitglieds	Funktionsbezeichnung	Lebensalter	Dienstalter	Anzahl Jahre in jetziger Position	Funktionsgrad	Leistungsbeurteilung	Potentialbeurteilung	Potentieller Nachfolger		Geplante Fördermassnahme
								heute	Nach 1 Jahr	

Beurteilungsmöglichkeiten

L Leistungsbeurteilung
- A = Hervorragende Gesamtleistung
- B = Sehr gute Gesamtleistung
- C = Gute Gesamtleistung
- D = Befriedigende Gesamtleistung
- E = Unbefriedigende Gesamtleistung

L Potenzialbeurteilung
- I = Heute beförderungswürdig (Ausarbeitung eines Aktionsplans)
- II = Innerhalb eines Jahres beförderungswürdig
- III = Innerhalb des Fachbereiches entwicklungsfähig
- IV = Potenzial durch die gegenwärtige Position weitgehend ausgeschöpft

1.11 Board Cockpit

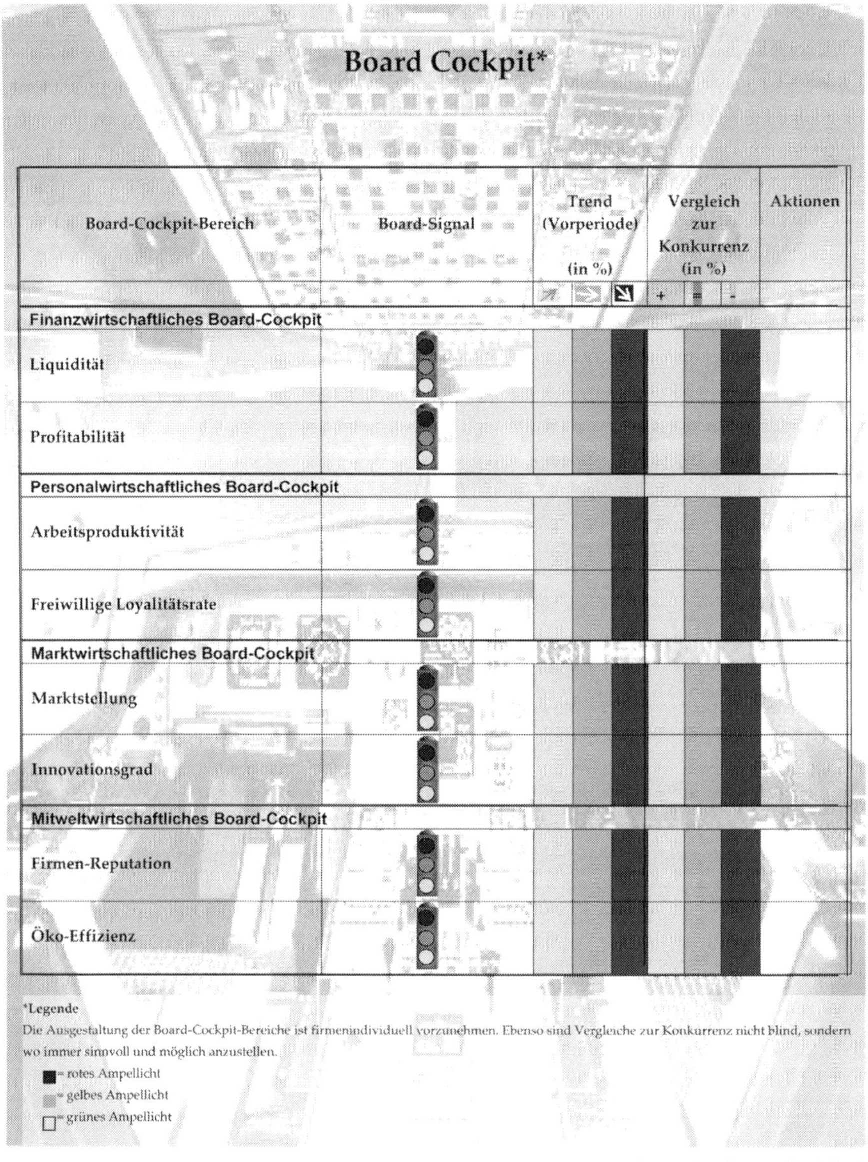

Board Cockpit*

Board-Cockpit-Bereich	Board-Signal	Trend (Vorperiode) (in %)			Vergleich zur Konkurrenz (in %)			Aktionen
		↗	→	↘	+	=	-	
Finanzwirtschaftliches Board-Cockpit								
Liquidität								
Profitabilität								
Personalwirtschaftliches Board-Cockpit								
Arbeitsproduktivität								
Freiwillige Loyalitätsrate								
Marktwirtschaftliches Board-Cockpit								
Marktstellung								
Innovationsgrad								
Mitweltwirtschaftliches Board-Cockpit								
Firmen-Reputation								
Öko-Effizienz								

*Legende

Die Ausgestaltung der Board-Cockpit-Bereiche ist firmenindividuell vorzunehmen. Ebenso sind Vergleiche zur Konkurrenz nicht blind, sondern wo immer sinnvoll und möglich anzustellen.

■ = rotes Ampellicht

■ = gelbes Ampellicht

□ = grünes Ampellicht

1.12 Board-Beurteilungsbogen

IFPM-HSG Center for
Corporate Governance
Universität St.Gallen

VR-SELBST-EVALUATION	**Wichtigkeit**				**Zufriedenheit**			
	völlig unwichtig 1	unwichtig 2	wichtig 3	sehr wichtig 4	trifft voll zu 4	trifft eher zu 3	trifft eher nicht zu 2	trifft nicht zu 1
1. VR-Leitplanken								
1.1. Langfristige Erfolgsmassstäbe des VR								
1.2. Frühwarn-Kompetenz des VR								
1.3. Innovationsfreudigkeit des VR								
1.4. Strategische Führung durch den VR								
1.5. Professionelle Soll-Ist-Vergleiche durch den VR								
1.6. Finanzielle Führung (Finanzplanung) durch den VR								
1.7 Klarheit des VR über strategische Zielsetzungen								
1.8 Pflege der Grundwerte/-prinzipien gemäss Leitbild durch die GL								
Allfällige Anmerkungen zu 1.:								
2. VR-Kultur								
2.1. Teamfähigkeit des VR								
2.2. Vertrauenskultur innerhalb des VR-Teams								
2.3. Zuhörfähigkeit des VR gegenüber der GL								
2.4. Konstruktive Offenheit des VR in der Kommunikation mit der GL								
2.5. Partizipative Entscheidungsfindung im VR								
2.6. Orientierung des Gesamt-VR durch die Ausschüsse								
2.7 Offenheit für die Diskussion "heikler" Themen								
Allfällige Anmerkungen zu 2.:								
3. VR-Struktur								
3.1. Sicherung einer strategiegerechten Unternehmensstruktur durch den VR								
3.2. Delegation von Kompetenzen, Aufgaben und Verantwortung des VR an die GL								
3.3. Optimale Zahl von VR								
3.4. Wirksame Entscheidungsimplementierung								
3.5. Wirksames VR-Controlling der Entscheidungsumsetzung durch die GL								
3.6. Aufteilung in VR-Ausschüsse								
3.7. Kompetenzverteilung im VR								
3.8 Wirksamer Audit-Ausschuss								
3.9 Wirksamer Compensation-Ausschuss								
Allfällige Anmerkungen zu 3.:								
4. VR-Sitzungsmanagement								
4.1. Vorbildfunktion des VR-Präsidenten								
4.2. Professionelles Sitzungsmanagement des VR-Präsidenten								
4.3. Optimaler Einsatz relevanter Telekommunikationstechnologien								
4.4. Gestaltungsfunktion des VR-Präsidenten								
4.5. Controllingfunktion des VR-Präsident								
4.6. Unterlagen zur Sitzungsvorbereitung								
4.7 Optimale Zahl der VR-Sitzungen								
4.8 Optimale Zahl der Ausschuss-Sitzungen								
Allfällige Anmerkungen zu 4.:								

5. VR-Teamzusammensetzung aufgrund von Kernkompetenzen

5.1. Ausgewogene Zusammensetzung aufgrund des Funktions-Know-Hows (Marketing/Finanzen/Informatik/e-business/Operations/HRM)

5.2. Ausgewogene Zusammensetzung aufgrund des Märkte-Know-Hows

5.3. Ausgewogene Zusammensetzung aufgrund des Produkte-/Service-Know-Hows

5.4. Ausgewogene Zusammensetzung interner und externer VR-Vertreter

5.5 Unabhängigkeit und Freiheit der VR-Mitglieder von Interessenskonflikten

Allfällige Anmerkungen zu 5.:

6. VR- und GL-Management

6.1. Professionalität in der Selektion von VR-Mitgliedern

6.2. Professionalität in der Selektion von GL-Mitgliedern

6.3. Beurteilung der Leistungen der VR-Mitglieder

6.4. Beurteilung der Leistungen der GL-Mitglieder

6.5. Faire Honorierung der VR-Mitglieder

6.6. Leistungsgerechte Honorierung der GL-Mitglieder

6.7. Optimale Förderung der VR-Mitglieder

6.8. Optimale Förderung der GL-Mitglieder

6.9. Coaching der GL

6.10 Sicherstellung des Management-Nachwuchses

Allfällige Anmerkungen zu 6.:

7. VR-Verantwortung gegenüber Anspruchsgruppen

7.1. Vertretung der Interessen des Hauptaktionärs

7.2. Vertretung der Interessen der Kleinaktionäre

7.3. Vertretung der Interessen des Personals (inkl. Kader)

7.4. Involvierung des VR bei der Gestaltung der Öffentlichkeitsarbeit

7.5. Umfassendes Risiko-Management

7.6. Kenntnis der Schlüsselkunden

7.7 Zusammenarbeit mit der externen Revisionsstelle

Allfällige Anmerkungen zu 7.:

8. VR-Erfolgsevaluation

8.1. Umfassende Evaluation des Unternehmenserfolgs durch den VR

8.2. Selbstüberprüfung des VR

8.3 Evaluation der internen Controllingprozesse

8.4 Berichterstattung an die Aktionäre

Allfällige Anmerkungen zu 8.:

Zum Schluss noch zwei offene Fragen (fakultativ):

9. Worin liegt Ihrer Ansicht nach die grösste Stärke Ihres VR?

10. Worin liegt Ihrer Ansicht nach der grösste entwicklungsfähige Bereich des VR?

11. Was schlagen Sie als wichtigste Maßnahme zur Weiterentwicklung Ihrer Board-Praxis vor=

1.13 Beispiel der Funktionsbeschreibung eines HR-Committees

I – MANDATE

The mandate of the Human Resources Committee is to assist with Board oversight of:

- Board Management Practices, including
  - Nomination
  - Evaluation
  - Compensation
  - Succession Planning
- Human Resources Policies for the CEO and the members of the Executive Board as well as the Board of Directors

II – AUTHORITY

The Human Resources Committee has the authority to conduct or authorize investigations into any matters within its scope of responsibility. It is empowered to:

- retain outside counsel or consultants as the Human Resources Committee deems necessary in consultation with the Chairperson of the Board of Directors, when appropriate, to advise the Committee or to assist in the conduct of investigation
- seek any information it requires from any officers or employees of the Authority and external parties; and
- meet with the Authority's officers, Corporate Auditor and External Auditor or internal and external legal counsel, as necessary

III – COMPOSITION

The Human Resource Committee shall be composed of three Directors, none of whom shall be officers or employees or members of the Executive Board. In addition, the Chairperson serves on the Committee. The Board will appoint Committee members and the Committee Chair. Members shall serve until there successors are duly appointed, unless the member resigns, is removed or until there successors are duly appointed, unless the member resigns, is removed or ceases to be a director.

The Chairperson of the Committee possesses experience with success record in the areas of Nomination, Evaluation, Compensation and Succession Planning. All members of the Human Resources Committee will be independent, as determined by the Board of Directors, i.e. free of any interest and business or other relationship which would reasonably be perceived to materially interfere with the exercise of independent judgment.

IV – MEETINGS

The Human Resources Committee shall meet at least four times per year, with authority to convene additional meetings as circumstances require. All Committee members are expected to attend each meeting, in person or via teleconference. A majority of the authorized number of committee members shall constitute a quorum. The President and CEO will attend the meetings. The Committee will invite Vice-Presidents as the Committee deems appropriate.

In the event of a lack of quorum arising from a member or members' absence or conflict of interest, the Human Resources Committee Chair shall request the Chair of the Board of Directors to identify alternate member(s) of the Board to stand in the stead of the absent members(s), and the Directors so acting shall be deemed to be a member(s) of the Committee for that particular matter.

V – DUTIES AND RESPONSIBILITIES

1.0 Overseeing Management's approach

The Committee will:

- encourage Management to demonstrate a strong commitment to integrity
- review the policies and procedures undertaken by Management to establish, communicate and ensure compliance with expected standards of behaviour
- review the policies and procedures that deal with regular examination of Officers' expenses and benefits including that use of corporate assets
- annually review the Code of Conduct and Ethical Behaviour for Member of the Board of Directors and the Executive Board and ensure compliance with it

2.0 Overseeing the Human Resources

The Committee will:

- participate in the nomination process for Members of the Board of Directors, the CEO and the member of the Executive Board
- ensure that there is an orientation program for new Directors and ensure that the Corporate Secretary develops and maintains a briefing package for new Directors
- ensure that proper policies and procedures are implemented with respect to evaluation
- ensure that proper policies and procedures are implemented with respect to compensation and benefits
- ensure the proper policies and procedures are implemented with respect to succession planing

- with the Audit Committee, review and advise the Board of Directors with respect to the asset allocation policy of the Pension Plans, the foreign investment policy of the Pension Plan and the portfolio manager performance of the Pension Plans; and
- oversee the organisational structure of the company, and the quality of the human environment

3.0 Performance Management of the President and Chief Executive Officer

The Committee will assume the following responsibilities:

- review with the Chief Executive Officer his annual objectives, and recommend to the Board for approval
- evaluate the performance of the Chief Executive Officer, having regard to the annual statement of objectives and any other relevant factors. The evaluation of the Chief Executive Officer shall be conducted by the Chairperson of the Board; and
- report the result of the evaluation and recommendations with respect to the Chief Executive Officer's compensation (salary range movement and at-risk-pay) to the Board of Directors for approval

VI – OTHER RESPONSIBILITIES

The Committee will:

- review when appropriate its terms of reference
- confirm annually that all responsibilities outlined in this charter have been carried out
- regularly report to the Board of Directors about Committee activities, issues and related recommendations;
- ensure that a Board assessment process is in place; and
- keep Management informed and seek its advice with regard to issues, view, and preferences that are being considered by the Committee

Teil 2: Instrumente zum HR Management auf Geschäftsleitungsebene (Kap. 3)

von Marcel Oertig

2.1 Praxisbeispiel Kompetenzordnung HR-Konzern

Praxisbeispiel: Kompetenzordnung HR-Konzern
(Auszug HR-Managementprozesse)

Erläuterungen

F Federführung: Initialisiert, plant, bereitet Entscheid vor, koordiniert, stellt Antrag
E Entscheid: entscheidet, legt fest, genehmigt/lehnt ab, wählt zwischen mehreren Alternativen
M Mitsprache: wird vor dem Entscheid konsultiert
U Umsetzung: Bearbeitung, Durchführung
K Kontrolle der Umsetzung
B Berichterstattung, Reporting

Modul	Funktion	Hauptprozess	Erläuterungen	VR	GL	HR Konferenz	HR Konzern	Business Unit
Managementprozsse								
A Planung und Führung								
A.1		Personalpolitik	inkl. allen funktionalen Teilpolitiken wie z.B. Vorsorgepolitik, Bildungspolitik, Vertragspolitik	E	M	M	F, K	U
A.2		Personalstrategie						
	A.21	Strategische Stossrichtungen	pro Teilpolitik; Festlegen der Stossrichtungen in der Planperiode	E	M	M	F, K	U
	A.22	Massnahmenplan Konzern	Festlegen der unternehmensweiten Umsetzungsmassnahmen (Projekte, Initiativen) in der Planperiode		E	M	F, K	U
	A.23	Massnahmenplan BU	unternehmensweite Abstimmung/Koordination der wichtigsten Maßnahmen und Projekte			M		E, F,U, K
A.3		Planung/Controlling						
	A.31	HR-Controlling	Fachweisung: Grundsätze: strategisches, quantitatives und qualitatives Controlling	B	E	M	F,K	U, B
	A.32	Personalplanung	Bedarfs- und Bestandesplanung				M	E, U, K
	A.33	Personalumfrage	Instrument zur Messung Commitment/Leistungmotivation			E	F,K	U
A.4		Beziehung Sozialpartner / Kommunikation						
	A.41	Beziehungen Sozialpartner	Steuerung der Beziehungen zu den Sozialpartnern	B	B	M	E , K	U
	A.44	Kommunikation personalwirtschaftlicher Themen	interne, externe Kommunikation von personalwirtschaftlichen Themen			M	F	U
A.5		Personalprozesse						
	A.51	Management der Personalprozesse	Prozessdesign in unternehmensweiten HR-Belangen, Gestaltung der Management, Kern- und Supportprozesse			E	F,K	U
A.6		HR-Organisation						
		HR-Geschäftsmodell	Grundsatzentscheid		E	M	F	U
		Weiterentwickling	laufende Anpassungen (ohne Governance)			E	F	U

erledigt ✔	**Inhalt**
☐	Definition der HR Management-, Kern- und Supportprozesse (basierend auf dem HR-Prozessmodell)
☐	Festlegung der involvierten HR-Rollen
☐	Diskussion und Verabschiedung der Verantwortlichkeiten

2.2 Grundsätze der HR-Rollen (Beispiel)

Globale HR-Organisation

Grundsätze

Das **Corporate-HR-Team** hat folgende Kernaufgaben:

- Unterstützt die konzernweite Business-Strategie.
- Leitet und lenkt die HR Policies innerhalb des Konzerns.
- Steuert die Ausrichtung der konzernweiten People-Strategie.
- Stellt den höchsten Standard der HRM-Leistungsfähigkeit im Konzern sicher und definiert das Kompetenzmodell.
- Leitet und lenkt die Gesamtentwicklung des konzerninternen HR Talent Pools.

Die regionalen HR-Teams haben folgende Kernaufgaben:

- Unterstützen die regionale Implementierung der Business-Strategie.
- Führen die Implementierung der HR Policies und HR-Prozesse in ihrer Region durch.
- Stellen die Ausrichtung der People Strategy sicher.
- Unterstützen die Divisionen bei HR-Themen in Absprache mit dem Corporate-HR-Team.
- Pflegen die lokalen HR-Kompetenzen und HR Talent Pools.

erledigt ✓	**Inhalt**
□	Abgeleitet aus HR-Geschäftsmodell für die wichtigsten Rollen die Kernaufgaben in Grundsätzen festhalten
□	Ausarbeitung von detaillierten Funktionsprofilen
□	Ausarbeiten der Kompetenzprofile pro Funktion

2.3 HR-Strategie (Übersicht)

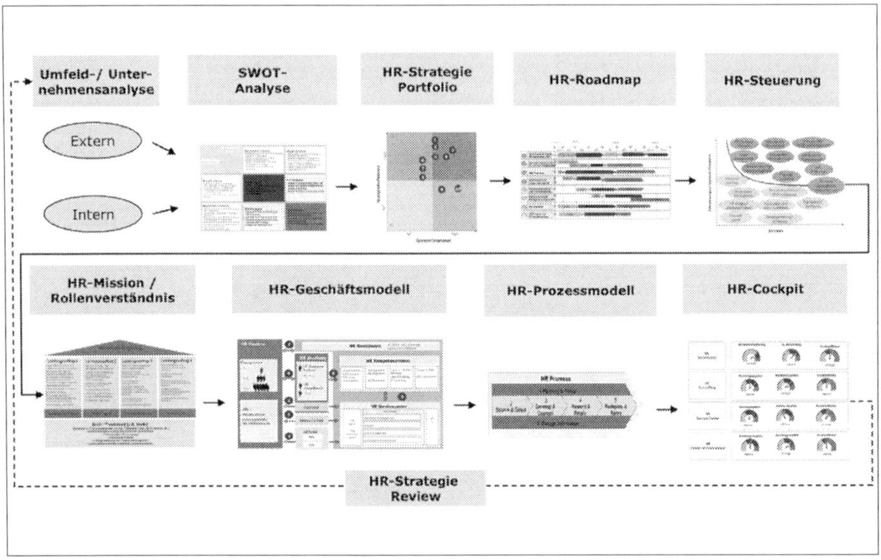

erledigt ✓	Inhalt
☐	Umfeldanalyse (Extern)
☐	Unternehmensanalyse (Intern)
☐	HR-SWOT-Analyse
☐	HR-Strategie-Portfolio
☐	HR Roadmap
☐	HR-Steuerung
☐	HR-Mission/-Rollenverständnis
☐	HR-Geschäftsmodell
☐	HR-Prozessmodell
☐	HR Cockpit

2.4 Umfeldanalyse: Trends mit Relevanz für HR

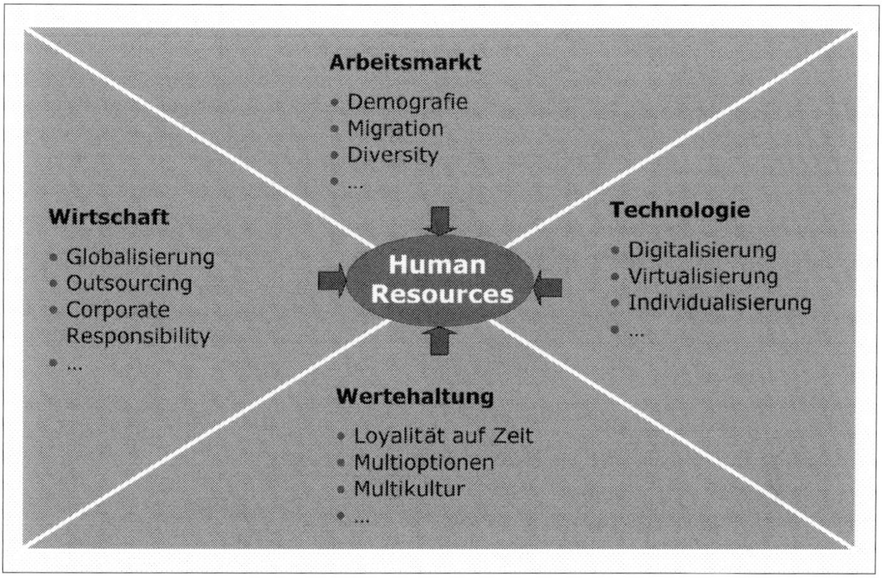

erledigt ✓	Inhalt
□	Analyse der wichtigsten Trends und Einflussgrößen (mit Relevanz für HR)
□	Ableiten der Auswirkungen und Konsequenzen für HR
□	Ergänzung mit einer Stakeholder-Analyse

2.5 Unternehmensanalyse: Strategie-Struktur-Kultur-Profil

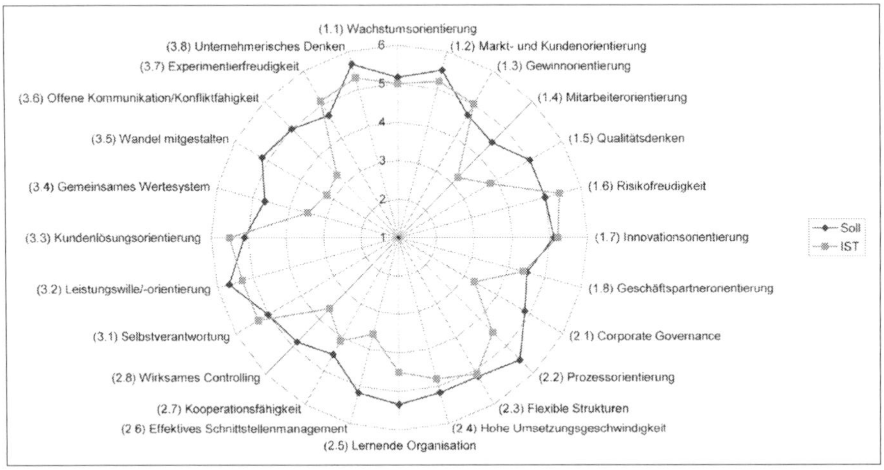

Das Strategie-Struktur-Kultur-Profil stellt ein nützliches Instrument für die interne Unternehmensanalyse im Rahmen der SWOT-Analyse dar.

erledigt ✔	**Inhalt**
□	Auswahl von unternehmensspezifischen Dimensionen zu Strategie, Struktur und Kultur
□	Definition des SOLL-Wertes und Einschätzung der IST-Situation
□	GAP-Analyse und Ableitung von Entwicklungsmaßnahmen mit Fokus HR

2.6 HR-SWOT-Analyse

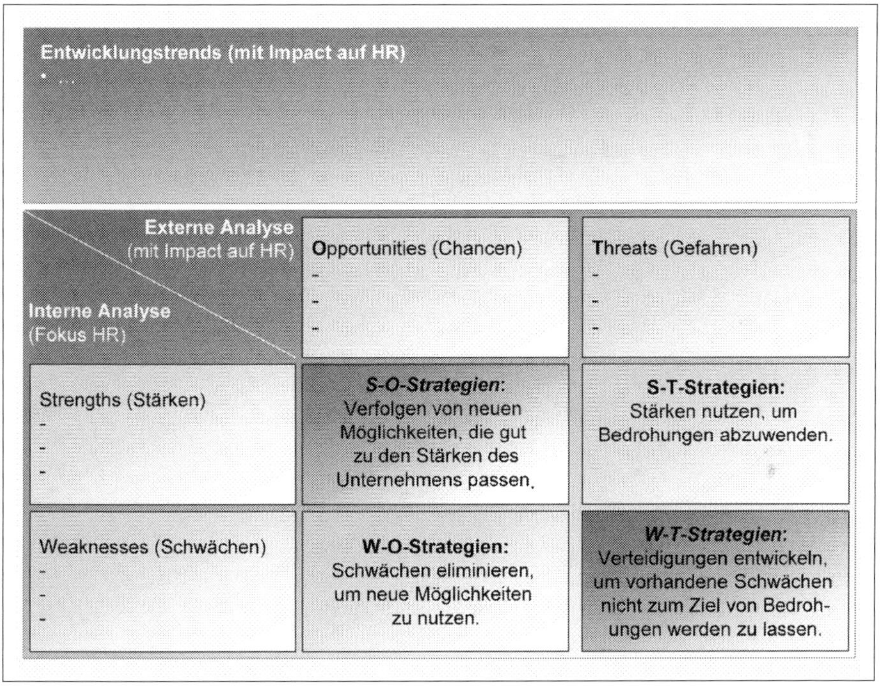

erledigt ✓	Inhalt
□	Ermittlung Entwicklungstrends mit Impact auf HR → mögliche Quelle: HR-Trendstudien von Hochschulen und Beratungsunternehmen
□	Ableitung externer Einflussfaktoren auf die Personalarbeit aus den Entwicklungstrends
□	Interne Analyse durchführen: Analyse von strategischen, strukturellen und kulturellen Herausforderungen über die nächsten Jahre – mit Fokus HR
□	Gegenüberstellung der innerbetrieblichen Stärken und Schwächen mit den externen Chancen und Gefahren. Ableitung der S-O / S-T / W-O / W-T-Strategien
□	Ableitung von strategischen HR-Initiativen

2.7 HR-Strategie-Portfolio

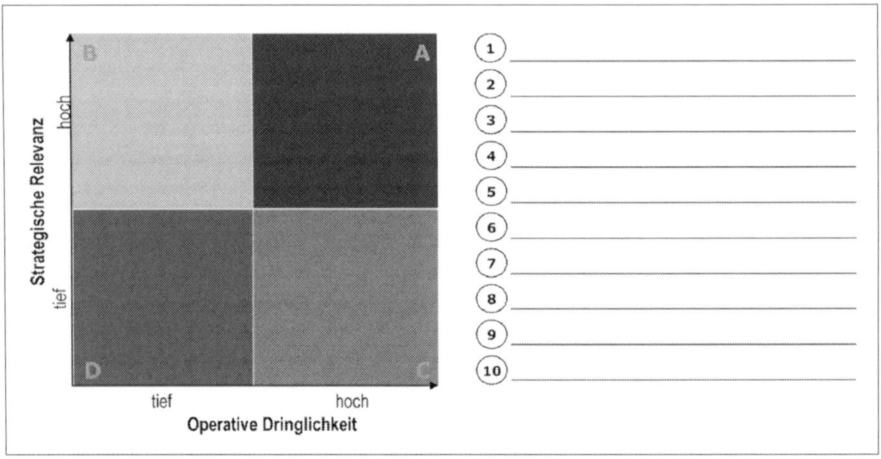

erledigt ✓	Inhalt
□	Priorisieurng der einzelnen HR-Initiativen, welche aus der SWOT-Analyse ermittelt wurden, nach strategische Relevanz und operativer Dringlichkeit • Initiativen mit A-Priorität im Auge behalten und entsprechend mit Ressourcen und Kapazitäten ausgestalten • Langfristige Planung der B-Themen • Initiativen im C-Feld rasch angehen
□	Ausformulieren eines Projektsteckbriefs (Ziele, Ressourcen, Abhängigkeiten, Business-Impact) pro HR-Initiative

2.8 HR Roadmap

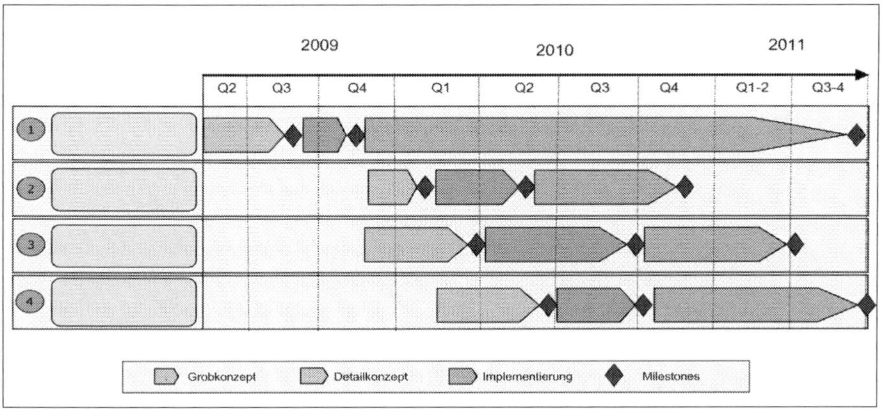

Die HR Roadmap ist das Steuerungsinstrument für die Umsetzung der HR-Initiativen

erledigt ✓	Inhalt
	Zeitliche Planung der priorisierten HR-Initiativen
	Unterteilung in Grobkonzept/Detailkonzept und Implementierung
	Milestones festlegen

2.9 Audit HR-Rollen

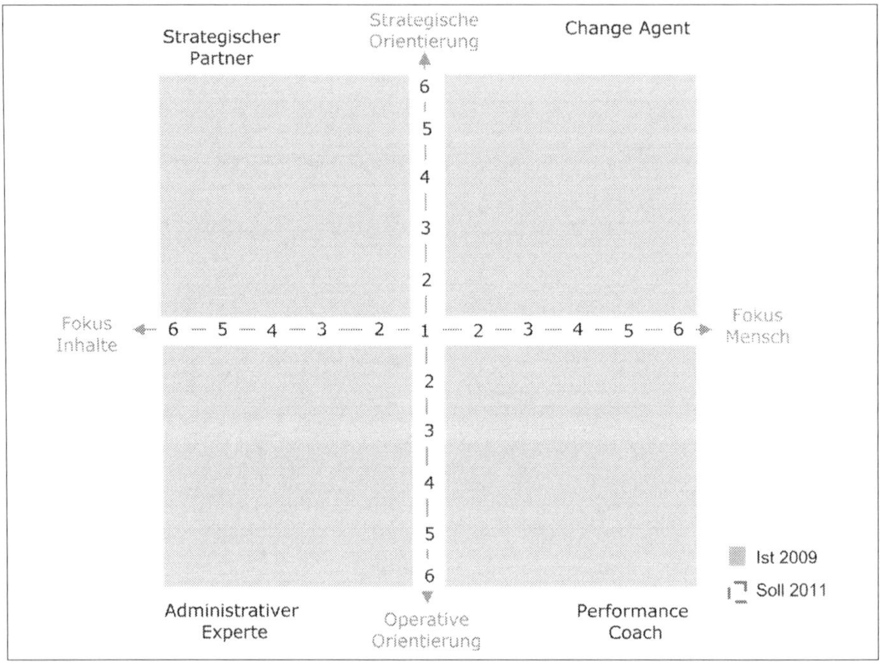

»Structure follows Strategy«: Die HR-Rollen und das HR-Geschäftsmodell müssen auf die strategischen Herausforderungen abgestimmt werden.

erledigt ✓	Inhalt
□	Einschätzung IST-Situation bzgl. der vier HR-Hauptrollen • Strategischer Partner • Change Agent • Performance Coach • Administrativer Expterte
□	Einschätzung SOLL-Situation bzgl. der vier HR-Hauptrollen • Strategischer Partner • Change Agent • Performance Coach • Administrativer Expterte
□	GAP-Analyse und Ableiten von Handlungsmaßnahmen (z.B. Kompetenzentwicklung in den entsprechenden Rollen initiieren)

2.10 Demografie-Check

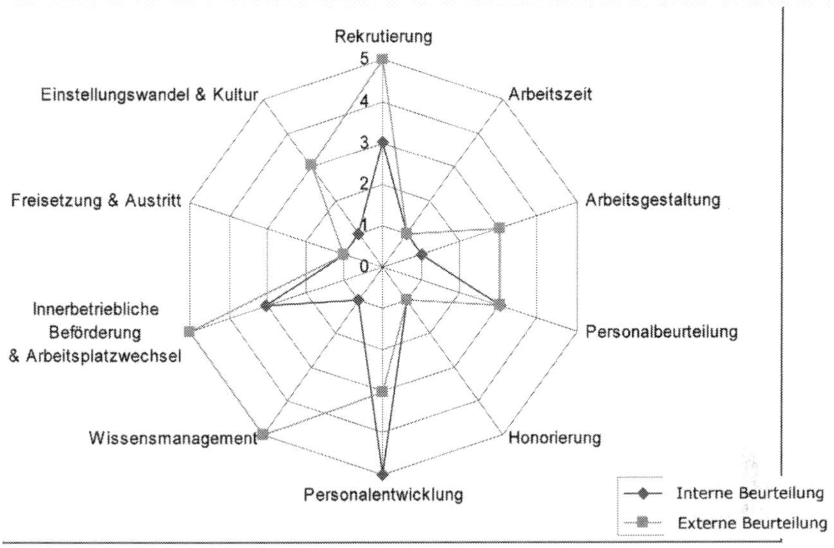

1: kein Handlungsbedarf
3: Handlungsbedarf angenommen
5: konkreter Handlungsbedarf

Handlungskompass aus der Altersstrukturanalyse

(Quelle: Alterstrukturanalyse ASTRA®, FHNW/Avenir Consulting)

erledigt ✓	**Inhalt**
☐	Interne Beurteilung ausgewählter Dimensionen (Interviews, Kennzahlen, etc.)
☐	Externe Beurteilung derselben Dimensionen (Interviews, Kennzahlen, Alterstrukturanalyse z.B. mit ASTRA-Tool®)
☐	Lücken (GAPS) identifizieren
☐	Maßnahmen festlegen

2.11 Checkliste Employer Branding

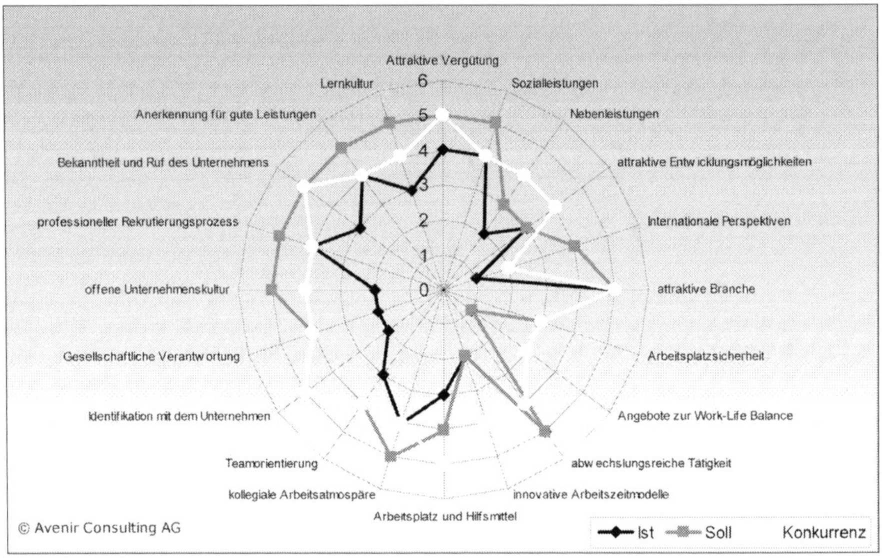

erledigt ✓	Inhalt
	Beantwortung folgender vier Fragen:
□	Wofür stehen wir als Arbeitgeber?
□	Was macht uns als Arbeitgeber besonders oder sogar einzigartig. Was ist unsere Unique Employment Proposition (UEP)?
□	Was versprechen wir unseren Mitarbeitern, wofür verpflichten wir uns?
□	Wer passt persönlich und kulturell zu uns, an wen wenden wir uns?

2.12 Checkliste Talent-Management-Prozess

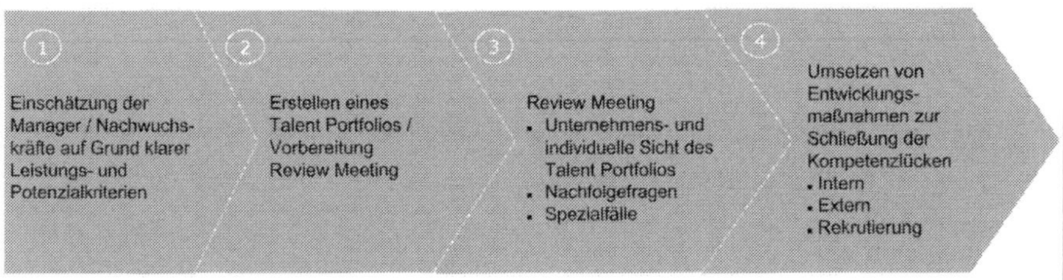

Nach Abschluss des Talent-Management-Prozesses sollten folgende Ergebnisse vorliegen:

erledigt ✓	Inhalt
□	Definitive Einschätzung der einzelnen Führungs- und Nachwuchskräfte
□	Identifizierte Stärken/Schwächen des Talent Portfolios sowie abgeleitete Entwicklungsschwerpunkte
□	Identifizierte Key Players für Retention Maßnahmen
□	Angepasste Nachfolge- und Karriereplanung
□	Identifizierte Talente für Entwicklungs-/Fördermaßnahmen
□	Aktionsplan für Spezialfälle

2.13 HR Cockpit

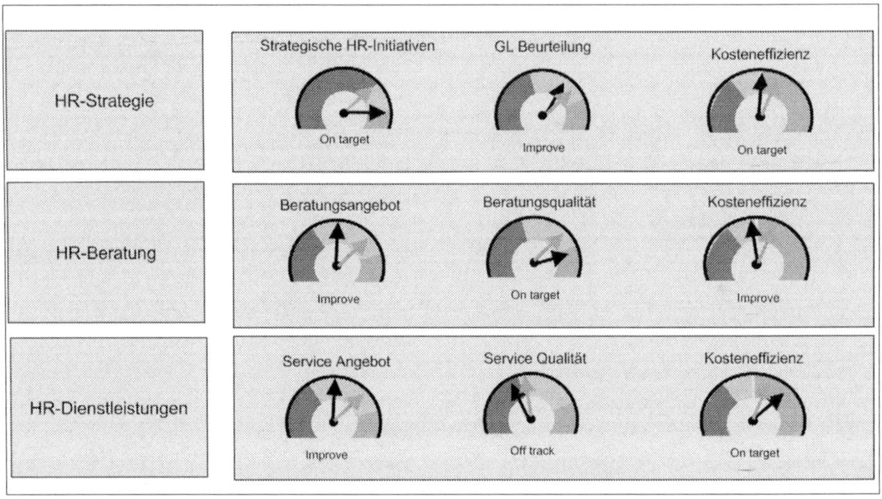

erledigt ✓	**Inhalt**
□	Festlegen relevanter Messgrößen (z.B. über Balanced Scorecard bzw. HR Scorcard)
□	Messung über HR-Prozesskennzahlen, HR-Umfragen, HR Controlling)
□	Darstellung bzw. Kommunikation über managementgerechtes HR Cockpit
□	Interpretation und Ableiten des Handlungsbedarfs

2.14 HR Risk Map

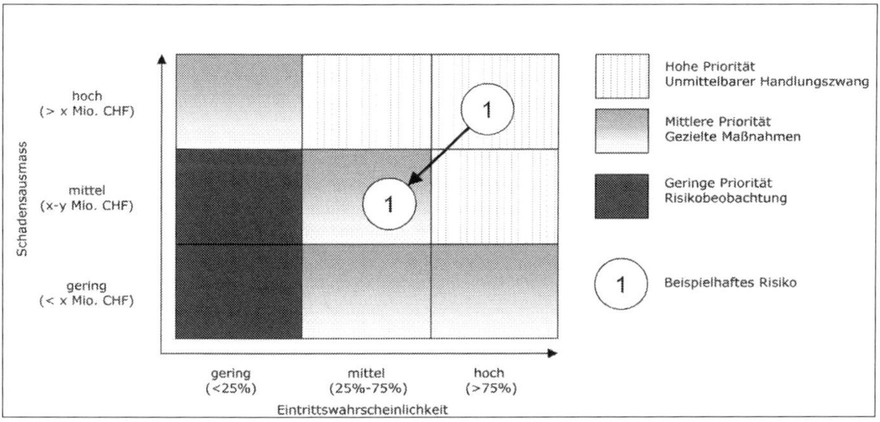

erledigt ✓	**Inhalt**
☐	HR-Risiken innerhalb der folgenden 4 Kategorien identifizieren • Potenzialrisiko • Kündigungsrisiko • Qualifikationsrisiko • Leistungsrisiko
☐	HR-Risiken analysieren und messen
☐	HR-Risiken entlang der Achsen „Eintrittswahrscheinlichkeit" und »Schadensausmaß« eintragen
☐	Priorisierung der Risikoarten • A-Risiken: Unmittelbarer Handlungszwang • B-Risiken: Gezielte Maßnahmen einleiten • C-Risiken: Beobachten Ziel: Risiken verhindern, überwälzen oder reduzieren

Literaturverzeichnis

Abdell, D. F. (2001): International Program for Board Members, Lausanne

Ambler, T./Barrow, S. (1996). The employer brand. In: Journal of Brand Management, 4 (3): 185-206

Andrzejewski, L. (2008): Trennungs-Kultur und Mitarbeiterbindung. Kündigungen fair und nachhaltig gestalten, Köln, 3. Auflage

Anwander, A. (2002): Strategien erfolgreich verwirklichen: Wie aus Strategien echte Wettbewerbsvorteile werden, 2. erw. Auflage, Berlin/Heidelberg/New York: Springer

Appelbaum, S.H./Shapiro, B./Elbaz, D. (1998), The management of multicultural group conflict. In: Team Performance Management, Vol. 4, No. 5: 211–34

Barrow, S./Mosley, R. (2005): The Employer Brand, Hoboken, NJ

Beatty, D. (2002): Building an Effective Board, Toronto

Beatty, D. (2003): Corporate Governance Guidelines for Building High Performance Boards. Canadian Coalition for Good Governance, Toronto

Beatty, D. (2003): Governance Self Appraisal Form. Canadian Coalition for Good Governance, Toronto

Beck, C. (2008), Personalmarketing 2.0. Vom Employer Branding zum Recruiting, Köln

Becker, B.E./Huselid, M.A./Pickus, P.S./Spratt, M.F.(1997): HR as a Source of Shareholder Value: Research and Recommendations. In: Human Resources Management, Vol. 36, No. 1: 39–47

Becker, B.E./Huslelid, M.A./Ulrich D. (2001): The HR Scorecard: Linking People, Strategy, and Performance, Boston

Bleicher, K. (2004): Das Konzept Integriertes Management. Visionen – Missionen – Programme, Wiesbaden, 7. Auflage

Bleicher, K. (1989): Unternehmungsverfassung und Spitzenorganisation, Wiesbaden

Böckli, P. (1992): Das neue Aktienrecht, Zürich

Brecht, M., Bolton, P., et al. (2002): Corporate Governance and Corporate Control. ECH Working Paper Series in Finance, 2

Bruch, H./Clement, W. (2009): TOP JOB – Die 100 besten Arbeitgeber im Mittelstand, München

Bundesamt für Statistik (BFS) (Hrsg.) (2005): Alter und Generationen: Das Leben in der Schweiz ab 50 Jahren, Neuchâtel

Cadbury, A. (2002): Corporate Governance and Chairmanship, Oxford

Cadbury Committee. (1992): Report of the Committee on the Financial Aspects of Corporate Governance, London

Capgemini Consulting (2009): HR Barometer 2009. Bedeutung, Strategien, Trends in der Personalarbeit, Berlin

Carter, D. B./Lorsch, J. W. (2004): Back to the Drawing Board. Designing Corporate Boards for a Complex World, Boston

Carven, J. (1993): Boards that make a difference, New York

Clarkson-Centre-for-Board-Effectiveness (2003): Restoring Shareholder Confidence in Corporate Governance in Canada, Toronto

Collins, J. (2001): Good to Great, New York

Deutsche Gesellschaft für Personalführung e.V. (Hrsg.) (2006): Erfolgsorientiertes Personalmarketing. Konzept – Instrumente – Praxisbeispiele, Schriftenreihe Band 80, Düsseldorf

Donkor C./Bruggmann M. (2007): US-Großunternehmen haben in der HR-Effizienz die Nase vorn. In: HR Today, 4, S. 45–49

Elson, C. M. (2003): Motivating People. in: Harvard Business Review (January): 69–77

Fiedler, F. E. (1967): A theory of Leadership Effectiveness, New York

Fields, A./Keys, P. Y. (2003): The Emergence of Corporate Governance from Wall Street to Main Street: Outside Directors, Board Diversity, Earnings Management and Managerial Incentives to Bear Risk. In: Financial Review 38: 1–24

Finkelstein, S./Mooney, A. C. (2003): Not the usual suspects: How to use board process to make boards better. In: Academy of Management Executive17 (2): 101–113

Forstmoser, P. (2002): Corporate Governance. Regeln guter Unternehmensführung in der Schweiz, Zürich

Francis, R. D. (2000): Ethics and Corporate Governance, Sydney

Freeman, R. E. (1984): Strategic Management – A Stakeholder Approach, Boston

Frey, B. S. (2003): What can we learn from Public Governance. 65. Tagung des Verbandes der Hochschullehrer der Betriebswirtschaftslehre

Garelli, S. (2003): IMD World Competitiveness Yearbood 2003, Lausanne

Garratt, B. (2003): The fish rots from the head, 2nd edition, London

Garratt, B. (2003): Thin on Top – Why Corporate Governance Matters and How to Measure and Improve Board Performance, London

Gray, J. (2002): Governance: Want to build a better board? Here are some tips. In: Canadian Business, 75, (15): 43

Grünenfelder, P.: Erfolgs-Controlling des VR-Teams, Unveröffentlichtes Manuskript

Gygi, B. (2003): Führen anhand von Kennzahlen, NZZ: B1–B9

Healy, J. (2003): Corporate Governance and Wealth Creation in New Zealand. Palmerston

Heidrick & Struggles (2009): Corporate Governance Report: what's the outlook?, Heidrick & Struggles Study

Hilb, M. (1995): Integriertes Management des Verwaltungsrates. In: Thommen, J. P.: Die Gestaltungsansätze des NDU/Executive MBA der HSG, St. Gallen: 237–256

Hilb, M. (2002): Integrierte Erfolgsbewertung von Unternehmen, Neuwied, 2. Auflage

Hilb, M. (2003): Transnationales Management der Human-Ressourcen, Neuwied, 2. Auflage

Hilb, M./Müller, R./Wehrli, H.P. (2003): Verwaltungsrats-Pr@xis, Zürich

Hilb, M. (2009): Integrierte Corporate Governance. Ein neues Konzept der Unternehmensführung und Erfolgskontrolle, Berlin, 3. Auflage

Hilb, M. (2009): Integriertes Personal-Management. Ziele – Strategien – Instrumente, Köln, 19. Auflage

Hill, W. (1994): Sind große Verwaltungsräte effizient? In: NZZ, Nr. 82: 33

Hillman, A./Cannella, A. A. et al. (2000): The resource dependanc role of corporate directors: strategic adaptation of board composition in response to environmental change. In: Journal of Management Studies 37: 235–256

Hofstetter, K. (2002): Corporate Governance in der Schweiz: Bericht im Zusammenhang mit den Arbeiten der Expertengruppe Corporate Governance, Zürich

Hoschka, T. C. (2002): Corporate Governance: A market for the well governed. In: The McKinsey Quarterly, 3: 26–27

Hucke, A. (2003): Der deutsche Corporate Governance Kodex, Herne

Hung, H. (1998): A typology of the theories of the roles of governing boards. In: Scholarly Research and Theory Papers, 6, (2): 101–111

Huse, M. (2007): Boards, Governance and Value Creation: The Human Side of Corporate Governance, Cambridge

Jensen, M. C./Meckling, W. H. (1976): Theory of the Firm: Managerial Behaviour, Agency Costs and University Structure. In: Journal of Financial Economics, 3: 305–360

Jent, N. (2002): Learning from Diversity, Universität St. Gallen: Dissertation

Johnston, D. J. (2003): Better values for better governance. In: Observer, 234: 3

Kaplan, R. S./Norton, D. P. (1993): Putting the Balanced Scorecard to Work. In: Harvard Business Review, 71, (September/October): 134–142

Kaplan, R. S./Norton, D. P. (2000): The Strategy-Focused Organization: How Balanced Scorecard Companies Thrive in the New Business Environment, Boston

Katzenbach, J. R./Smith, D. N. (1993): The Discipline of Teams. In: Harvard Business Review, 1: 111

Kienbaum Management Consultants GmbH (2009): Studie zu Strategie und Organisation des Human Resources Management im deutschsprachigen Raum, Berlin

Kienzler, R. (2009): Umfragergebnisse im Rahmen der Masterarbeit: HR-Governance bei Endress+Hauser. Führung und Steuerung der HR-Funktion in einem international tätigen Unternehmen, Zürcher Hochschule in Winterthur (in Bearbeitung)

King, M. E. (2002): King Report on Corporate Governance for South Africa – 2002, Parklands

Klopfenstein, M./Frischknecht, S. (2007): Umsetzung des integrierten Geschäftsmodells Personal bei der Schweizerischen Post. In: Oertig, M. (Hrsg.): Neue Geschäftsmodelle für das Personalmanagement, München

Kobi, J.-M. (2002): Personalrisikomanagement. Strategien zur Steigerung des People Value, Wiesbaden, 2. Auflage

Koenig, R. (Ed.) (1967): Handbuch der empirischen Sozialforschung, Stuttgart

Kommission der Europäischen Gemeinschaften (2001): Grünbuch Europäische Rahmenbedingungen für die soziale Verantwortung der Unternehmen. KOM (2001) 366 endgültig, Brüssel

Laukmann, T./Walsh, I. (1986): Strategisches Management von H.R. Arther D. Little International, New York: 95 ff.

Lazear, E./Rosen S. (2005): Research Report: Executive Compensation Stanford Business School Magazine eingesehen am 8. Februar 2006 unter http://www.gsb.stanford.edu/research/faculty/news_releases/edward.lazear / lazear.htm

Lorsch, J. W./Spaulding, N. (1999): Medtronic Inc. (A). Harvard Business School Case, 9–994–096

Macus, M. (2002): Towards a Comprehensive Theory of Boards – Conceptual Development and Empirical Exploration, Universität St. Gallen: Dissertation

Maier, C. (2002): Leading Diversity – A Conceptual Framework, Universität St. Gallen: Dissertation

Malik, F. (1998): Wirksame Unternehmensaufsicht, Frankfurt am Main

Malik, F. (2002): Die neue Corporate Governance: Richtiges Top-Management – Wirksame Unternehmensaufsicht, Frankfurt am Main

Margerison, C./McCann, D. (1985): How to Lead a Winning Team, Bradford

McGrath, J. E. (1976): Stress and Behaviour in Organizations. In: Dunnett, M. D.: Handbook of Industrial and Organizational Psychology, Chicago: 1320–1365

Mercer Human Resources Consulting (2003): Why HR Governance Matters. Managing the HR Function for Superior Performance, New York

Merson, R. (2003): Non-Executive Directors, London

Meyer, C. (2003): Erfahrung aus der Auswertung der Geschäftsberichte 2002. Vortrag am SWX Seminar Corporate Governance, Zürich

Mücke, A./Oertig, M./Zölch, M. (2007). Die Generationenschere. Eine Herausforderung für Arbeitgeber. Schweizer Arbeitgeber, 102(17): 10–13

Neubauer, F. (1994): Boards as Learning Organization. In: Journal of Strategic Change, 3: 21–27

Noetzli, U. (Ed.) (2004): Checks and Balances in Unternehmen. Das zweite Heft zur Corporate Governance, NZZ-Fokus. Zürich

Oertig, M. (2009): HR-Transformation – Strategische Roadmap für die Neuausrichtung des HR-Managements, In: Ochsenbein, G./Pekruhl, U./Lack, C. (Hrsg.): Human Resources Management. Jahrbuch 2009, Zürich: 67–84,

Oertig, M. (2008): Von der Corporate Governance zur HR-Governance. In: Wunderer, R. (Hrsg.): Corporate Governance – zur personalen und sozialen Dimension, Köln: 155–158

Oertig, M. (Hrsg.)(2007): Neue Geschäftsmodelle für das Personalmanagement, Köln, 2. Auflage

Oertig, M. (2006): Proaktive Laufbahngestaltung für reife Mitarbeitende. Praxisbeispiel einer unternehmerischen und sozialverantwortlichen Personalpolitik 50plus. In: Hofmeister, A. (Hrsg.): Personalpolitik im Spannungsfeld von Veränderung und Wissensmanagement. Neue Perspektiven für den öffentlichen Dienst als Arbeitgeber. Schriftenreihe der Schweizerischen Gesellschaft für Verwaltungswissenschaften, 49: 170–176

Oertig, M. (2004). Kompetenzbasiertes Human Resources Management. Erfolgsfaktor der Strategieumsetzung. In: Zimmermann, M./Sterchi, T. (Hrsg.): PSP Index 2004. Porträts Schweizer Personaldienstleistungsunternehmen, S. 47–49. Zürich

Oertig, M./Kohler, C./Abplanalp, C. (2009): HR-Organisation. Von der Administration zum Business Partner-Modell, Zürich

Oesch, K. (2002): Verwaltungsrat und Unternehmenskrise, Zürich

Overell, S. (2003): Workforce governance: Techniques that keep staff being toeing the line. In: Financial Times vom 14.11.: 4–5

Perlmutter, H. V./Heenan, D. A. (1974): How Multinational Should Your Top Management Be. In: Harvard Business Review, 52 (6)

Porter, M. E. (1992): Capital Disadvantage: America's Failing Capital Investment System. In: Harvard Business Review, Sept./Oct.: 81 ff.

Prahalad, C.K./Hamel, G. (1990):The Core Competence of the Corporation. In: Harvard Business Review, May-June 1990: 79–91

Rappaport, A. (1986): Creating Shareholder Value. The New Standard for Business Performance, New York

Reck Roulet, M. (2009): One size fits all? Kulturelle Unterschiede in der Gestaltung und Implementierung globaler HRM-Praktiken, Vortrag am Personalfachkongress 2009, Fachhochschule Nordwestschweiz, Olten

Sanchez, R./Heene, A. (Eds.) (1997): Competence-Based Strategic Management, Chichester

Schmid, H. (Ed.) (2002): Aufgaben und Rollen des externen Verwaltungsrates in KMU, Schriftenreihe IHK, St. Gallen

Senge, P. (1990): The Fifth Disciple: The Art & Practice of the Learning Business Organization, New York

Shaw, J. C. (2003): Corporate Governance and Risk. A Systems Approach, Hoboken N.J.

Sonnenfeld, J. A. (2002): What Makes Great Boards Great. In: Harvard Business Review, 80, (9): 106–113

Stewart, G. B. (1991): The Quest for Value, New York

Stoney, C. (2001): Stakeholding: Confusion or Utopia? Mapping the Conceptual Terrain. In: Journal of Management Studies, 28, (5): 603–627

The Boston Consulting Group, Inc./European Association of Personnel Management (2007): The Future of HR in Europe. Key Challenges Through 2015, Boston

UBS AG (2008): Bericht zur Vergütung. UBS mit neuen Vergütungsmodell, Zürich, 17. November 2008

Ulrich D. (1997), Human Resources Champion, Boston

Ulrich D./Brockbank W. (2005): The HR Value Proposition, Boston

Verschow, C. C. (2002): New Corporate Initiatives Have Ethics Component. In: Strategic Finance, (November): 22–24

Volkart, R. (2003): Vom Reingewinn zur Balanced Scorecard, NZZ vom 28.11.: B3

Ward, R. D. (2003): Saving the Corporate Board, Hoboken N.J.

Weick, K. E. (1979): The Social Psychology of Organizing, Reading

Westphal, J. P. (1999): Collaboration in the Boardroom: Behavioral and performance consequences of CEO-Board Social Ties. In: Academy of Management Journal, 42 (1): 7–24

Westphal, J. P./Fredrickson, J. W. (2001): Who directs strategic change? Director experience, the selection of new CEOs and change in corporate strategy. In: Strategic Management Journal, 22: 1113–1137

Witt, P. (2003): Corporate Governance Systeme im Wettbewerb, Wiesbaden

Wunderer, F. (1995): Der Verwaltungsrats-Präsident, Universität St. Gallen: Disseration

Wunderer, R. (Hrsg.) (2008): Corporate Governance. Zur personalen und sozialen Dimension, Köln

Wunderer R./von Arx, S. (2002): Personalmanagement als Wertschöpfungs-Center. Unternehmerische Organisationskonzepte für interne Dienstleister, Wiesbaden, 3. Auflage

Young, E. (2002): Verwaltungsrat und Umgang mit Praxis, Zürich

Zafft, R. (2002): When corporate governance is a family affair. In: Observer, 234 (October): 18–19

Stichwortverzeichnis

ABB 126
Administrativer Experte 100
Altersstrukturanalyse 123
Arbeitgebermarke 120
Audi 137

Balanced Scorecard 153
Behavioral Event Interview 136
Board
– Cockpit 74
– Know-how 27
– Erfolgsmaßstäbe 38
– Feedback 53
– Förderung 66
– Hauptaufgaben 46
– Honorierung 58
– Rollen 28
– Rollen-Verteilung 48
– soziale Daten 29
– Vertrauenskultur 33
– Struktur 36
– Zusammensetzung 26
Board-Präsident
– Anforderungsprofil 49
– Hauptaufgaben 47

CEO
– Evaluation 56
Change
– Agent 100
– Management 116
– Prozess 116
Code of Conduct
vgl. Verhaltenskodex
Corporate-Governance
– Umfrage 11
Corporate Social Responsibility 132

Demografischer Wandel 123
Diethelm Keller Brands 144

Employer Branding 118
Employer Brand Proposition
vgl. Arbeitgebermarke
Endress+Hauser 111

Fairnessregeln 151

Gesellschaftliche Verantwortung 128
Georg Fischer 154
Globalisierung 128

HR-Beratung 104
HR-Business-Partner 104
HR Center of Expertise
vgl. HR-Kompetenzzentrum
HR Cockpit 157
HR Consultants 104
HR Governance 105
– Begriff 19
– Umfrage 15
HR-Erfolgsevaluation 72
HR-Geschäftsmodell 103
HR-Fachführung 109
HR-Funktion
– Steuerung 105
HR-Kernprozesse 118
HR-Kompetenzzentrum 105
HR-Kreislaufkonzept 45
HR-Leitplanken 23
HR Management
– Strategisches 87
– Glokales 128
HR Roadmap 94
HR Risk Management 152, 157
HR-Rollenverständnis 99
HR Scorecard 152, 153
HR-Servicecenter 103
HR-Sourcing-Strategie 113
HR-Steuerung 107
HR-Strategie-Portfolio 94

HR-Strategieprozess 89
HR-Transformation 116

Incentivierung 145

Kompetenzprofil 102
Kompetenz-Management 135
Kompetenzmodell 136

Lufthansa 133

Nachfolgeplanung 67
Nestlé Professional 130

Outsourcing 114

Performance Management 135
Personalmarketing 118
Personalpolitik 50plus 125

Restrukturierungsmanagement 150
Risikoportfolio 159

Service-Levels 103
Stakeholder Management 117
Strategischer Partner 100
Strategieprozess 40
Strategy Map 154
Schweizerische Bundesbahnen 95
SWOT-Analyse 93

Umfeldanalyse 90
Unternehmensanalyse 90

Vergütungsmodell 146
Verhaltenskodex 133

Talent-Management 135
– Prozess 140
Talent Review 141
Trennungskultur 150

Wertorientiertes Vergütungssystem 148

Zeitfracht Medien GmbH
Ferdinand-Jühlke-Straße 7,
99095 - DE, Erfurt
produktsicherheit@zeitfracht.de

FSC
www.fsc.org
MIX
Papier | Fördert gute Waldnutzung
FSC® C083411

Druck:
CPI Druckdienstleistungen GmbH
im Auftrag der
Zeitfracht Medien GmbH
Ein Unternehmen der Zeitfracht - Gruppe
Ferdinand-Jühlke-Str. 7
99095 Erfurt